Eine Publikation der
Brandenburgischen
Landeszentrale für
politische Bildung

Die erste Demonstration in der Bezirkshaupstadt vor dem Cottbuser Staatstheater am 30. Oktober 1989.
Quelle: „Lausitzer Rundschau" vom 30.10.1999.

Heinz Petrick
Peter Ulrich Weiß

Das Neue Forum und die Deutsche Forumpartei im Bezirk Cottbus 1989/90

Copyright 2001
Brandenburgische Landeszentrale
für politische Bildung
im Ministerium für Bildung,
Jugend und Sport

Herausgeber:
Brandenburgische Landeszentrale
für politische Bildung
14460 Potsdam

ISBN: 3-932502-28-0

Gestaltung und Realisierung:
LINIE DREI, Berlin

Druck: Druckhaus Schöneweide

INHALTSVERZEICHNIS

VORWORT

Ein Jahrzehnt ist vergangen, seitdem das Aufbegehren der Bürger im Osten Deutschlands den politischen Umbruch herbeiführte und das SED-Regime stürzte. Ihr Ruf „Wir sind das Volk" verwandelte sich bald in „Wir sind ein Volk", was in der staatlichen Einheit der deutschen Nation seine Erfüllung fand.

Zehn Jahre sind ein geschichtlich kurzer Zeitraum. Im Bewußtsein vieler scheint die Wendezeit aber sehr viel länger zurückzuliegen. Manch lang gehegter Wunsch, der vor 1989 unerfüllbar schien, ist seitdem in Erfüllung gegangen. Aber auch neue Sorgen meist sozialer Natur berühren die Menschen. Die Erinnerung an die bewegenden Tage von 1989 und 1990 tritt dadurch nicht selten in den Hintergrund.

Umso mehr gebietet es die historische Gerechtigkeit, den Verlauf der friedlichen Revolution auch außerhalb ihrer großen Zentren zu erforschen und ihre Akteure zu würdigen. Diese Aufgabe ist zum gegenwärtigen Zeitpunkt besonders notwendig, weil ein großer Teil jener Ereignisse nicht durch schriftliche Quellen belegt ist. Das menschliche Gedächtnis muß an ihre Stelle treten. Dies setzt jedoch voraus, daß Gesprächspartner zur Verfügung stehen, die zu Interviews bereit sind, und deren Erinnerungen nicht von nachfolgenden Eindrücken überlagert oder durch Idealisierung verklärt sind.

Die revolutionäre Bewegung vom Herbst 1989 erfaßte große Teile der Bevölkerung. Sie benötigte mutige Menschen, die sich an ihre Spitze stellten, ihre Aktionen initiierten und führten. Im Raum Cottbus war dies vor allem das Neue Forum. Die vorliegende Broschüre trägt deshalb nicht allein dazu bei, weiße Flecken im Bild der jüngsten Geschichte zu tilgen, sie erweist auch jenen tapferen Frauen und Männern die Achtung derer, die heute die Früchte ihres Handelns genießen.

Manfred Stolpe

I. EINLEITUNG

Ende Oktober und Anfang November 1989 kursierte im Bezirk Cottbus das Gerücht, daß Kraftfahrer mit der Cottbuser „Z"-Autonummer außerhalb ihres Bezirkes kein Benzin mehr erhalten würden. Es hieß, die Tankwarte würden solange den Kraftstoff verweigern, bis in der Region endlich „etwas passieren" würde. Vielen Zeitzeugen ist diese Legende noch in Erinnerung, spiegelte sie doch die Tatsache wider, daß Cottbus zu den letzten Bezirken gehörte, in denen die politische „Wende" in der DDR ihren Anfang nahm.

Die vorliegende Studie möchte zeigen, daß es, obwohl die ersten Demonstrationen im landesweiten Vergleich erst sehr spät stattfanden, in einigen wenigen Städten der Region Cottbus schon sehr lange ein widerständiges und auch oppositionell agierendes Potential von „aufbegehrenden" Menschen gab. Ausreisewillige Personen („Wir wollen raus"), religiös orientierte und atheistische Reformkräfte („Wir bleiben hier") sammelten sich – wie überall in der DDR – meist unter dem schützenden Dach der Kirche und erzeugten an ihren Orten eine renitente Spannung, die dann in die ersten Demonstrationen mündete.

Im Buch wird besonders der Frage nach den Machern der „Wende" nachgegangen. Die weitverbreitete, schnell bemühte Antwort „das Volk" erweist sich bei genauerem Hinsehen als zu oberflächlich und undifferenziert. Im Bezirk Cottbus waren es einzelne Kirchenkreise, jedoch vor allem daraus hervorgegangene oder neugegründete Initiativgruppen der Bürgerbewegung Neues Forum (NF) und Einzelpersonen, die in couragierter Vorarbeit die einzelnen lokalen „Wende"-Prozesse organisiert und eingeleitet haben. Die insgesamt wenigen Personen oder kleinen Personengruppen hatten z.T. frühzeitig, isoliert und in Unkenntnis voneinander, das Risiko gesellschaftlicher Kriminalisierung und staatlicher Repressionen auf sich genommen, um den öffentlichen Raum für das Volk bzw. für die freie Meinungsäußerung zu erobern. Das typische, enge Kleinstadtklima spielte dabei für den Beginn des Umbruchs in vielen Cottbuser Städten eine besondere Rolle.

Dem Neuen Forum kam, neben der Organisation der friedlichen Proteste, mindestens bis zur Öffnung der Grenzen zur BRD am 9. November 1989 die Aufgabe bzw. das Verdienst zu, sich als Vertreter breiter Bevölkerungskreise gegenüber dem allmächtigen Partei- und Staatsapparat der SED behauptet und die Unumkehrbarkeit der „Wende" in den einzelnen Kreisen durchgesetzt zu haben. Dafür sollten sie kurzfristig von den Cottbusern auf den Demonstrationen und Veranstaltungen große Unterstützung erhalten, die sich langfristig jedoch nur sehr selten in praktisches Engagement verwandelte.

An der Initiierung und Ausbreitung der „Wende" waren im Bezirk Cottbus natürlich auch andere Bürgerbewegungen und Kräfte z.T. sehr wesentlich beteiligt. Genannt seien hier nur der Demokratische Aufbruch (DA), Demokratie Jetzt (DJ) oder die SDP. Die vorliegende Arbeit begrenzt ihren Fokus aus thematischen Gründen auf die wichtigste Bürgerbewegung in der Region, das Neue Forum, und der daraus hervorgegangenen Deutschen Forumpartei (DFP), so daß territoriale Lücken (z.B. Kreis Forst) und eine gewisse Einseitigkeit in der Darstellung unvermeidliche Folgen sind. Auch konnte nicht das Wirken aller lokalen Basisgruppen des Neuen Forums (z.B. aus den Kreisen Cottbus-Land und Forst) in die Darstellung integriert werden, was u.a. auch an der vorgegebenen Begrenzung der Seitenzahl innerhalb der Buchreihe liegt, in der diese Arbeit erscheint. Die Untersuchungen enden mit der großen Zäsur im Frühjahr 1990, den ersten freien Volkskammerwahlen am 18. März.

Die summarischen Einzelstudien in den Kreisen sollen beim lokalen Leser ein größeres Identifikationsmoment erzeugen, als es bei einer vergleichenden Betrachtung der Fall wäre. Die betont chronistischen Ausführungen sind dabei auch dem bisherigen Fehlen von Regional- oder Lokalstudien geschuldet, d.h. sie bedienen ein gewisses positivistisches Interesse. Gleichzeitig muß betont werden, daß die einzelnen Darlegungen aus Platzgründen komprimiert und aus dem Blickwinkel des Neuen Forums geschrieben wurden. Dieses Buch ist also kein umfassendes Gesamtwerk zur „Wende" im Bezirk Cottbus. Die Kapitel zum regionalen Protestpotential, über die Briefe an das Neue Forum und zur Auflösung der MfS-Dienststellen sollen stärker das gesellschaftliche Klima im Vorfeld und während des Herbstes '89 illustrieren und weniger eine komplexe Strukturanalyse darstellen. In der Einführung zum Neuen Forum und zur Deutschen Forumpartei, der Zusammenfassung und selektiven Chronologie am Ende wird in knappen Ansätzen versucht, die Entwicklung des Neuen Forums bzw. der „Wende" im Bezirk Cottbus in nationale und internationale Prozesse der Historie einzureihen. Bezüglich der einerseits stichpunktartigen, andererseits detailfreudigeren Darstellung in Kapitel II wird davon ausgegangen, daß gerade zur landesweiten Entstehung und Entwicklung des NF bereits ausführliche Literatur vorhanden ist, während dagegen über die DFP nur wenige, meist unvollständige Informationen exisitieren. Auf eine Besprechung der Forschungslage und Sekundärliteratur wurde im Rahmen der Buchreihe verzichtet. Generell sei hier nur auf den in Abständen aktualisierten bibliographischen Band „Wende-Literatur. Bibliographie und Materialien zur Literatur der deutschen Einheit", herausgegeben von J. Fröhlich, M. Reinhild, K. Riha, hingewiesen.

Beim Verfassen der folgenden Abschnitte sind die Autoren wiederholt auf große Probleme bei der Quellensuche und -auswertung gestoßen. In den Landes-, Kreis-, Stadt- und anderen Archiven finden sich so gut wie keine Unterlagen zum Neuen Forum und zu wichtigen lokalen „Wende"-Ereignissen. Die damaligen Archivare konnten oder wollten entsprechende Dokumente nicht sammeln. Die vorhandenen Stasi-Berichte über die Bürgerbewegung brechen nach den ersten Novembertagen ab. Die entsprechenden Artikel zum NF in der Zeitung der SED-Bezirksleitung „Lausitzer Rundschau" (im damaligen Volksmund: „Lügen-Rudi") sind inhaltlich, wenn sie nicht von Vertretern der Bürgerbewegung selbst geschrieben bzw. dann nicht gekürzt/verfälscht wurden, nur in Ausnahmefällen zu verwenden. Dennoch ist hier die „LR" häufig als Quelle angegeben, da sie meistens den einzigen verschriftlichten Hinweis auf bestimmte Ereignisse wiedergibt. Schriftgut zum Neuen Forum in Cottbus, wenn es überhaupt je angefertigt und später nicht wieder, wie so oft, weggeworfen wurde, existiert nur noch in Privatsammlungen und „Schuhkartons" ehemaliger Bürgerbewegter. In der Regel handelt es sich um vereinzelte Aufrufe und Protokolle, thematische Konzeptionsblätter und Notizbuchaufzeichnungen. Kaum ein aktives NF-Mitglied hatte neben seinem ehrenamtlichen Engagement noch die Zeit, die täglichen Ereignisse zu dokumentieren.

Eine wesentliche Grundlage für die Darstellungen zu den Kreisen waren Interviews mit ehemaligen führenden Kräften in den Basisgruppen des Neuen Forums. Die Aussagen dieser „weichen" Quellen sind natürlich mit den üblichen Schwächen des Erinnerungsvermögens (Vergeßlichkeit, selektive und subjektive Wiedergabe) behaftet, zumal es sich letztlich ja nur um wenige Monate innerhalb eines „rasenden" Zeitraumes handelte. Auch waren einige Aktive aus den lokalen Gründerkreisen des Neuen Forums aus ihrer Heimat verzogen oder nicht mehr bereit, sich zu dieser Zeit und zu ihrer damaligen Rolle zu äußern. Damit ist natürlich die Gefahr gegeben, daß einige Angaben der Verfasser unvollständig oder nur partiell richtig sein können. Aber oft war das Verfahren der mündlichen Befragung die einzige Möglichkeit, überhaupt Informationen zum Thema zu erhalten. Das Buch atmet also den Hauch historischer Subjektivität.

Die Autoren danken folgenden Personen besonders für ihre Unterstützung:
Prof. Dr. Ch. Kleßmann (Zentrum für Zeithistorische Forschungen Potsdam), Frau Gehring und Frau Tuchart (BStU Frankfurt/O.), Ch. Jende, G. Brochwitz und M. Ziehlke (Bad Liebenwerda), C. Jahr, M. Derling, U. von Grünhagen, Ch. Polster und J. Seibt (Cottbus), G. Haferland, T. Hensel und J. Wohmann (Finsterwalde), M. Köppen (Guben), W. Möbius (Falkenberg), B. Anders und K. Naumann (Hoyerswerda), H. Sander (Lübben), K. Müller (Gehren), H. Poller (Luckau), W. Forkert, F. Linke und M. Nitschke (Senftenberg), H. Hömberg (Welzow), G. Frank, J. Paschke und M. Stroyny (Spremberg), H. Havenstein (Daubitz), M. Kotrc und U. Wollstadt (Rietschen), R. Spranger (Weißkeißel), E. Opitz (Weißwasser).
Für das Lektorat geht der Dank an J. Schoch.

II. DAS NEUE FORUM UND DIE DEUTSCHE FORUMPARTEI

Am 9. September 1989 trafen sich in Grünheide bei Berlin im Haus der Familie Havemann mehrere Dutzend Personen, um in privater Initiative die Bürgerbewegung Neues Forum zu gründen. Das Treffen war ein Resultat von langen Vorüberlegungen und vorbereitenden Aktivitäten. Gemeinsam erarbeitete man den Gründungsaufruf „Aufbruch 89", der von 30 anwesenden Teilnehmern unterzeichnet und am nächsten Tag veröffentlicht wurde. Einige der Unterzeichner (z.B. B. Bohley, M. Böttger oder K. Havemann) waren bereits in der Initiative für Frieden und Menschenrechte (IFM) aktiv gewesen. Diese zur Jahreswende 1985/86 gegründete Oppositionsgruppe war die älteste der von Staat und Kirche unabhängigen Gruppen in der DDR. Ihren Arbeitsschwerpunkt setzte sie, die von Anfang an nicht auf die Reformierung des Sozialismus, sondern auf die Schaffung eines „demokratischen Gemeinwesens aus ökonomisch und politisch emanzipierten Menschen" anstrebte, auf die weltweite Abrüstung und Menschenrechtsproblematik.

Der in Grünheide verfaßte Aufruf des NF erreichte die „stumme Öffentlichkeit der DDR"[1] im Kontext einer immer stärker anschwellenden innenpolitischen Krise. Die Manipulation der Maiwahlen im Frühjahr, die offizielle Zustimmung der Niederschlagung der chinesischen Studentenproteste und die Massenflucht von DDR-Bürgern über die geöffnete ungarisch-österreichische Grenze bei gleichzeitiger unbeholfener Ignoranz der SED-Führung gegenüber den gesellschaftlichen Entwicklungen im Sommer waren Ursachen für den großen Widerhall des Aufrufs bei der „hiergebliebenen" Bevölkerung. Die Verfasser wollten einen öffentlichen, demokratischen Dialog über das NF als DDR-weite politische Plattform initiieren, um „Menschen aus allen Berufen, Lebenskreisen, Parteien und Gruppen [...] an der Diskussion und Bearbeitung lebenswichtiger Gesellschaftsprobleme in diesem Land zu beteiligen".[2] Im Aufruf verzichtete man ganz bewußt auf den Begriff „Sozialismus", da man keine „leeren Worthülsen" verwenden wollte. Der basisdemokratische Ansatz wurde, im Gegensatz zum parteipolitischen, zur fundamentalen Maxime erklärt, um damit für die ganze Bevölkerung offen zu bleiben. Alle am 19. September gestellten Anträge zur offiziellen Zulassung des NF gemäß Art. 29 der Verfassung bei elf Bezirksbehörden (in Cottbus von S. Bürger) wurden jedoch auf Anweisung von Stasi-Chef Mielke mehrere Tage später mit der im Wortlaut gleicher Begründung abgelehnt, daß „keine gesellschaftliche Notwendigkeit" dafür bestünde.[3] Bis dahin hatten bereits 1500 Bürger den Gründungsaufruf unterschrieben. Am 21. September erklärte die DDR-Nachrichtenagentur ADN, daß die Ziele und Anliegen des NF der Verfassung widersprächen und eine „staatsfeindliche Plattform" darstellen würden. Erstunterzeichner und Sympathisanten wurden vor strafrechtlichen Folgen ihrer Aktivitäten gewarnt. Gerade diese Reaktion auf die formal korrekte Legalisierungsforderung entblößte in aller Öffentlichkeit die „Un"-Rechtsstaatlichkeit des Systems. Als vielleicht wichtigste, überregionale Anlaufstelle der Oppositionellen etablierte sich in jener Zeit, neben den Privatwohnungen von Bohley u.a., die Berliner Gethsemane-Kirche, wo Unterschriftenlisten und Informationsmaterial erhältlich waren und Kontakte hergestellt und vermittelt wurden. Hier trugen sich u.a. auch die ersten Bürger aus dem Bezirk Cottbus als Verbindungspersonen des NF ein.

Aufgrund der Forderungen auf den landesweiten Demonstrationen („Das Neue Forum zulassen") und der von Zehntausenden unterstützten Unterschriftensammlung mußte das NF ab Mitte Oktober schließlich offiziell toleriert werden. Am 11. Oktober, zwei Tage nach dem Fanal der friedlich gebliebenen, dritten Montagsdemonstration in Leipzig mit 70 000 Teilnehmern, versuchte die Parteiführung mit einer „Erklärung des Politbüros", in der man zu einem „sachlichen Dialog" und „vertrauensvollen Miteinander" anregen wollte, wieder reaktiv handlungsfähig zu werden. Das NF nahm das Gesprächsangebot an, umschrieb aber mit einem Forderungskatalog, was man unter einem „echten Dialog" verstand: Zulassung von Bürgerinitiativen und Parteien, Zugang zu Massenmedien, Presse-, Versammlungs- und Demonstrationsfreiheit, Abschaffung der Zensur. Voraussetzung für ein Gespräch sei außerdem die Freilassung aller inhaftierten Demonstranten, die Einstellung der Ermittlungsverfahren und Aufhebung der Strafbefehle.[4] Am 14. Oktober fand unter konspirativen Bedingungen ein erstes überregionales Koordinierungstreffen der Kontaktadressen des NF in der Berliner Elisabethgemeinde statt, wo man sich darauf einigte, sich nicht als Partei, sondern in Gruppen als Bürgerbewegung zu organisieren. Ein Programm sollte gemeinsam erarbeitet und ein provisorischer Landessprecherrat gebildet werden. An dem Treffen nahmen auch Vertreter aus den Cottbuser Kreisen Calau, Cottbus-Stadt, Hoyerswerda, Spremberg und Weißwasser teil. Neben vielen anderen Schriften und Kommentaren gab das NF am 23. Oktober das Papier „Ansätze zur Basisdemokratie" heraus, das vor allem Verfahren der Meinungsbildung in Gruppen und eine Anleitung zur Konsensfindung beinhaltete und in vielen Basisgruppen außerhalb der Metropolen als Modell und Hilfe in der basisdemokratischen Gruppenarbeit fungierte. In fast allen Cottbuser Kreisen kursierten, neben „Aufbruch 89", Abzüge von diesem Text.

Der Machtwechsel von Erich Honecker zu Egon Krenz am 18. Oktober, offiziell als „Wende" annonciert, wurde vom NF als politische Makulatur und Unterlaufen der Demokratiebewegung charakterisiert. Die Volkskammerabgeordneten wurden aufgerufen, über Untersuchungskommissionen die Ergebnisse der kommunalen Mai-Wahlen und die polizeilichen Übergriffe vom 6. bis 9. Oktober überprüfen bzw. ahnden zu lassen.[5] Mit der Amnestie vom 27. Oktober kam der Staatsrat den Forderungen der Demonstranten und des NF nach Freilassung eingesperrter Protestteilnehmer nach. Noch am folgenden Tag wurden Staat und SED

13

erneut aufgefordert, die wahren ökonomischen, sozialen und umweltpolitischen Zustände im Land zu offenbaren. Dabei wurde auf die Erfordernis einer radikalen Wirtschaftsreform hingewiesen und dem Umweltschutz, neben sozialer Gerechtigkeit, Grundwertcharakter zugesprochen.[6] Den Höhepunkt der jungen Demonstrationskultur stellte sicherlich die Manifestation von rund einer halben Million Menschen am 4. November auf dem Berliner Alexanderplatz dar. Spätestens hier zeigte sich in den Reden, Transparenten und Sprechchören, daß die politischen Forderungen des NF (aber auch anderer Oppositionsgruppen) massenweise Gehör und Zustimmung in der Bevölkerung gefunden hatten, also Allgemeingut der Protestkultur geworden waren. Den notwendigen Rücktritt der Regierung Stoph am 7. November und des Politbüros am folgenden Tag darauf als entscheidende Schritte für den Zusammenbruch der alten Führungseliten und Machtinstitutionen hatte die Opposition durch ihr Wirken erfolgreich beschleunigt. Am 8. November wurde das NF von den Behörden für legal erklärt. 30 000 Bürger hatten bis Ende Oktober, 200 000 bis Mitte November den Aufruf „Aufbruch 89" unterzeichnet bzw. sich mit ihrer Unterschrift für die Legalisierung des NF eingesetzt. Anläßlich seiner offiziellen Zulassung sprach sich das NF in einer Stellungnahme vor der Presse für freie, demokratische Wahlen, für die Legalisierung aller oppositioneller Organisationen zur Entwicklung einer pluralistischen Gesellschaft und für eine mögliche Zusammenarbeit mit allen „glaubwürdigen" oppositionellen Kräften aus. Das Ziel sei die „tiefgreifende und dauerhafte Umgestaltung der DDR".[7] Nach der Pressekonferenz auf dem Hof des Wohnhauses von B. Bohley wurden am späten Abend die Grenzen der DDR geöffnet und damit die „Wende in der Wende" ausgelöst.

Im Folgenden kann die rasante und vielschichtige Entwicklungsgeschichte des NF nur noch punktuell angedeutet werden. Am 11. November fand das zweite Koordinierungstreffen des NF in Berlin statt, auf dem ein vorläufiger Landessprecherrat (zunächst für Cottbus: H. Havenstein) und eine Programm- und Statutenkommission (in der ersten Kommission arbeitete u.a. M. Kotrc aus Rietschen/ Kreis Weißwasser mit) gebildet wurden. Der für den 6. Dezember anvisierte Aufruf zum landesweiten Generalstreik des NF Karl-Marx-Stadt wurde auf dem Landessprechertreffen in Berlin am 2. Dezember nach kontroverser Diskussion mit dem Hinweis abgelehnt, daß der Streik als Mittel zwar akzeptiert sei, der Durchführung aber eine republikweite Diskussion vorausgehen müsse. (Das NF Cottbus, vertreten durch ihren gewählten Bezirkssprecher Heinz Petrick, stimmte gegen einen solchen Streik.) Auf dem Treffen wurden überdies erste grundsätzliche Meinungsverschiedenheiten in den Fragen zum künftigen Status Partei oder Bewegung und zur Wiedervereinigung deutlich. Am 7. Dezember trat der Zentrale Runde Tisch zu seiner ersten Sitzung in Berlin zusammen, auf dem u.a. der 6. Mai als Volkskammerwahltermin vorgeschlagen wurde. Zu den vorerst sieben oppositionellen Kräften an diesem Gremium gehörte auch das NF, das auf dieser Tagung durch I. Köppe, R. Schult und R. Henrich vertreten war.[8]

Auf der Landesdelegiertenkonferenz am 12. Dezember in Leipzig forderte man schnellstmögliche Kommunalwahlen und eine Dezentralisierung der Kommunen. Am nächsten Tag veröffentlichte eine Karl-Marx-Städter NF-Gruppe einen Aufruf zur Parteigründung. Im Rahmen der Leipziger Delegiertenkonferenz am 6./7. Januar trat zwar nach Mehrheitsbeschluß in der Strukturfrage offiziell keine Spaltung ein, aber intern hatten etliche Befürworter eines klaren Einheitsbekenntnisses und der Parteilösung die Tagung verlassen und waren nach Karl-Marx-Stadt gefahren, um dort mit anderen NF-Vertretern eine Parteigründung vorzubereiten. Beim Gründungskongreß des NF am 27./28. Januar in Berlin erlitt die bis dahin dominierende „linke" Fraktion (R. Schult, I. Köppe, u.a.) in der Programmdebatte eine Niederlage. Statt der gewünschten Zweistaatlichkeit entschied sich die Mehrheit für ein Bekenntnis zur deutschen Einheit (allerdings ohne NATO-Mitgliedschaft), deren Verlauf durch ein Volksentscheid festgelegt werden sollte. Außerdem sprach man sich für eine Privatisierung und Marktwirtschaft mit demokratischen (Kontroll-)Elementen aus, während im ursprünglichen Text eine generelle Privatisierung abgelehnt und eine umfassende Demokratisierung der Wirtschaft gefordert wurde. Angesichts der Situation im Land verzichteten aber beide Seiten auf eine Spaltung. Der „linken" Ein-Drittel-Minderheit wurde die Ablehnung des Programms und eine öffentliche programmatische Eigenpositionierung zugestanden. Die langanhaltenden und kräftezehrenden Diskussionen und Kontroversen zur deutschen Einheit und ihren Weg gehörten ursprünglich nicht zum engeren Problemkreis der Bürgerbewegung, sondern wurden durch die Forderungen und den Druck der Straße in sie hineingetragen.

Am 5. Februar wurde in Berlin eine „Regierung der nationalen Verantwortung" gebildet, der acht Minister ohne Geschäftsbereich angehörten, darunter S. Pflugbeil vom NF. Zwei Tage später formierten sich NF, DJ und IMF zu der Listenverbindung Bündnis 90 für die Volkskammerwahl am 18. März. In vielen Kreisen entstanden daraufhin Proteste, da man hinter bestimmten Aussagen des gemeinsamen Wahlprogramms die minoritäre „linke" NF-Fraktion vermutete. Vor allem die Bezirkssprecherräte aus Dresden, Leipzig und Karl-Marx-Stadt – auch im Bezirk Cottbus wurde in vielen Kreis-Basisgruppen das Bündnis abgelehnt, so daß bei den Kommunalwahlen häufig Kandidaten des NF und nicht des Bündnis 90 antraten – verweigerten sich der gemeinsamen Wahlliste bzw. jeder vermuteten „Linkslastigkeit". Die Folge waren auch hier Fluktuationen und reihenweise Austritte von Mitgliedern. Immer wieder wurde gefordert, daß sich Anhänger der linken NF-Minderheit in öffentlichen Äußerungen entweder an die Mehrheitsaussagen halten oder abweichende Auffassungen als Privatmeinungen markieren sollten.

Im Wahlprogramm von Bündnis 90 spiegelte sich ein stark basisorientiertes Demokratieverständnis wider. Es wurde eine Marktwirtschaft gefordert, in der soziale und ökologische Anliegen gleichwertig neben wirtschaftlicher Effektivität und Leistungsorientierung rangieren. Daher sprach man sich für eine vorsichtige Annäherung an die BRD aus, die als „Ellenbogengesellschaft" mit sozialen und

Wir lassen nicht locker!

„Bündnis 90" – das heißt Bürgerbewegungen ins Parlament. Wie begründen Sie diese Forderung?
G. N.: Wir stehen für alle, die im Herbst auf die Straße gingen. Wir wollen, daß die 16 Millionen DDR-Bürger zu ihrem Recht kommen, hier und heute und bei der Vereinigung der Deutschen in naher Zukunft.
Das behaupten alle Parteien und Gruppierungen.
G. N.: Ja. Aber die meisten orientieren sich im Hinblick auf künftige gesamtdeutsche Wahlen schon an ihren Partnern in der BRD. Wir müssen nicht Rücksprache mit Herrn Kohl, Vogel oder Lambsdorff nehmen, bevor wir entscheiden.
J. G.: Machen wir uns nichts vor. Die zukünftige Mehrheit der Deutschen wählt in der BRD. Am 18. 3. aber wählen wir hier zum ersten Mal das Parlament eines Staates, der DDR heißt. Und in dieser ersten frei gewählten Volkskammer gibt es ohne uns keine echte Interessenvertretung der DDR-Bürger mehr.
Glauben Sie, wirksam Politik machen zu können?
G. N.: Wir sind weder durch eine Mehrheit noch

Bündnis '90

durch das beste Programm ausgezeichnet. Wir wollen als Personen in dieser Übergangszeit den Bürgerwillen artikulieren. Mit genügend Wählerstimmen können

wir auf wichtige Gesetzbeschlüsse dringen, die man bei einer Vereinigung nicht außer acht lassen kann.
J. G. Das beträfe z. B. den Schutz von Grund und Boden und Häusern in der DDR vor Ansprüchen von außen. Die alten Eigentümer stehen mit ihren Forderungen bereit. Kein neues Unrecht! Wichtig ist auch die Trennung von Gesundheits- und Sozialwesen, weil sonst eines auf der Strecke bleibt. Wir lassen nicht locker. Wir sind auch nach der Wahl „Bürger für Bürger"!

„Bürger für Bürger" – Der Bienenschwarm am Hintern der Macht

ökologischen Defiziten beschrieben wurde. Der Ausstieg aus der Kernenergie und der Wunsch nach völliger Entmilitarisierung und Neutralität waren weitere wichtige Eckpunkte im Wahlprogramm. Bei den Volkskammerwahlen votierten landesweit 2,91 % der Wähler (336 000 Stimmen) für das Bündnis 90, das damit 12 Mandate erhielt. Davon entfielen 3 auf DJ, 7 auf das NF und 2 auf die IFM.

Die Spitzenkandidaten für den Bezirk Cottbus waren J. Grützner/Cottbus-Stadt und H. Poller/Luckau vom NF und G. Nooke/Forst mit dem Mandat von DJ. Alle drei Vertreter betonten im Wahlkampf, der in der Cottbuser Presse z.T. im Namen des NF oder Bündnis 90 geführt wurde, den Anspruch der Bürgerbewegung, eine echte und originäre Interessenvertretung der DDR-Bürger und ihres Willens zu sein („Bürger für Bürger – Der Bienenschwarm am Hintern der Macht"). In der kommenden Einheit wolle man die DDR nicht nur als Konkursmasse, sondern starke pazifistische, soziale und ökologische Elemente in Wirtschaft und Gesellschaft einbringen.Dazu entwickelte man u.a. folgende Forderungen für den Cottbuser Bezirk: Drosselung der alten Kohle- und Energiewirtschaft und Aufbau neuer Alternativindustrien, angemessene Entschädigung der durch Umsiedlung/Braunkohledeva-

Die beiden
Spitzenkandidaten
von Bündnis 90
für den Bezirk
Cottbus.
*Quelle: Beilage
der „Lausitzer Rund-
schau" vom
20.02.1990.*

Günter Nooke

Geboren 1959 in Forst. Nicht-
zulassung zur EOS aus politischen Gründen. Baufachar-
beiter mit Abitur, Physikstu-
dium in Leipzig, Dipl.-
Physiker. Tätig in der Arbeits-
hygieneinspektion beim Rat
des Bezirkes Cottbus, Abt.
Physikalische Schadfaktoren
an Arbeitsplätzen. Verheira-
tet, drei Töchter. Seit 1987
öffentliches politisches Engagement in oppositionellen
kirchlichen Basisgruppen.
Vertreter im Wahlbündnis :
der Opposition vom 4. 10. 89.
Parteilos. Mandat von „DE-
MOKRATIE JETZT"!
Spitzenkandidat für das
„BÜNDNIS 90" im Bezirk
Cottbus.

Jürgen Grützner

Geboren 1952 in Welzow,
Lehre als Elektroinstallateur
in einem kleinen Handwerks-
betrieb, Studium an der Ingenieurschule Berlin-
Lichtenberg, Ingenieur für
Elektroenergieanlagen. Jetzige Tätigkeit: Mitarbeiter
beim Amt für Technische
Überwachung Cottbus. Ge-
schieden. Seit Herbst 19*
Mitarbeit in der AG „Ökologie" des NEUEN FORUM
Cottbus. Parteilos.

Spitzenkandidat für das
NEUE FORUM Cottbus.

station betroffenen Bürger, Beibehaltung des Rechtes auf Arbeit, gesetzlicher
Schutz von Grund und Boden der DDR-Bürger gegenüber Eigentümeransprüchen
von außen, Ausbau des Sozialnetzes, gesetzlich verfügbare Marktregulierung bei
Verstoß gegen betriebliche oder gesellschaftliche Demokratie oder ökologische und
solidarische Grundlagen der Gesellschaft. Im Bezirk stimmten am 18. März 2,67 %
der Cottbuser für Bündnis 90. Die beiden höchsten Ergebnisse wurden mit 3,95 %
und 3,89 % in den Kreisen Forst bzw. Cottbus-Stadt, das niedrigste mit 1,51 % im
Kreis Bad Liebenwerda erzielt. G. Nooke erzielte durch die erhaltene Stimmenan-
zahl ein Volkskammermandat.[9]

Die Leipziger Diskussion am 6./7. Januar 1990 um die Frage nach dem zukünf-
tigen Status der Bewegung – entweder Partei oder Bürgerbewegung –, führte nicht
nur zur ersten ernsthaften Zerreißprobe, sondern letztlich zur Spaltung. Die essen-
tielle Strukturdebatte hatte bereits wenige Tage nach der offiziellen Zulassung des
NF begonnen und bestimmte fortan die internen Auseinandersetzungen auf allen
organisatorischen Ebenen. Die Mehrheit der Befürworter einer Bürgerbewegung ar-
gumentierte immer wieder mit folgenden Konzeptionen: Basisdemokratie, Politik als

Dialogverfahren, Streben nach einem möglichst großen Konsens, das Prinzip der Eigenverantwortlichkeit versus Hierarchie/Zentralismus, Parteienprofilierung, Berufspolitikertum, konfrontatives bzw. abgrenzendes politisches Handeln, Parteidisziplin.[10] Die Motivation zur Gründung einer Partei war nicht nur in strukturellen und programmatischen Differenzen außerhalb des allgemeinen Minimalkonsens „Gegnerschaft zum bisherigen politischen DDR-System" zu suchen, sondern auch in der durchaus berechtigten Sorge vieler Anhänger, daß das NF als Bewegung, entsprechend der damaligen Rechtslage, nicht zu den ersten freien Volkskammerwahlen zugelassen werden würde. So entsprach dann auch der Beschluß der Leipziger Konferenz nach endlosem Hin und Her in der Diskussion einer Kompromißlösung zwischen den anfänglich gestellten Anträgen aus Dresden und der Auffassungen des Sprecherrates: Man bleibt eine Bewegung gemäß dem originären Anspruch, die sich jedoch mit gewissen Organisationsstrukturen und einem politischen Programm zur Wahl stellt. Falls die Wahlgesetzgebung jedoch ihre Beteiligung ausschließen würde, wollte man sich die Notlösung einer Parteibildung unter Einberufung einer außerordentlichen Delegiertenkonferenz vorbehalten.[11]

Die Landestagung in Leipzig zeichnete sich durch einen z.T. chaotischen Ablauf aus. Neben einer ausufernden Meinungsvielfalt, gekoppelt mit großen Konsensschwierigkeiten, wurde der Zeitplan der Veranstaltung nicht eingehalten, so daß etlichen Bezirksvertretungen überhaupt keine Rede- bzw. Diskussionszeit blieb (darunter auch Cottbus). Dadurch fühlten sich etliche Delegierte in ihrem Recht auf Meinungsäußerung stark zurückgesetzt. Außerdem wurde ein Antrag von der Cottbuser NF-Delegation, der die kategorische Ablehnung jeglicher Zusammenarbeit mit der SED-PDS beinhaltete, vom Präsidium entgegen einer versprochenen Behandlung fallengelassen, was bei den Delegierten aus Cottbus auf größte Mißbilligung stieß. So verwundert es insgesamt nicht, daß noch am Abend des 6. Januar Vertreter von Basisgruppen aus verschiedenen Bezirken beschlossen, ihre Teilnahme angesichts der als ungleichgewichtig empfundenen Debatte, ihres Delegiertenauftrages und der absehbaren programmatischen Tendenz des ersten Tages abzubrechen und am nächsten Tag in Karl-Marx-Stadt (Chemnitz) die Parteigründung zu planen.[12]

Federführend waren hierbei einzelne Vertreter aus Frankfurt/O., Dresden, Suhl, Karl-Marx-Stadt und Cottbus. Das waren auch die Bezirke, die sich beim Landestreffen des NF in Berlin am 30. Dezember 1989 für die Konstituierung einer Partei aussprachen. Bereits am 13. Dezember wurde von einigen Basisgruppen des Neuen Forums ein erster Aufruf zur Gründung veröffentlicht, und am 29. Dezember ein Gründungsausschuß in Karl-Marx-Stadt von Gruppen aus den Bezirken Berlin, Suhl, Neubrandenburg, Frankfurt/O. und Karl-Marx-Stadt gebildet.[13] Ebenfalls hatten sich bereits einige regionale Gruppen zur Forumpartei Thüringen (FPT) zusammengeschlossen, die allerdings wenig später in der Deutschen Sozialen Union (DSU) aufgehen sollte. Im Bezirk Cottbus hatte im Vorfeld der Vorbereitungen auf die Leipziger Tagung eine Abstimmung der NF-Kreisgruppen stattgefunden. Das

Deutsche Forumpartei

Landesverband Brandenburg

Am 19. Januar 1990 wird im "Haus Cottbus", Str. der Jugend 155, die
Deutsche Forumpartei – Bezirk Cottbus
gegründet.

Kontaktadresse:
Initiativgruppe DFP – Bezirk Cottbus,
Schloßstr. 22, Calau, 7540, Tel.:2187.

Am 27. Januar 1990 wird in Karl-Marx-Stadt in der Gaststätte "Posthof" die
Deutsche Forumpartei
republikweit konstituiert.

Unsere Gründwerte:

* **Rechtsstaat**
* **Pluralistische Demokratie**
* **Freiheit**
* **Selbstentfaltung des einzelnen**
* **Schutz sozial Schwacher**
* **Heimatverbundenheit und Weltoffenheit**

DFP
die Partei der Mitte
geboren aus dem "Neuen Forum"
in politischer Verantwortung für Deutschland

Werbeplakat der Deutschen Forumpartei.
Quelle: Archiv der Verfasser.

Ergebnis fiel äußerst knapp aus: sechs der elf Kreisvertreter entschieden sich für die Parteigründung, fünf dagegen. Die Abstimmung im Sprecherrat spiegelte aber nicht die wirkliche und endgültige Position der Cottbuser Basisgruppen wider, denn letztlich bildeten sich nur drei Ortsgruppen der Forumpartei (Welzow, Finsterwalde, Calau).

Die sieben Cottbuser Delegierten, die aus Leipzig abgereist waren, stimmten in Karl-Marx-Stadt geschlossen für die Gründung der Deutschen Forumpartei (DFP) und die dazugehörige Geschäftsordnung, die am 7. Januar mit insgesamt 34 Stimmen beschlossen wurden. In einer ersten Diskussionsrunde wurde u.a. die Frage nach dem „Wie" des Anschlusses an die BRD erörtert, die Offenlegung der Parteivermögen gefordert, ein Aufruf zum Bleiben der Bürger in der DDR formuliert und eine Presseerklärung verbreitet. Mit der Erarbeitung des Statuts und Programms wurden J. Schmieder und die Herren Lintzel, Seidel und Gunnar beauftragt. Die Vorbereitung des Gründungsparteitages am 27. Januar in Karl-Marx-Stadt übernahmen A. Schintlmeier, L. Ramin und Heinz Petrick/Calau. Zu diesem waren dann 30 Vertreter je Bezirk in die Gaststätte „Posthof" eingeladen worden. Als Sondergäste wurden der Berliner CDU-Vorsitzende Landowski und die Bundestagspräsidentin Rita Süßmuth begrüßt, die in einer kurzen Rede ihre generelle Unterstützung zum Ausdruck brachte und das Programm und die Organisation lobte. Mit großer Mehrheit wurde das Programm und die Wahl des dreizehnköpfigen Bundesvorstandes, u.a. mit den Mitgliedern H. Hömberg/Welzow und Heinz Petrick, und des Vorsitzenden J. Schmieder angenommen. Zu Stellvertretern wurden D. Hofmann und B. Opitz, zum Generalsekretär H. Kauffmann berufen. Als Parteisitz wurde ein Büro von der SED-PDS in Berlin (Ost) gemietet, elf weitere ständige Büros dienten DDR-weit als Anlaufstellen. In der Begrüßungsrede betonte das Berliner Präsidiumsmitglied Ramin die Bereitschaft zu einer guten Zusammenarbeit mit dem NF. Gleichzeitig lehnte er die Interpretation der Parteigründung als Spaltung ab und erklärte die DFP zum parteipolitischen Arm der Bürgerbewegung. In den Referaten von H. Kauffmann und B. Opitz wurde die Ablehnung der SED-PDS, der alten DDR und weiterer Sozialismusversuche zum Ausdruck gebracht. Angesichts der bevorstehenden Wahlen sei eine „Koalition zwischen allen Kräften der Mitte" wünschenswert, hieß es, obgleich die Frage, welche Parteien dazu zu zählen seien, offenblieb.[14] Drei Tage nach der offiziellen Konstitution erhielt die DFP am Zentralen Runden Tisch in Berlin einen Sitz bzw. eine beratende Stimme.

Die Gründungsveranstaltung des Landesverbandes Brandenburg fand am 19. Januar in der Cottbuser Bezirkshauptstadt im 'Haus Cottbus' (Straße der Jugend 155) statt. In Anlehnung an das historische bzw. westdeutsche Vorbild hatte man von Anfang an die territoriale Organisationsstruktur der Partei nach Bundesländergrenzen formiert. Bedeutende organisatorische Impulse kamen dazu aus den Cottbuser Städten Calau und Welzow, wo sich bereits Ortsgruppen der DFP gebildet hatten. Zum Parteivorsitzenden des Landes Brandenburg wurde Heinz Petrick gewählt. Das DFP-Kontaktbüro für den Bezirk Cottbus wurde in Calau eingerichtet. Die drei Ortsgruppen im Bezirk, zu den beiden genannten kam Anfang März noch eine Gruppe aus Finsterwalde hinzu, konnten zusammen etwa 40-50 Aktive mobilisieren.

Anfänglich hatte die DFP landesweit, ähnlich dem NF, große materielle und personelle Schwierigkeiten (so gab es vor der Volkskammerwahl im März 1990 nicht einmal zwei Dutzend hauptamtliche Mitarbeiter). Die Kommunikation zwischen den einzelnen Ortsverbänden blieb, aufgrund fehlender Technik und Zeit, sehr lange mangelhaft. Während die DFP vom Landessprecherrat des NF scharf kritisiert wurde, arbeiteten einige regionale Gruppen, z.B. das NF Dresden eng mit der Partei zusammen. Das zeigte sich auch exemplarisch in der Personalunion, die der Dresdener NF-Koordinierungsausschuß und die Leitung des DFP-Ortsverbandes eingingen. Hier spiegelte sich die verbreitete Auffassung wider, daß der Platz der Forumpartei im Parlament (Schaffung demokratischer Grundlagen), der der Bürgerbewegung in der Kommunalpolitik sei. Eine ähnliche Union entwickelte sich auch in Calau, wo NF und DFP in engster, auch personeller Verbindung zueinander agierten. Dagegen entstanden die Ortsgruppen in Welzow und Finsterwalde aus einer bleibenden Spaltung des NF in den jeweiligen Kreisen.

Die DFP verstand sich als „eine Volkspartei der politischen Mitte (..) offen für Menschen verschiedener Weltanschauung", die sich „jedem Extremismus von links und rechts" widersetzt. Nach dem Vorbild der BRD forderte man die „Schaffung eines demokratischen Rechtsstaats", die Trennung von Partei und Staat, die Wiedereinführung der Gewaltenteilung und Länderstruktur. Das Parlament sollte das „oberste Macht- und Gesetzgebungsorgan" sein und der Staatsrat durch das Präsidentenamt, „direkt vom Volk" gewählt, ersetzt werden. Die DFP sprach sich für die schnellstmögliche staatliche Einheit Deutschlands aus, ohne jedoch den dazu notwendigen Weg genauer zu präzisieren (im ersten Programmentwurf vom 11. Januar sollte zur Einheitsfrage eine Volksbefragung stattfinden). Insgesamt sollten dazu die „Vorzüge beider deutscher Staaten" in den inhaltlichen Prozeß der Annäherung eingebracht werden. Unter Ablehnung „jedes neuen Sozialismusmodell[s]" forderte man die Einführung der sozialen Marktwirtschaft, die die DFP als „Leistungsgesellschaft mit starken sozialen Komponenten" definierte. Das neue Wirtschaftssystem, im Zusammenwirken mit einer langen Liste von sozialen und ökologischen Forderungen, sei durch die „Regulierungsmechanismen des Marktes" funktionstüchtig und steuerbar. Der Staat, verantwortlich für die „wirtschaftlichen und sozialen Rahmenbedingungen", sollte dort gesetzgeberisch eingreifen, wo jene Mechanismen mit „existentielle[n] gesellschaftliche[n] Interessen" nicht kompatibel seien. In der Eigentumsfrage sprach man sich sehr allgemein für „alle Eigentums- und Nutzungsformen in Industrie und Landwirtschaft sowie Handwerk und Gewerbe" aus. Bezüglich der Landesverteidigung strebte die DFP die Beseitigung der allgemeinen Wehrpflicht und Militärblöcke und den Abzug aller ausländischen Truppen vom Gebiet der DDR an (im ersten Entwurf war noch vom Rück-

Deutsche Forumpartei

Land Brandenburg

Warum Deutsche Forumpartei?

Aus der Bürgerinitiative „Neues Forum" hat sich die Partei „Deutsche Forumpartei" gebildet. Das heißt, daß wir weiterhin mit der Initiative aller Bürger arbeiten werden. Doch ist eine Parteilichkeit im Wahlkampf erforderlich, um den Standpunkt auch in den Parlamenten vertreten zu können, denn unsere Partei, die sich als Opposition gegen die Willkürhandlungen der früheren Machthaber versteht, wird mit der breiten Masse unserer Bürger nur in der Lage sein, das heute sich wieder bildende Arsenal alter Köpfe wegzufegen.

Was wir wollen:

- wir sind offen für alle Menschen verschiedener Weltanschauung
- Selbstbestimmung des deutschen Volkes,
- Erlangung der staatlichen Einheit Deutschlands,
- Wahrung von Freiheit und Würde jedes einzelnen Menschen nach der Festlegung der KSZE-Akte,
- Wiederherstellung der Länder bei Berücksichtigung der Volksgruppen,
- Abschluß eines Friedensvertrages bei Wahrung der bestehenden Grenzen,
- freie und geheime Wahlen,
- das geltende Recht muß verfassungskonform sein,
- unabhängige Gerichtsbarkeit nach dem Recht und Gewissen,
- das Streikrecht ist gesetzlich zu sichern,
- Klärung der Vermögenswerte etablierter Parteien,
- Medienfreiheit, freier Vertrieb von Presseerzeugnissen

Soziale Marktwirtschaft, d.h.

- Arbeitszeitanpassung, - soziale Lohn- und Rentenanpassung,
- Mieterschutz, freie Preisbildung und Wettbewerb,
- Schutz der sozial Schwachen und Rentner,
- Bildung eines mittelständigen Handwerks und Industrie,
- Eigentums- und Nutzungsformen in Industrie und Landwirtschaft, sowie Handwerk und Gewerbe,
- eine gerechte Steuergesetzgebung für Arbeitnehmer und Arbeitgeber,
- ein ausgewogenes Verhältnis von Umweltschutz, Ökonomie und sozialen Ansprüchen

Gesundheits- und Sozialwesen

- das Gesundheits- und Sozialwesen ist dringend materiell und personell zu sanieren,
- alte Menschen haben das Recht auf ein sinnerfülltes Leben,
- kostendeckende Mieten mit Wohnbeihilfen,

Kultur und Bildung

- Bewahrung des kulturellen Erbes unseres Volkes,
- freie Entwicklung des Geistes in Kunst und Kultur,
- Rettung unserer bedrohten Kultur,
- Kindergarten, Schule und Hochschule sollen der freien, geistigen Entwicklung dienen - ohne Bevormundung
- Förderung von Begabung und Talenten,
- freie Bildung von Vereinigungen,
- freie Entfaltung von Wissenschaft und Technik zur geistigen Erneuerung des Landes,

Wahrung der Sicherheit

- die Landesverteidigung hat defensiven Charakter zu tragen,
- wir streben an, daß keine ausländischen Truppen mehr auf deutschem Boden stationiert sind,
- es ist ein sozialer Friedensdienst zu schaffen.

„Wählen Sie uns" — die Partei des Volkes

darum

Wahlprogramm der Deutschen Forumpartei.
Quelle: Archiv der Verfasser.

zug „von deutschem Boden" die Rede).[15] In diesem Programm spiegelte sich der durchaus zeittypische Wunsch nach einer Mixtur aus den positiven Aspekten beider Systeme wider. Die westdeutschen „Stärken", Wirtschaft und Demokratie, sollten um soziale Errungenschaften der DDR erweitert werden, wobei dem Staat als übergreifendes Regulativ im „harmonischen Kapitalismus" eine große bzw. die bereits von früher gewohnte Rolle zugesprochen wurde. Programmatische Reste aus der Bürgerbewegung fanden sich vor allem im relativ umfangreichen Programmteil Ökologie und in bestimmten Entmilitarisierungforderungen, weniger in der Zielsetzung, die demokratischen Verfahren Volksentscheid und -begehren in die neue Verfassung aufzunehmen.

Während des Volkskammerwahlkampfes im Bezirk Cottbus stellte die DFP wiederholt heraus, daß sie als Partei der Mitte aus dem NF, der entscheidenden Bewegung des Umbruch 1989, entstanden sei. Eine besondere Wählerzielgruppe waren der Mittelstand, dem bei der Etablierung der sozialen Marktwirtschaft eine Schlüsselposition zugeschrieben wurde. Dazu organisierte man z.b. kombinierte Veranstaltungen mit dem Unternehmensberaterverband der BRD und der DFP in Calau, Peitz, Spremberg und Vetschau. Gleichzeitig wollte man sich für soziale Stabilität im Alltag einsetzen, u.a. durch Reformierung des Gesundheitswesens, Gleichstellung der Frau, Absicherung der Renten und der sozial Benachteiligten. Auf der Grundlage einer Wirtschaftsreform für eine soziale Marktwirtschaft und der Einführung der Währungsunion sollten in den in Länderstrukturen zusammengefaßten ehemaligen DDR-Bezirken ein Volksentscheid zur Einheit und eine anschließende Neubildung einer gemeinsamen Verfassung der „Republik Deutschland" stattfinden bzw. „sollte der weitere Schritt der Zusammenführung der deutschen Nation in einer Förderation erfolgen", hieß es in den Wahlkampfanzeigen der DFP in der „Lausitzer Rundschau" vom 23. Februar und 7. März.

Bereits am 12. Februar 1990 trat die DFP dem liberalen Wahlbündnis Bund Freier Demokraten (BFD) bei. Die Vereinigung der Liberal-Demokratischen Partei (LDP), der Freien Demokratischen Partei (F.D.P.-Ost) und der DFP in Berlin (West) kam besonders auf Drängen der westdeutschen F.D.P. zustande, um die Erfolgschancen für eine gemeinsame liberale Fraktion, das Nahziel des Bündnisses, in der neu zu wählenden Volkskammer zu erhöhen. Die Mehrheit der Parteispitzen betrachteten den Bund als Vorstufe zu einer Parteifusion mit den West-Liberalen, die noch für 1990 geplant wurde. Allerdings hatte es in den unverbrauchten Parteien DFP und F.D.P.-Ost starke Vorbehalte gegen ein Zusammengehen mit der ehemaligen Blockpartei LDPD, auch nach deren „Erneuerungsparteitag" am 9./10. Februar in Dresden, gegeben. Die ersten Informationsgespräche und Koalitionsverhandlungen der DFP fanden daher auch mit der SPD, dem Demokratischen Aufbruch (DA), der Deutschen Sozialen Union (DSU) und der CDU-Ost statt, die jedoch zu keinem landesweiten Ergebnis bzw. Eintritt in die „Allianz für Deutschland" führten. Zusätzlich gab es aber auch viele Reserven und sogar Ablehnung gegenüber dem Auftreten der West-F.D.P. um Graf Lambsdorff, die von Anfang an eine dominante

Führungsposition innerhalb des liberalen Lagers in der DDR beanspruchte. Viele Anhänger besonders der F.D.P.-Ost und DFP hatten den Eindruck, ihre gerade erst gewonnene politische Eigenständigkeit schon wieder aufgrund parteistrategischer und -pragmatischer Anweisungen aus der bundesrepublikanischen F.D.P.-Zentrale aufgeben zu müssen. Sie spürten deutlich, daß es den BRD-Parteien in erster Linie nicht um die Etablierung, sondern nur um die zukünftige Eingliederung der neuen in die bestehenden Parteien ging. Gegen die „West-Vereinnahmung" regte sich vor allem an der Basis Protest, während dagegen Teile der Parteispitzen, die auch durch in Aussicht gestellte Parteiposten in der F.D.P.-West „gekauft" wurden, vehement für eine Fusion nach den Volkskammerwahlen eintraten. Bereits im März 1990 formulierten viele Mitglieder der DFP Kritik an ihrer Parteispitze, speziell an Schmieder. Fehlende Professionalität und Führungskraft, unklare Entscheidungsfindungen und geringe parteipolitische Voraussicht wurden bemängelt.[16]

Die DFP brachte nach eigenen Angaben im Frühjahr 1990 etwa 50 000 Mitglieder in den BFD ein. Diese Zahl, die sich aus vorläufigen Schätzungen und der Addition der Unterschriftslisten von Mitgliedern und Sympathisanten ergab, war überhöht. Politische Interessen spielten dabei, neben organisatorischen Ursachen wie fehlende Mitgliedsausweise und -dateien, auch eine gewichtige Rolle. Einerseits steigerte eine hohe Mitgliederzahl das Gewicht der DFP und ihrer Führung innerhalb des parteipolitischen Kräftespiels im Vorfeld der Märzwahlen. Andererseits übernahm die West-F.D.P. vorerst unkontrolliert diese Schätzungen, da ihr an einer starken Position der DFP gegenüber der belasteten LDP im liberalen Wahlbündnis gelegen war. Im Juni 1990 wurde die Mitgliederanzahl mit ca. 5000 und zwei Monate später sogar nur noch mit 500 beziffert.[17]

Bei der Volkskammerwahl am 18. März erhielt der BFD für die Liberalen enttäuschende 5,28 % (608 935 Stimmen), wobei die DFP sechs der 21 Abgeordneten stellte. Das Bündnis war im Bezirk Cottbus mit den Spitzenkandidaten J. Kney (LDP), A. Dittmer (F.D.P.) und H. Petrick (DFP) angetreten und erreichte hier nur 5,23 %, obwohl man mit vielen Veranstaltungen in der Bezirkshauptstadt und zahlreichen Kreisen einen engagierten Wahlkampf geführt hatte. Während Dittmer und Petrick innerhalb der gemeinsamen Wahlliste der BFD nicht die notwendige Stimmenzahl für ein Mandat erhielten, zog der Bezirksvorsitzende der ehemaligen Blockpartei in die Volkskammer ein.

III. DAS PROTESTPOTENTIAL IM BEZIRK COTTBUS 1989

1. Allgemeine Lage

In der DDR verband man in der Regel mit dem Bezirk Cottbus, damals 885 000 Einwohner, zwei Vorstellungen: Region Lausitz und Braunkohle. Mit 51 % (Bruttoproduktion) nahm die Energie- und Brennstoffindustrie die erste Position vor allen anderen Branchen ein. Um teure Devisen- oder Valutaausgaben zur Energieproduktion zu sparen, setzte die SED-Wirtschaftspolitik auf maximale Ausbeutung der eigenen Ressourcen, wobei im Verlauf der Jahre durch das steigende Abraumvolumen pro Tonne Kohle die Rentabilität des Abbaus immer geringer wurde. Auf den ständig steigenden Bedarf an Energie reagierte man mit extensiven Produktionsmethoden, die eine Devastierung weiter, auch besiedelter Gebiete zur Folge hatte. Mitte der achtziger Jahre entwickelte die staatliche Plankommission langfristige Vorhaben, die die Abbaggerung und Vernichtung von 300 Orten vorsahen und im Bezirk Cottbus etwa ein Viertel der Fläche betroffen hätten. Der Braunkohleabbau (15 Tagebaue), die entsprechende Verarbeitung und große Produktionskapazitäten in der Grundstoff- und Schwerindustrie verursachten eine überdurchschnittliche Umweltbelastung der Region. Die Kreise Spremberg, Calau, Hoyerswerda und Weißwasser erreichten DDR-Spitzenwerte bei den Luftschadstoff-Emissionen.[18]

Eine weitere territoriale Belastung für die Bevölkerung stellten die hohe Militärpräsenz sowjetischer Truppen und die Stützpunkte der NVA dar. Große Kasernen- und Truppenübungsplätze (z.b. in Cottbus-Stadt, Finsterwalde oder Lieberose) und Luftstützpunkte (z.b. Cottbus-Nord oder Welzow) waren Ursachen für Lärm, Zerstörung der Natur und Unzugänglichkeit großer Gebiete. Als gravierendes Problem zwischen sowjetischem Militär und der Bevölkerung kristallisierte sich angesichts allgemeinen Wohnraummangels die Vergabe ganzer Wohnblöcke, sogar Stadtteile an Angehörige und Angestellte der Streitkräfte heraus. Zusätzlich wurden im Bezirk durch sowjetische Militärangehörige 48 000 ha und durch die NVA 6700 ha als Jagdgebiete genutzt. Im Sommer 1989 wurde die Versorgung mit bestimmten Produkten in den Kreisen Spremberg, Forst, Calau, Hoyerswerda, Cottbus-Stadt und Weißwasser durch „außergewöhnlich hohe Abkäufe" von Schokolade, Kaffee, Pfeffer u.a.m. durch polnische Bürger kritisch, wie man in der Abteilung Ausschüsse/Sektor Information des Nationalrates der Nationalen Front wußte. Bügeleisen, Fahrradersatzteile u.a. Bedarfsmittel fehlten im ganzen Bezirk.[19]

Diese wenigen Beispiele zeigen, daß es im Bezirk neben den gesamtgesellschaftlichen, in der ganzen DDR vorhandenen Konflikten und Mißständen noch zusätzlichen regionalen „Zündstoff" für Unzufriedenheit und oppositionelles Verhalten gegeben hat. In der Realität hatten diese Umstände aber keine katalytische Auswirkungen auf die Formierung eines frühzeitigen breiten Protestpotentials in der Bevölkerung. Man meckerte (wie überall) und zog sich dann wieder in seine jeweilige Nische zurück. Wenn man die Petitionen und Eingaben einsieht, die 1989 an die Behörden des Bezirkes Cottbus geschrieben wurden, findet man fast ausschließlich solche, die persönliche, meist materielle Bedürfnisse betreffen (Wohnungsprobleme, Pkw-Bestellungen, Ersatzteile, Telefonanmeldungen, Versorgungsengpässe, Privatangelegenheiten). Natürlich existierten unter den Akten auch eine bestimmte Zahl von Ausreiseanträgen derjenigen Cottbuser, die die DDR als ihre Heimat aufgegeben hatten. Weniger zahlreich waren Anfragen oder Einsprüche zu den Braunkohledevastationen, wobei allerdings die meisten auf Kreisebene verblieben und nicht an den Bezirk weitergeleitet wurden. In betroffenen Gemeinden äußerten wiederholt Einwohner ihren Protest gegen den schonungslosen Kohleabbau.

Es sind kaum Beschwerden auszumachen, die mit einem politisch-kritischen Akzent geschrieben worden sind, wie der Antrag vom Januar 1989 auf Gründung einer „Vereinigung zur Beobachtung und Förderung des KSZE-Prozesses in der DDR" von F. Müller vom Finsterwalder Kirchenkreis. Die insgesamt wenigen Anzeigen und Protesteingaben wegen Wahlbetrug und Verfassungsverstoß anläßlich der Kommunalwahlen im Mai desselben Jahres kamen aus kleinen oppositionell gesinnten Kirchenkreisen (siehe nächstes Kapitel) und gehörten zu den wenigen singulären Versuchen oppositionellen Aufbegehrens mit politischem Charakter.[20] Natürlich gab es im Sommer/Frühherbst auch spontane und isolierte Protestaktionen vereinzelter Personen bzw. widerständige Einzelaktionen. Diese können hier aber nicht dargestellt werden, zumal sie für die Entstehung eines Protestklimas nicht ins Gewicht gefallen sind.

Die generelle Ruhe in der Bevölkerung war aber nicht allein dem Gleichmut oder mangelnder Bürgercourage geschuldet. Über 50% der Werktätigen waren im Braunkohlebergbau, in der kohleverarbeitenden Industrie und in der Energiewirtschaft tätig, die zu den bestbezahlten Arbeitsstellen in der DDR gehörten und mit gewissen materiellen Vorzügen (z.B. sofortiger Erhalt von Wohnraum, Kohlesonderlieferungen, Energiefreibeträge) verbunden waren. Daher kristallisierten sich akute materielle Defizite nicht als besondere Triebkräfte für einen Protest heraus. Gerade in den Städten waren viele Cottbuser keine Einheimischen, sondern meist aus Berufsgründen hinzugezogene Einwohner (häufig aus den benachbarten sächsischen Bezirken). Vielen von ihnen fehlte eine bestimmte Heimatidentität, die sie über die allgemeine Unzufriedenheit hinaus motivierte, sich vor Ort oppositionell bzw. für den schnellen Beginn der „Wende" in der „eigenen" Stadt oder im „eigenen" Betrieb zu engagieren. Cottbus galt außerdem als einer der durch Sicherheitsorgane und Militär (auch Rote Armee) bestkontrollierten und -abgesicherten Bezirke der DDR. Die Konzentration von IM pro Einwohner war hier landesweit am höchsten. Zuletzt soll auch erwähnt werden, daß Cottbuser in Interviews zu diesem Buch wiederholt auf die zurückhaltende und abwartende Mentalität von Menschen aus dieser Region hingewiesen haben. Dabei muß auch eine typische Kleinstadt-Athmosphäre, resultierend aus der Siedlungsstruktur, und das damit verbundene mentale Problem von sozialer Anonymität und Öffentlichkeit berücksichtigt werden. Cottbus-Stadt und Hoyerswerda waren die größten der 44 Städte mit 129 000 bzw. 69 000 Einwohnern (1988); die 14 Kreisstädte wurden im Durchschnitt von 6-35 000 Menschen bewohnt. Rund 75% der Bevölkerung lebte in Gemeinden mit über 2000 Einwohnern.

Die Blockparteien aus der Nationalen Front spielten bei der Initiierung der „Wende" in Cottbus keine Rolle. Ihre Führungen traten erst aus ihrem devoten Schattendasein heraus, als die entscheidenden Ereignisse bereits stattgefunden hatten. Nicht anders als in der SED reagierten die Parteileitungen auf die wenigen, aber dennoch vorhandenen Diskussionen oder Reformvorschläge der eigenen Basis ablehnend oder erst viel zu spät. Proteste von einzelnen Parteiortsgruppen oder Parteimitgliedern, wie z.b. in der NDPD in Calau oder der CDU in Schlieben, wurden als unliebsame, interne Kritik isoliert und vor der Öffentlichkeit abgeschirmt. Die Bezirksleitung der CDU stimmte der Erklärung des Hauptvorstandes Mitte Oktober zu, die als Reaktion auf den kritischen „Brief aus Weimar" von vier CDU-Mitgliedern vom 10. September 1989 eine Treuebekundung an das bisherige System einschließlich der Nationalen Front darstellte.[21] Die LDPD-Führung schien in Cottbus nicht in völliger Erstarrung verhaftet geblieben zu sein, was in erster Linie auf den persönlichen Ehrgeiz und die Haltung ihres Landesvorsitzenden Manfred Gerlach zurückzuführen war. Im Verlaufe des Jahres 1989 war dieser, der Anfang der fünfziger Jahre einer der schärfsten ideologischen Säuberer der Partei gewesen war und später aktiv liberale Traditionen und den Mittelstand zerstörte, zu der Erkenntnis gekommen, daß sich die DDR den Reformbestrebungen Gorbatschows anschließen müsse. Obwohl Gerlach den Führungsanspruch der SED nicht in Frage stellte, war die LDPD die erste Blockpartei, die dem Neuen Forum nicht ablehnend gegenüber stand. Mitte September erklärte ihr Vorsitzender öffentlich, daß die Bevölkerung über alle Vorgänge informiert werden müsse, daß Widerspruch nicht sofort mit Opposition gleichgesetzt werden könne und daß die DDR Fragende, Ungeduldige und Neugierige brauche. „Wir treten entschieden dafür ein, gesellschaftliche und politische Verkrustungen aufzubrechen, Überholtes der Geschichte nicht verbal, sondern tatsächlich zu überantworten ...", so Gerlach vier Wochen später in „Der Morgen".[22] Am 18. Oktober gab die LDPD ein Positionspapier heraus, in dem ihre kritische Rolle hervorgehoben und die SED und ihre Disziplinierungsversuche gegenüber Gerlach attackiert bzw. zurückgewiesen wurden. Noch am Tag zuvor hatte jener in einem persönlichen Gespräch mit Erich Honecker spürbare Veränderungen der Lebensbedingungen in der DDR gefordert. Auch

LDPD-Mitglieder aus Lübben hatten am 11. Oktober beim Bezirksvorstand in Cottbus gegen die Medienpolitik von Minister Herrmann und seine Anschuldigungen gegen Gerlach protestiert. Man forderte die Schaffung von Öffentlichkeit, in der sich auch das Neue Forum vorstellen könne.

Nach den Stasi-Lageberichten zu urteilen, wurden erst ab Mitte Oktober immer mehr Mitglieder der Blockparteien von Unruhe und Unzufriedenheit ergriffen, sowohl was die politischen Reaktionen der SED, als auch die ihrer eigenen Parteiführungen betraf. Besonders waren das Schweigen und die Ignoranz der realen Lage, vor allem der Flüchtlingsbewegung, ein Ärgernis. Dabei wurde in Parteiversammlungen zunehmend Unverständnis zum Verbot des NF bzw. der Wunsch nach mehr Information und inhaltliche Auseinandersetzung mit der Bürgerinitiative geäußert.[23]

Von den Bezirks- und Kreisleitungen der Massenorganisationen gingen keine selbständigen, systemkritischen Impulse im Frühherbst aus. Auch solche „harmlosen" Organisationen wie der Kulturbund (KB), in dem die verschiedensten Sektionen (so auch die Gesellschaft für Natur und Umwelt – GNU) vereinigt waren, wehrten jede Form nonkonformer Äußerung ab. Kein kritischer Unterton in den Erklärungen und Informationsblättern – statt dessen wurden in Aktionsprogrammen in gewohnt unterwürfigem und einschmeichelndem Duktus die Vorbereitung auf den 40. Jahrestag betrieben. In den Mitte Oktober erstellten Informationsberichten der einzelnen KB-Kreisorganisationen fanden sich dann erstmals einige kritische Meinungen von Bundesfreunden wieder, die vor allem die aktuelle Medienpolitik und die ausbleibenden Reaktionen der SED auf die politischen Entwicklungen betreffen. In dem Diskussionspapier „Der Kulturbund und die Erneuerung der DDR", vorgelegt vom Präsidium des Kulturbundes am 31. Oktober, mit dem die Tagung des Präsidialrates am 28. November vorbereitet werden sollte, wurde zwar Kritik und Selbstkritik geübt, aber sie blieb sehr allgemein und in ihrer Konsequenz weit hinter den Ansätzen der bekannten DDR-Oppositionsgruppen zurück. Noch am 13. November, eine Woche nach einem ersten Treffen mit Vertretern des NF, gab die Bezirksleitung des KB Cottbus ein Schreiben an ihre Grundorganisationen heraus, in dem man sich ausgesprochen positiv zu seinem bisherigen Zusammengehen mit der SED und zur Errichtung eines modernen Sozialismus bekannte.[24]

Trotz des oben dargestellten geringen Widerstands- und Protestpotentials im Vorlauf des Umbruchs 1989 im Bezirk Cottbus gab es einige Personengruppen, in denen unter dem Dach der Kirche z.T. seit einigen Jahren kritisches Gedankengut ausgetauscht oder sogar Opposition praktiziert wurde. Sie sollten sich, auch unter Überwindung des Widerstandes von systemtreuen oder opportunistischen Leitungskreisen der eigenen Kirchen, in der Mehrzahl als die „regionalen Kristallisationspunkte in der Wende"[25] etablieren.

2. Kirchliche Anlaufpunkte oppositioneller Kräfte

Aus dem Zusammenschluß von drei Gruppen der Friedens- und Umweltbewegung, „Frieden", „Ökologie" und „Dritte Welt", hatte sich im April 1986 der Ökumenische Friedenskreis Forst (ÖFK) gebildet. Während man sich anfänglich in engerem Rahmen und lokal begrenzt mit ethischen und ökologischen Themen (vor allem der Braunkohleabbau und seine Folgen) auseinandersetzte, setzte im zweiten Jahr eine zunehmende Politisierung des ÖFK ein. Einzelne Mitglieder traten mit der in Berlin arbeitenden Umweltbibliothek in Kontakt, wobei man eine eigene Friedensbibliothek aufbaute. Die leitenden Organisatoren des Kreises waren die Pfarrer B. Grützner und M. Moogk, das Ehepaar Nooke und G. Bache; der Kern des ÖFK bestand aus fünfzehn Personen. Die ersten ernsthaften Schwierigkeiten mit der Staatsgewalt traten ab Frühjahr 1988 ein, nachdem im Januar die erste der zwölf Nummern der im Selbstverlag angefertigten Zeitschrift „Aufbruch" erschien (Auflage bis zu 400 Stück). Die Redakteure des Journals, in dem vorrangig politische und kirchliche Probleme und Dokumentationen publiziert wurden, wurden durch (vergebliche) Einflußnahme über kirchliche Dienststellen, dann durch strafrechtliche Verfügungen (Bußgelder in Höhe von 5000 Mark) massiv an der Fortsetzung ihrer Tätigkeit gehindert.

Der ÖFK engagierte sich in der Praxis besonders zum Thema Wehrdienstverweigerung und in der Menschenrechts- und Umweltproblematik, wobei er damit angesichts der allgemein bekannten und erlebten großflächigen Devastierungen durch die Braunkohletagebaue und Waldbesprühungen mit Pestiziden bei der Bevölkerung auf Sympathie und Zustimmung stieß. An den organisierten Raddemonstrationen nahmen nicht nur Mitglieder, sondern auch außenstehende Bürger der Region teil. Im April 1989 protestierte die Gruppe gegen die illegale Registrierung christlicher Schüler durch den Kreisschulrat. Auch während der Kommunalwahl am 7. Mai 1989 agierten ihre Vertreter als unabhängige Beobachter in Forst und im umliegenden Landkreis mit der Konsequenz, daß M. Nooke und B. Grützner an Egon Krenz Eingaben mit dem Vorwurf „Nichteinhaltung des Wahlgesetzes" einsendeten. Zu allen wichtigen innen- und außenpolitischen Ereignissen, auf die die DDR-Opposition reagierte (z.B. die „Zions- und Ossietzky-Affaire" oder die Niederschlagung der Proteste in Peking), äußerte sich der ÖFK Forst in eigenständiger Form. Man trat auf Kirchentagen, bei „Frieden konkret" und beim „Konziliaren Prozeß" aktiv in Erscheinung. Im September agierte dann der Kreis häufiger und sichtbarer mit klar oppositionellen Forderungen in der Öffentlichkeit. Am 16. Oktober begannen in der Forster Nikolai-Kirche montägliche Bittgottesdienste zur Unterstützung der Forderungen der Bürgerbewegungen. Aus dem ÖFK heraus entstand eine lokale Initiativgruppe des „Demokratischen Aufbruchs", der im Kreis Forst die bedeutendste Kraft bei der Initiierung und Durchsetzung der „Wende" wurde und später bei den ersten freien Kommunalwahlen am 6. Mai 1990 mit 33,8% bzw. 17 Mandaten die mit Abstand stärkste politische Fraktion im Kreis stellte.[26]

Im Frühjahr 1986 entstand der Finsterwalder Umwelt- und Friedenskreis im Umfeld der Gemeinde der Trinitatiskirche in Finsterwalde. Zu wichtigen koordinierenden Personen in der Arbeit des Kreises gehörten dabei u.a. der Kreisjugendpfarrer M. Wolf, Jugendwart F. Müller (Organisator), M. Prach. Neben internem Engagement versuchten einige Mitglieder wiederholt durch Eingaben an die Bezirksbehörden oder Volkskammer auf ökologische oder demokratische Defizite hinzuweisen, wobei man sich dabei oft auf die genaue Auslegung der DDR-Verfassung berief. Nach den Verhaftungen anläßlich der Liebknecht/Luxemburg-Demonstration im Januar 1988 verschickte man Protesttelegramme an den Staatsrat und an das Justizministerium. Man war u.a. an der Organisation eines Menschenrechtsseminars in Berlin im April 1988 beteiligt. Zur Berliner Zionskirche und dortigen „Umweltbibliothek" bestanden enge Kontakte. Wiederholt wurde eine Solidarisierung mit und die Unterstützung von Wehrdienstverweigerern innerhalb kirchlicher Veranstaltungen thematisiert. Anfang Oktober 1989 fanden vor dem 40. Jahrestag zahlreiche spontane Zusammenkünfte von Mitgliedern des Friedenskreises, der Gemeinde und anderer Personen statt, in denen die aktuelle Situation diskutiert wurde. Eine für den 7. Oktober geplante Verteilung von 400 selbstgefertigten Flugblättern, in denen die Demokratisierung der Gesellschaft gefordert wird, wurde jedoch unterlassen, um die Gruppe nicht zusätzlichen Repressalien seitens der Sicherheitsorgane auszusetzen. Nachdem einige Mitglieder „selbständig" an der Feiertagsdemonstration in Finsterwalde teilnahmen und dabei von Sicherheitsbeamten tätlich angegriffen wurden, fand am 11. Oktober ein erstes Friedensgebet in der Trinitatiskirche statt, bei dem unter den 180 Teilnehmern eine Unterschriftensammlung gegen das brutale Vorgehen der Sicherheitskräfte durchgeführt wurde. Während dieser Veranstaltung wurde auch der Aufruf des Neuen Forums verlesen und für die Gründung eines Ortsverbandes geworben. Acht Tage später fand ein zweites Friedensgebet, am 25. Oktober das dritte in der nun überfüllten Kirche statt.

Im Juli 1987 entstand in Cottbus-Stadt um den Pfarrer Ch. Polster und den Brückenbauingenieur P. Model im Umkreis der dortigen Marienkirche, Schloßkirche und Oberkirche St. Nikolai die Umweltgruppe Cottbus (UGC), die sich als eigenständiger ökumenischer Kreis definierte und sich besonders Fragen und Problemen der Ökologie und Menschenrechte verpflichtet fühlte. Bald gehörten ihr ca. 50 Leute an – von denen die Hälfte zum „harten Kern" zählten –, darunter auch viele „Ausreisekader". Man beschloß, verschiedene Arbeitsgruppen zu bilden. Im Frühjahr 1988 setzte sich die UGC aus den drei Sektionen Frieden (Leiter: Ch. Polster), Gerechtigkeit (Leiter: W. Herrmann) und Ökologie (Leiterin: S. Kühne) zusammen, die wiederum aus sieben Projektgruppen mit den Themenbereichen Ökologie, Naturschutz, Verkehr, Recht, Bildung und Energie bestanden. Für die Mitarbeit, offen für alle, war vor allem Eigeninitiative gefragt. Die Projektgruppen trafen sich nach individueller Absprache, meist in 14tägigem Abstand in privaten Wohnungen oder in Gemeinderäumen. Erklärtes Ziel der Umweltgruppe war das

Bewirken von Betroffenheit durch Information und Dokumentation, das schließlich zu einer Bewußtseins- und Verhaltensänderung beitragen sollte. Dies sollte soweit wie möglich auch durch eine Kooperation mit den staatlichen Stellen geschehen. Neben der organisatorischen Strukturierung stützte sich die Arbeit auf die „Basiserklärung" vom April 1989 und monatliche gemeinsame Veranstaltungen. Innerhalb der Gruppe und im begrenzten öffentlichen, kirchlichen Rahmen diskutierte und kommentierte man wiederholt aktuelle politische Ereignisse in der DDR (z.B. die Luxemburg-/Liebknecht-Gegendemonstration in Berlin im Januar 1988, Verbot der Zeitschrift Sputnik). Die Umgestaltung in der UdSSR oder die einheimische Umwelt- und Energiepolitik wurde besprochen und analysiert. In meist kirchlichen Veranstaltungen und durch Eingabetätigkeit versuchte man, Einfluß zu nehmen. Über den UGC wurden Samisdat-Zeitschriften wie „Grenzfall", „Aufbruch" oder „Umweltblätter" vertrieben. Unter der Leitung von M. Derling wurde in der Bodelschwinggemeinde eine Umweltbibliothek aufgebaut, die in der Öffentlichkeitsarbeit der Gruppe eine Schlüsselstelle einnahm. Bei den Kommunalwahlen im Mai 1989 hatten sich Mitglieder des UGC in 27 Wahllokalen als Bürgerkontrolle engagiert und Fälschungen nachweisen können. In strafrechtlichen Anzeigen wurde dann wiederholt die Aufarbeitung des Ablaufs und der Ergebnisse eingefordert. Von ihrem Selbstverständnis her („Basiserklärung") nahm die UGC bereits viele Elemente der späteren Bürgerbewegung vorweg: weitgehende Basisdemokratie in der Organisation und Arbeit, Einteilung in Arbeitsgruppen, ökologisch-ethische Zielstellungen für eine vor allem mentale Erneuerung von Mensch und Gesellschaft.[27]

Seit dem Frühjahr 1988 agierte der Arbeitskreis Umwelt und Frieden der evangelischen Neustadtgemeinde in Hoyerswerda. Unter Leitung von Diakon Ch. Heinke und Pfarrer M. Oydt fanden wöchentliche Treffen statt, bei denen in der kleinen Gruppe Aktivitäten besprochen und beschlossen wurden, wie Eingaben zum Erhalt des Dubringer Moores, Diavorträge über das Moor, Umweltschäden durch Kraftwerksanlagen und die Abwasserbehandlung oder Solidaritätsbekundungen für Personen, die bei der Liebknecht/Luxemburg-Demonstration im Januar 1988 inhaftiert worden waren. Im Rahmen der eigenen Umweltbibliothek wurde die Zeitschrift „Grubenkante" publiziert (herausgegeben von Ch. Heinke u.a.), die mit einer Auflagenstärke von bis zu 400 Stück politische, ökologische und kirchliche Probleme erörterte. Bereits 1978 war in Hoyerswerda unter Mitarbeit von R. Braukmann eine kirchliche Gruppe der sogenannten Offenen Arbeit (OA) entstanden, die vor allem Jugendarbeit mit bestimmten Friedensthemen verknüpfte. So wurde u.a. eine eigene Kranzniederlegung an einem antifaschistischen Denkmal organisiert. Bis 1981 wurde das regelmäßige Faltblatt „Klick" herausgegeben.

Im Juni 1988 gründete sich der Friedenskreis Frieden, Gerechtigkeit und Bewahrung der Schöpfung der evangelischen Kirchengemeinde Spremberg. Etwa 20 Personen, vorwiegend Antragsteller auf Ausreise, gruppierten sich um die leitenden Ehepaare Sorge (Pfarrer, Katechetin) und Bränzel (Katechet, Hausfrau).

Man wollte sich vor allem über Eingabetätigkeit in die kommunalpolitischen Belange des Kreises einmischen und gegenüber den Behörden den Status einer anerkannten Bürgerinitiative erlangen. Es wurde (vergeblich) versucht, über Dialoge mit der SED-Leitung und Administration ins Gespräch zu kommen. Man organisierte eine Telegrammaktion gegen den Arbeitsbesuch des rumänischen Diktators N. Ceausescu in der DDR im November 1988 und unternahm Befragungen der Bevölkerung zu aktuellen innenpolitischen Problemen.

Für Hoyerswerda und Spremberg existierte bereits seit November 1987 eine Regionalgruppe des Arbeitskreises „Solidarische Kirche", dessen generelles Anliegen eine Demokratisierung der Kirche und Gesellschaft in der DDR war. Zu den Organisatoren gehörten Ch. Heinke, I. Bränzel und U. Natho. Man war bestrebt, Randgruppen wie Punks, Haftentlassene oder Ausreisewillige in die Arbeit einzubeziehen, die sich in erster Linie im Verfassen von Protestschreiben (z.b. gegen die staatlichen Repressionsmaßnahmen gegen die Berliner Zeitschrift „Grenzfall" der IFM, gegen die Verhaftungen bei der Liebknecht/Luxemburg-Demonstration oder gegen N. Ceausescu) und Abhalten von Fürbittgottesdiensten ausdrückte. Man versuchte auch, gegenüber dem offiziellen Diskurs alternative Erklärungen und Standpunkte zu den Themen Antifaschismus oder Rassendiskriminierung zu verfassen.

Eine Gruppenvernetzung wurde vordergründig nicht betrieben, aber es ergaben sich häufige Arbeitskontakte zwischen den Kreisen z. B. zwischen Forst, Hoyerswerda/Spremberg oder Cottbus. Dagegen sorgten die Zeitschriften für eine gewisse informative Vernetzung der einzelnen Gruppen. Während sich „Grubenkante" und „Aufbruch" besonders auf die Region Cottbus konzentrierten, versuchte das Berliner Blatt „Arche Nova - Forum für ökologische Gestaltung in Umwelt und Gesellschaft" um den Herausgeber C. Jordan vom „Grün-Ökologischen Netzwerk Arche" der Evangelischen Kirche Berlin-Brandenburg (EKB) überregional zu informieren. Es kursierten weiterhin die „Arche-Info"-Spezialzeitschriften der einzelnen Arche-Projektgruppen, wie z.b. die der Gruppe „Humanökologie/Luft" in den Cottbuser Kirchen- und Umweltkreisen. In der Lausitz arbeiteten im übrigen bezirksüberschreitend mehrere Arche-Gruppen zur Umweltproblematik (Ansprechpartner war u.a. A. Schönfelder). Generell befaßte sich besonders die EKB mit den Konsequenzen des extensiven Braunkohleabbaus. Hier gab es eine „Arbeitsgemeinschaft Kohleabbaugebiete", die sich zwar vorrangig nur mit den Folgen beschäftigte, die aber auch mehr oder weniger erfolgreiche Widerstandsformen gegen Abbaggerung und Devastierung zusammen mit betroffenen Gemeindebewohnern entwickelte. Die Kirchenleitungen setzten sich dabei häufig mit persönlichem Einsatz für den Erhalt der gefährdeten Dörfer ein. So nahm z.b. der Bischof der EKB am 22. Oktober 1989 an einem Gottesdienst in der Gemeinde Sallgast (Kreis Finsterwalde) teil, um seine Solidarität und Unterstützung für die beim Gemeindetag am 17. September durchgeführte Unterschriftensammlung gegen die geplante Vernichtung der Ortschaft auszudrücken.[28]

Das MfS-Bezirksamt Cottbus schätzte Ende Juni 1989 ein, daß in den genannten Cottbuser Gruppen ca. 60 Personen fest integriert seien, die Zahl der Sympathisanten und sich z.T. dort sammelnden Antragsteller auf Ausreise aus der DDR aber (auch je nach Veranstaltung) entschieden höher wäre. Etwa zehn Personen (mehrheitlich zwischen 25-40 Jahre alt) seien den Führungskräften zuzuordnen, wobei insgesamt der UGC und dem ÖFK Schlüsselpositionen bei Initiierung und Bindung von oppositionellem Potential im Bezirk zugeschrieben wurden. Einerseits wurde im Bericht zugegeben, daß die Wirksamkeit dieser „Sammlungsbewegungen" durch Maßnahmen nicht verringert werden könne, und daß sich der Organisationsgrad sogar verfestigt habe. Andererseits wurde eingeschätzt, daß diese Gruppen und ihre Aktivitäten im Republikmaßstab keinen Schwerpunkt bilden würden.[29]

In Lübben gründete sich Ende Juli 1989 unter der Leitung von J. Grünbein und D. Schröder im Gemeindehaus „Paul Gerhardt" der Ökumenische Arbeitskreis für „Frieden, Gerechtigkeit und Bewahrung der Schöpfung" (ÖAK). Als zunächst lose Vereinigung mitarbeitender Interessenten trat die für alle offene Gruppe mit dem Ziel an, im Rahmen der Kirche Gerechtigkeit für alle Benachteiligten und Unterdrückten erwirken zu helfen. Nach ersten Veranstaltungen und internen Diskussionen ging der Kreis noch einen Schritt weiter und begann am 15. September die Arbeitsgruppen Ökologie, Bildungsfragen, Frieden und Gerechtigkeit, Rechtsstaatlichkeit und gesellschaftliche Fragen zu bilden. Die Teilnehmerzahl, die anfänglich bei 35 Personen lag, stieg innerhalb von drei Wochen auf etwa 100 Mitarbeitende an.

IV. DAS NEUE FORUM UND DIE „WENDE"
IN EINZELNEN COTTBUSER KREISEN

1. Bad Liebenwerda

Ausgangspunkt für die erste Dialogveranstaltung war die evangelische St. Nikolai-Kirche in Bad Liebenwerda.[30] Die vom neuen Staatschef E. Krenz verkündete „Neue Ehrlichkeit" von Staat und Partei nahmen hiesige Kirchenvertreter wörtlich und luden am 25. Oktober die SED-Kreisleitung mit W. Mummert an der Spitze, den Vorsitzenden des Rat des Kreises S. Baumert und Kreisschulrat W. Pautz zum Gespräch in die Kirche ein. Es folgte ein organisatorisches Tauziehen. Nachdem Mummert nach „höherer" Absegnung zuerst zusagte, folgte darauf ein Rückzieher mit der Begründung, die Kirchenvertreter hätten unangemessene Werbung (zu großer Plakatanschlag an der Kirchentür) betrieben und der Veranstaltungsort sei für den Rahmen ungeeignet. Man wolle selbst ein Meeting organisieren, so die SED-Verantwortlichen. Die evangelische Seite blieb aber konsequent und strich sichtbar Mummerts Namen von der Teilnehmerliste auf ihrem Plakat. Angesichts der Verschlechterung der Stimmung und immer kritischeren und offeneren Diskussionen in der Bevölkerung, revidierte der 1. SED-Kreissekretär zwei Tage später seine Absage, und sein Name wurde neu aufgeklebt. Dieses unsichere Taktieren und Ausweichen machte die für den 3. November geplante Veranstaltung erst richtig unter den Einwohnern bekannt und erhöhte die kritische Haltung gegenüber der aktuellen Rolle der Staatspartei. In dieser Ereignisfolge muß auch der Gemeindeabend unter dem Thema „Weg-Wahrheit-Leben. Was können wir als Christen in der gegenwärtigen Situation tun?" genannt werden, den die sehr engagierte Pastorin Feuerstack zum 31. Oktober, dem Reformationstag, organisierte. Hier erörterten und diskutierten nicht nur zahlreiche Christen kritisch die Lage in der Republik.

Um das Führungsheft doch noch in die Hand zu bekommen, luden die Stadtausschüsse der Nationalen Front und die Bürgermeister von Bad Liebenwerda und Elsterwerda, R. Daschke und W.-D. Schwarz, die Funktionäre W. Mummert, S. Baumert, R. Klemm (Vorsitzender der Kreisplankommission) und C. Richter (Sekretär der SED-Kreisleitung) zu öffentlichen Aussprachen am 1. bzw. 2. November ein. Im überfüllten Liebenwerdaer „Haus der Werktätigen" ging es sehr emotional um aufgeblähte Bürokratie und Verwaltung, Versorgungs-, Lohn- und Umweltfragen, Privilegien, den herzlosen Umgang mit Bürgern, Mitspracherechte, Entfernung der Staats- und Parteiorgane aus vielen Bereichen des gesellschaftlichen Lebens. Redner verurteilten die starke Verschmutzung der Flüsse Elster und Röder, man forderte die Abschaffung der Fremdsprache Russisch als Pflichtfach und kritisierte die von

Mummert vorgenommene Umbenennung der HOG „Norddeutscher Hof" in „Svidnik". Im Gesellschaftshaus in Elsterwerda wurde u.a. lautstarker Unmut über die in Berlin eingesetzten, im eigenen Kreis jedoch fehlenden heimischen Bauarbeiter geäußert. Reformen im Bildungswesen, ein neues Wahlgesetz, Wehrersatzdienst, die Abschaffung der Exquisit- und Delikatläden, ein höheres Gaststättenniveau wurden gefordert. Vertreter der Stadt gaben Fehler zu, verwiesen aber auf ihre bisherige Machtlosigkeit gegenüber der SED-Kreisleitung. Eine „vernünftige DDR" wünschte sich die CDU-Ortsgruppe in einer Rede. In beiden Städten forderten Teilnehmer Stellungnahmen und Gesprächsbereitschaft gegenüber dem NF, was jedoch von den Befragten zur allgemeinen Unzufriedenheit nicht oder nur äußerst schwammig geleistet wurde.[31] Der Eindruck von der ersten Veranstaltung war offensichtlich so stark, daß W. Mummert noch am 2. November von seinen Funktionen zurücktrat und sein Name nun doch wieder von der Gästeliste für die Podiumsdiskussion in der evangelischen Kirche am Folgetag gestrichen werden mußte.

Das Podiumsgespräch unter dem Motto „Reden statt Randale" am 3. November besiegelte endgültig den Beginn der „Wende" in Bad Liebenwerda. Unter der Gesprächsleitung von Superintendent Haase stellten sich Mummerts Stellvertreter E. Kohl, S. Baumert, B. Kunitz (Stellvertreter des Ratsvorsitzenden für Inneres), W. Pautz, R. Klemm, R. Daschke u.a. den ca. 4 - 5000 Zuhörern in und vor der Kirche. Sie mußten sich gesamtgesellschaftlichen und kommunalen Problemen und Fragen stellen, die im wesentlichen den zwei Tage zuvor aufgeworfenen glichen, wobei die Antworten in einem insgesamt weniger emotionalen Veranstaltungsklima aber kaum befriedigender ausfielen. D. Voigt von der Kirchengemeinde forderte bzw. thematisierte die Unumkehrbarkeit der Wende, die Ausreisewelle und den neuen Beginn der Wahrheitssuche auf allen Ebenen der Gesellschaft. Nicht der ganze Überfluß des Westens sei für ein glückliches Leben nötig, Arbeit müsse sich wieder lohnen, unabhängig von Partei und Ideologie, so Voigt. Für ein neues Wahlgesetz setzte sich B. Damm ein, F. Schmidt konstatierte die eindeutige wirtschaftliche Unterlegenheit des Sozialismus gegenüber dem Kapitalismus und der 2. Sekretär der SED-Kreisleitung bekundete seinen Willen zur Vergangenheitsanalyse und zum Kampf um Wiederherstellung des verlorenen Vertrauens. Einen ganzen Forderungskatalog stellten Arbeiter des hiesigen Tiefbaukombinates vor, u.a. Abbau des Verwaltungsapparats, parteiunabhängige Gewerkschaften, Abschaffung von Privilegien. Alle Kaufhäuser sollten wie Delikat-Läden aussehen, hieß es von den Arbeitern. Im Namen des NF erklärte A. Claus, daß es Zeit sei, den aufrechten Gang zu erlernen. Die DDR bräuchte keinen Klub der Freidenker, sondern insgesamt freidenkende Menschen. (Gegen diese Aussage wurde in den folgenden Wochen wiederholt in der „LR" polemisiert.) Die Lehrerin Ch. Jende, ebenfalls vom NF, führte an, daß im Mittelpunkt der Volksbildung der Mensch und nicht die Zensur stehen müsse. Die Schulen sollten endlich aus ihren starren Formen herausfinden, Direktorate seien z.B. von den Lehrern selbst zu wählen. Auf Anfrage erklärte Kreisschulrat Pautz, daß das Fach Wehrerziehung bald aus dem Lehrplan der Schulen verschwinden würde. Nach der Diskussion versammelten sich noch rund hundert Personen und zogen mit Kerzen und Sprechchören wie „Stasi in die Volkswirtschaft" oder „Aus diesem Stasi-Haus machen wir ein Krankenhaus" zum Gebäude der Staatssicherheit in der Leninstraße. Es war bekannt geworden, daß Mitarbeiter der Stasi die Veranstaltung von einem Zimmer des Rathauses aus überwacht hatten.

Der 3. November war ebenfalls das Datum, an dem sich das NF in der Stadt namentlich zu erkennen gab. Die ersten Sammlungsbewegungen lagen aber länger zurück. Am 9. Oktober hatte der Uhrmachermeister G. Brochwitz aus Bad Liebenwerda aus eigenem Interesse und Antrieb Kontakt zur Gethsemane-Kirche in Berlin und zum Berliner Atelier von B. Bohley, von dessen Existenz er aus dem Fernsehen erfahren hatte, gesucht und gefunden. Hier informierte er sich über Ziele und Inhalte des NF, lernte einige Vertreter kennen und erhielt Informationsmaterial und Kontaktadressen. Nach einer spontanen Geldspende hinterlegte er seine Wohnanschrift und Telefonnummer und trug sich als Verbindungsperson ein. Wenige Tage darauf begann er, u.a. zusammen mit M. Ziehlke, in seiner Stadt Unterschriften für Listen zu sammeln, auf denen die Zulassung des NF bzw. aller Bürgerbewegungen und neuen Parteien, Wahlen unter Aufsicht der UNO und die Abschaffung des absoluten Machtanspruchs der SED gefordert wurden. Man sprach dafür jene Leute, die vertrauenswürdig erschienen, persönlich an. Die erste Unterschrift, die gleichzeitig Signalwirkung hatte, leistete der ehemalige, in Bad Liebenwerda beliebte Superintendent. Bereits Mitte Oktober konnte die erste Liste mit ca. 25 Unterzeichnenden, unter denen sich erstaunlich viele Rentner und etliche Vertreter der Kirche befanden, von Brochwitz nach Berlin gebracht werden. In den folgenden Tagen trafen weitere Listen auch aus anderen Orten und Kreisen bei der inzwischen bekanntgewordenen „Kontaktperson" ein, die engagierte Bürger in ihrem Umkreis gesammelt hatten. Um den Mut und das Risiko zu verdeutlichen, muß hinzugefügt werden, daß in den Listen die Unterzeichner ihre vollständige Adresse und den Beruf angegeben hatten. Die Anfertigung und Deponierung von Sicherheitskopien im katholischen Pfarramt oder bei der befreundeten Orgelbaufirma Voigt hatte für alle Beteiligten eine äußerst konspirative Atmosphäre, wie sich Brochwitz erinnert.[32] Schriftenmaterial des NF, das übrigens auch über Jenaer Kontakte nach Liebenwerda gelangt war, wurde mit Vervielfältigungsapparaten der Stadtkirche reproduziert und anschließend auch bei kirchlichen Veranstaltungen verteilt.

Gleichzeitig wurde im Rahmen von privaten und kirchlichen Gesprächskreisen und Friedensgebeten offen über die politische Diskussion diskutiert. Eine solche private Runde bestand um die Familien Böckelmann, Schlasah, Weidner, Ch. Jende, Frau Do. Voigt und G. Brochwitz. Hier wurden die u.a. von Brochwitz mitgebrachten Texte des NF gelesen und besprochen und persönliche Erfahrungen von der Teilnahme an Leipziger Demonstrationen weitergegeben. Man identifizierte sich mit den Schriften und formierte sich vorerst geistig als Sympathisantenkreis und lokaler „Ableger" des NF Berlin. An dieser verstärkten Gruppenbildung Ende

Oktober – man bekannte sich jedoch noch nicht öffentlich als dem NF zugehörig –
waren vor allem Jende und „Info-Träger" Brochwitz beteiligt (häufiger Treffpunkt
war inzwischen das evangelische Gemeindehaus). Daß die praktizierte Geheimhaltung insgesamt offenbar erfolgreich war, belegt ein Bericht der MfS-Kreisdienststelle vom 26. Oktober: „Aktivitäten des „Neuen Forum" und anderer oppositioneller Gruppierungen sind im Verantwortungsbereich bisher noch nicht in
eindeutiger Weise zum Ausdruck gekommen. Unbestätigte Hinweise lassen vermuten, daß Einzelpersonen aus dem Bereich der Gewerbetreibenden und der Intelligenz mit den politischen Forderungen des „Neuen Forum" sympathisieren und
sich in ihrer Meinung dieser politischen Plattform anschließen. Aktivitäten zur
Sammlung derart gleichgesinnter Kräfte konnten nicht herausgearbeitet werden."[33]
    Innerhalb des Kreises fehlte es aber an einer „Führungskraft", die sich in der
Lage sah bzw. verantwortlich fühlte, konkrete Aktionen in die Wege zu leiten. Man
beobachtete zwar die Ereignisse in den Großstädten und versuchte, sich über NF-
Schriften methodische oder Handlungshilfen zu erschließen. Aber man kam über
das Stadium des Redens vorerst nicht hinaus. Erst die Podiumsdiskussion am 3. November war der „Stichtag" des offenen Bekenntnisses, so Frau Jende.[34]
    In den folgenden Tagen erfuhren die bekanntgewordenen NF-Vertreter eine
beträchtliche Resonanz in der Bevölkerung in Form von Sympathiebekundungen,
informativen Anfragen, Wünschen nach Mitarbeit. Am 7. November fand dann
die erste Sitzung des NF in Bad Liebenwerda statt. Im Gegensatz zu den Unterzeichnern der Unterschriftenliste waren die Interessenten jetzt vor allem jüngere
Leute. Es bildete sich ein Kern von etwa 10 - 15 Aktiven, der bisweilen, je nach Aktion, anwuchs, aber nie die Teilnehmerzahl von 20 überschritt.[35] Die soziale Zusammensetzung der Gruppe war heterogen: u.a. mehrere Lehrer, zwei Arbeiter,
drei Handwerker, zwei Ingenieure, ein Künstlerehepaar, eine Ärztin, eine Kran-
kenschwester, eine Kindergärtnerin. Das Alter der Personen erstreckte sich zwischen 25 und 55 Jahren, wobei der Anteil der 30 - 45jährigen mit Abstand der
stärkste war. Nötige finanzielle Mittel wurden durch eigene Aufwendungen er-
bracht. Innerhalb der Gruppe verzichtete man, vor allem aus persönlicher Abneigung heraus, auf organisatorische Strukturen. In der Anfangszeit entwickelte sich
– mehr im Selbstlauf – Ch. Jende zur führenden Person (1. Sprecherin), was in erster Linie auch auf ihr verbales Engagement in der Öffentlichkeit zurückzuführen
war. J. Fischer vertrat die Gruppe im Bezirkssprecherrat. Dennoch blieb im NF auch
in der Folgezeit für die Öffentlichkeitsarbeit das Problem des fehlenden Organi-
sators und Strategen und nicht zuletzt die Angst vor der Zivilcourage bestehen.
Durch erklärterweise unzureichendes Wissen fühlte man sich nicht befähigt, selbständig durch Organisation von Demonstrationen oder Eingreifen in die Arbeit
staatlicher Institutionen die „Wende" im Kreis entscheidend durchzusetzen.[36]
    Brochwitz, L. Weidner, Jende und Do. Voigt nahmen häufig an Sitzungen des
Kreistages und der Stadtverordnetenversammlung teil. Um sich zu thematischen
Problemen zu artikulieren, wurden Mitte November die Arbeitsgruppen Politik,

Staat und Recht (Fischer, Brochwitz), Wirtschaft und Ökologie (L. Weidner, Spilleke, Andreas Claus), Bildungswesen und Kultur (Jende, Do. Voigt, E. Weidner, Antje Claus, Möbius, Zapke, Ehepaar Böckelmann) und Gesundheits- und Sozialwesen (Lehmann) gebildet.[37] Die AG's waren aber nur lose miteinander verbunden; man arbeitete für sich, nicht nach einem internen Konzept und nahm nur selten gemeinsame Auswertungen vor. Das wichtigste Ziel war erklärterweise die Kontrolle der Instanzen bzw. des „Wende"-Prozesses durch die Bürger. Das Engagement und die Wirksamkeit der AG's war begrenzt. Das hing einerseits an dem beschränkten Zeitfaktor der berufstätigen Teilnehmer, andererseits fühlten sich (ab Dezember) einige – unter ihnen auch Brochwitz – in der politischen Neuausrichtung des Landes in anderen Parteien, z.B. in der in Liebenwerda sehr frühzeitig aktiven SDP, besser vertreten.[38] Am auffälligsten agierte sicherlich die AG Bildungswesen und Kultur (nicht zuletzt durch die größere Anzahl von Lehrern im NF), die z.B. Mitte Dezember für den 4. Januar im VEB Robotron Bad Liebenwerda eine öffentliche Gesprächsrunde zum Thema Bildungs- und Erziehungsreform mit Kreisschulrat Pautz als Gast organisierte. Der Dirigismus der SED, FDJ und Pionierorganisation über Schüler und Eltern stand hier zur Debatte, wobei eine räumliche und institutionelle Trennung der Parteien und Vereinigungen von der Schule gefordert wurde. Bereits auf der ersten Veranstaltung im Betrieb zum Thema Wirtschaft am 16. November hatte Jende in einer Rede, neben mehr Volkskontrolle, größerer Transparenz und geringerer ideologischer Reglementierung in den staatlichen Entscheidungen, eine Bildungsreform gefordert.[39] Durch die spätere Mitarbeit an Arbeitsgruppen des RT lösten sich dann aber die AG's des NF wieder auf.

Programmatisch trat die Bürgerbewegung nur partiell bzw. thematisch vereinzelt in der Öffentlichkeit in Erscheinung. Man hatte sich bewußt nicht an die politisch vorbelastete „Lausitzer Rundschau" als Publikationsorgan gewandt, und so finden sich nur wenige Artikel über das oder vom NF auf den Regionalseiten von 1989/90. Bei einem ersten informativen Treffen am 10. November, zu dem der Kreisratsvorsitzende Baumert eingeladen hatte, führte Jende aus, daß es dem NF um eine echte Erneuerung durch einen gesamtgesellschaftlichen Dialog gehe, in dem alle sich austauschen, sachbezogen beraten und nach Lösungen suchen könnten. Über die gebildeten AG's wolle man sachbezogen in Zusammenarbeit mit Experten und Gremien auf allen Ebenen des kommunalen und gesellschaftlichen Lebens wirken.[40] In einem am 23. November veröffentlichten Aufruf hieß es, man wolle überparteilich und unabhängig seinen Anteil „zum Aufbau einer neuen, demokratisch regierten, ökologisch und sozial regierten Gesellschaft" beitragen. Kreativ, kritisch und unbequem müsse man für die anstehende Aufgabe, „die Gestaltung der Zukunft und die Aufarbeitung der Vergangenheit – vorrangig auf kommunaler Ebene", agieren. Die wichtigsten Mitwirkungsformen seien Gespräche, kritische Überprüfung und Kontrolle. Offizielle Verantwortliche sollten in Veranstaltungen und Foren über ihre Arbeit Rechenschaft ablegen.[41] Auf eine Anfrage hin erklärte die Basisgruppe in der Regionalzeitung vom 1. Dezember prägnant: „Als unsere Hauptaufgabe sehen wir es an, die alten, stalinistisch geprägten Strukturen, wo immer sie weilen, aufzulösen."[42]

Die meisten Mitglieder im NF waren allerdings, zumindest anfänglich, weniger an der Diskussion regionaler, sondern vor allem grundsätzlicher Probleme des bestehenden gesellschaftlichen Systems interessiert bzw. orientiert. Jende: „Neues Forum war in erster Linie ein Symbol für: So kann es nicht mehr weiter gehen! und die Artikulation dieser Erkenntnis." Die Frage über Bewegungs- oder Parteistruktur wurde in der Gruppe im Dezember diskutiert, wobei einstimmig gegen eine Parteigründung entschieden wurde. Weitere programmatische Stellungnahmen finden sich in der Presse, selbst vor den Volkskammerwahlen, nicht mehr. Einerseits erachtete man die landesweiten Darstellungen des NF für ausreichend, andererseits gab es unter einigen der verbliebenen Aktiven auch eine gewisse Abneigung gegen die „große Politik". Man hielt es für angemessen, sich nur darüber zu äußern, worüber man Kenntnisse besaß. So stand bei der, von 1500 Menschen besuchten, ersten kreisweiten Wahlkampfveranstaltung am 19. Januar die Bildungspolitik im Mittelpunkt des Beitrages der Musiklehrerin Do. Voigt vom NF. Sie kritisierte die vergangene, einseitig ideologische Ausrichtung des Bildungswesens und verwies auf die Machtfülle der SED in diesem Ressort.[43] In diesem Zusammenhang wandten sich beispielsweise Eltern an Jende als Lehrerin und vor allem Vertreterin des NF mit der Bitte um Durchsetzung der (dann erfolgten) Entlassung eines besonders dogmatischen und unbeliebten Lehrers für Staatsbürgerkunde und Wehrerziehung.

Lokale Problematiken, für die sich das NF engagierten, waren u.a. der Baustop der bereits im Rohbau befindlichen Galvanikanlage neben dem Liebenwerdaer Schulhort, die Reduzierung der Umweltbelastungen durch die Schadstoffdeponie Tröbitz, die Verschmutzung des Flusses Elster. Man polemisierte gegen Überbrückungsgelder für ausscheidende MfS-Mitarbeiter, erforschte deren beruflichen Verbleib und war bei der Besetzung des Stasi-Gebäudes am 5. Dezember anwesend (Brochwitz, Jende, Do. Voigt). Als Mitarbeiter des Mitte Dezember auf Antrag der LDPD und NDPD konstituierten Arbeitsausschusses des Kreistages zur Aufdeckung von Machtmißbrauch wirkte das NF bei der Überprüfung der (sich später alle als strafrechtlich irrelevant herausstellenden) Hinweise und Anzeigen mit.[44] Der Rat des Kreises berief am 13. Dezember eine öffentliche Arbeitsgruppe zur „Erarbeitung von Vorschlägen für die effektive Nutzung frei werdender Verwaltungseinrichtungen in der Kreisstadt" ein, die die Gebäude des Wehrkreiskommandos, der Stasi und der SED-Kreisleitung betrafen. Anfang Januar entstand auf Initiative von Kreisschulrat Pautz eine Arbeitsgruppe zur Erarbeitung eines neuen Bildungsgesetzes, für deren Mitarbeit u.a. NF, SDP und Kirchenvertreter eingeladen wurden. Über den Stand und die Probleme der Arbeit des NF wurde öffentlich auch in den Friedensgebeten der evangelischen Kirche berichtet, die in der Regel mit einer Demonstration – meist am MfS-Gebäude vorbei – endeten (das erste derartige Gebet fand am 8. Dezember statt).

Generell muß gesagt werden, daß auch durch öffentliches, flexibles Reagieren von Bürgermeister Daschke und besonders Kreisratsvorsitzenden Baumert die Atmosphäre in der Stadt bestimmt bzw. zugunsten der staatlichen Organe entspannt wurde. (In Bad Liebenwerda fanden vergleichsweise nur sehr wenige Demonstrationen statt.) Am 10. November fand ein erstes Treffen zwischen Baumert und Vertretern des NF statt. Beide Funktionäre stellten sich offensiv der politischen Situation und organisierten einerseits Dialogveranstaltungen und öffentliche Begehungen, nahmen andererseits geschickt Forderungen aus der Bevölkerung auf, z.b. zu Umwelt- und Verwaltungsreformfragen, und machten sich zu ihren Befürwortern.[45] Mitte November wurden Maßnahmen zu erhöhter Bürgernähe und Arbeitstransparenz des Kreistages beschlossen und zum 30. November eine außerordentliche Tagung einberufen, auf der Baumert in einer Grundsatzrede eine kritische Lageanalyse vornahm und einen umfangreichen Reformkatalog vorlegte.[46] Durch sein taktisches Handeln gelang frühzeitig eine gewisse Kanalisierung der oppositionellen Kräfte in der Stadt.

In Elsterwerda war etwa zeitgleich mit dem NF Liebenwerda die „Bürgerinitiative Elsterwerda" entstanden, die sehr aktiv den „Wende"-Prozeß in der Stadt in Gang setzte. (Als wichtige Vertreter seien hier nur St. Creuzberg, F. Neubert, H. Ehrling genannt.) Ihr gelang eine große Mobilisierung der Einwohner (z.T. größer als in Liebenwerda) für Dialogveranstaltungen und anhaltende Demonstrationen auch in den folgenden Monaten. Am 7. Dezember schlossen sich, vor allem als Abgrenzung zur SED, Mitglieder aus der LDPD, CDU, DBD und der „Bürgerinitiative" zur „Vereinigten Bürgerinitiative" zusammen. Außerhalb einer freundschaftlichen Verbundenheit bestanden aber keine engeren Beziehungen zum NF Liebenwerda. Weitere engagierte Bürgerkomitees gab es u.a. in Mühlberg und Koßdorf.

Der RT des Kreises konstituierte sich erst am 10. Januar auf Einladung der beiden Superintendenten Haase und Staemmler (in Elsterwerda hatte Mitte Dezember bereits der 3. RT stattgefunden). Vorherige Einladungen des Stadtrates und – erstaunlicherweise – der DSF waren allgemein ignoriert worden. Dem ersten Treffen ging die Überlegung voraus, die Forderungen und Vorschläge in den vielen, an Parteien, Bewegungen und die Kirche geschickten Briefe von Bürgern, aber auch Institutionen in einem gemeinsamen Organ zu beraten. Das nur monatlich tagende Gremium sollte „demokratische Kontrollfunktionen" ausüben, und seine Entscheidungen nur empfehlenden Charakter für den Kreistag haben. Teilnehmende Massenorganisationen und der Kreisratsvorsitzende, S. Baumert, waren nicht stimmberechtigt. Für das NF waren anfänglich Do. Voigt und Ch. Jende, später nur erstere vertreten. Nach langwierigen organisatorischen Klärungen beim 1. RT wurden bei der zweiten Sitzung am 25. Januar vor allem Fragen nach der Zukunft ehemaliger Mitarbeiter des MfS, der SED-Kreisleitung und GST bzw. der entsprechenden Gebäude und ihrer freigewordenen Telefonanschlüsse gestellt. Der RT verwahrte sich hier und auch beim nächsten Treffen am 22. Februar gegen z.T. sehr emotional gestellte Bürger- und Brigadeanträge zur Veröffentlichung von IM-Namen und beschloß, sowohl beruhigend, als auch aufklärend auf die Bevölkerung einzuwirken. Im Rahmen der allgemeinen Stasi-Hysteriewelle hatten Unbekannte in der Nacht zum 30. Januar anonym unter dem Titel „Das sind sie" eine Namensliste mit vermeintlichen offiziellen und inoffiziellen MfS-Mitarbeitern an die Tür der evangelischen Kirche angeheftet. Beim 3. und letzten RT vor der Volkskammerwahl standen u.a. die medizinische Situation und Sozialversorgung im Kreis, der Bericht des Ausschusses für Amtsmißbrauch, die zunehmende Abwanderung junger Leute in Richtung BRD und die anstehenden Wahlvorbereitungen zur Diskussion.[47] Außer den RT's in anderen Städten und Gemeinden, wurde ein RT der Frauen und ein Grüner Tisch in Liebenwerda initiiert.

Im Rückblick erklärte Ch. Jende, daß sie den Eindruck hatte, daß sich der übriggebliebene Rest der Basisgruppe ab Januar/Februar „irgendwie zerfaserte", d.h. daß sich die ohnehin losen Gruppenstrukturen selbstlaufend auflösten. Das hing bei einigen Mitstreitern einerseits am (auch zeitbedingt) abnehmenden Engagement und Elan für die Breite der kommunalpolitischen Tätigkeiten, andererseits an gewissen Abneigungen gegenüber sich vollziehenden persönlichen und politischen Profilierungsanstrengungen innerhalb des NF-Kreises im Vorfeld der anstehenden Wahlen. In dieser Phase zog sich auch Jende aus den Aktivitäten zurück.

„Das Neue Forum hatte erfolgreich seine vielleicht wichtigste Aufgabe, Reformkatalysator und Dialogvermittler zu sein, erfüllt", resümierte Jende später.[48] Weiter rege beteiligten sich vor allem Do. Voigt, C. Schlasah und die hinzugekommenen G. Voigt und R. Daschke (Bürgermeister). Bei den Wahlen im Mai 1990, zu denen letztere drei kandidierten, wurden Voigt und Daschke mit 9,25% in die Stadtverordnetenversammlung gewählt. In Brottewitz und Plessa erhielt jeweils ein NF-Kandidat mit 4,26% bzw. 5,21% das Vertrauen für ein Mandat. Für das Bündnis 90 hatten im Kreis bei den vorherigen Volkskammerwahlen am 18. März 1,51% der Wähler gestimmt.

2. Calau

Ende Oktober verdichtete sich in Calau ein Protestklima, das schließlich zur ersten Demonstration am 3. November in und vor der evangelischen Stadtkirche führte. Der treibende Keil zu dieser Veranstaltung war die Familie Petrick, besonders Harald und Heinz Petrick, die bereits seit Anfang Oktober die Gründung des NF sowohl auf Kreis-, als auch Bezirksebene vorbereiteten. Letzterer hatte sich am 6. Oktober als Verbindungsperson des NF in der Berliner Gethsemane-Kirche eingetragen und zwei Tage darauf Kontakt mit S. Bürger aus Cottbus-Stadt aufgenommen, die bereits am 19. September einen (abgelehnten) Antrag auf Zulassung des NF bei den Bezirksbehörden gestellt hatte. Daneben hatte auch innerhalb der Calauer NDPD-Ortsgruppen, u.a. auf der Kreisdelegiertenkonferenz im März 1989, bereits seit dem Frühjahr vermehrt Widerspruch und z.T. Ablehnung gegenüber der bisherigen Wirtschaftspolitik gegeben. Heinz Petrick, selbst NDPD-Mitglied, entwickelte sich zum Wortführer in diesen kritischen Diskussionen bzw. in einer kleinen Parteigruppe, die ihre ablehnende Haltung besonders deutlich machte. Einige aus diesem Kreis gehörten auch zu den späteren Gründern des NF Calau. Am 25. Oktober fand in der katholischen Kirche Altdöbern, unter der Teilnahme des Bürgermeisters, eine „geschlossene Veranstaltung" statt, in der über das NF informiert wurde. Ein NF-Vertreter aus Cottbus stellte vor den rund 50, überwiegend in medizinischen Einrichtungen beschäftigten Teilnehmern die Ziele der Bewegung vor. Außerdem wurde NF-Informationsmaterial verteilt. Die anschließende Diskussion befaßte sich vor allem mit dem Status und den Protestmitteln der Bewegung. Als sich einige Leute offen zum NF bekannten, erklärten die anwesenden katholischen und evangelischen Pfarrer, ihre Räumlichkeiten „wegen der Gefahr des Mißbrauchs" nicht mehr zur Verfügung stellen zu wollen, worauf der Bürgermeister eine Neuauflage der Veranstaltung versprach. Unter den Anwesenden befanden sich auch einige Personen aus Calau, die später bei der dortigen Gründung einer Basisgruppe entscheidend beteiligt waren. Für das MfS galten seit Anfang Oktober Altdöbern und Vetschau und speziell Jugendliche und medizinisches Personal (Betriebsambulatorium und Frauenklinik Altdöbern) als Beobachtungsschwerpunkte, bei denen nach Meinung des Geheimdienstes der Einfluß des NF besonders spürbar war. So wurden seit dem Republikfeiertag am 7. Oktober an öffentlichen Stellen und in ansässigen Betrieben fast täglich Aufschriften und Flugblätter mit regimekritischem Inhalt oder NF-Losungen festgestellt. Zu den Urhebern gehörten auch Mitgliedern eines evangelischen Gesprächskreises, der sich bereits seit einigen Jahren um den Pfarrer Meckert gebildet hatte. Einige von ihnen hatten durch persönliche Beziehungen bereits kurz nach der Veröffentlichung Zugriff zu bestimmten regimekritischen Schriften, u.a. auch zum Aufruf „Aufbruch 89" des NF. Sie begannen sofort – und erfolgreich –, in Altdöbern Unterschriften für die Mitgliedschaft im und Zulassung des NF zu sammeln und oppositionelle Texte unter Freunden und Bekannten zu verteilen. Etwa zehn Personen zählten sich, allerdings ohne organisatorische Gruppenstrukturen zu bilden, Anfang Oktober als lokale Mitglieder des NF und ca. 50 gaben ihre unterstützende Unterschrift. Die Gruppe verstand sich in erster Linie als oppositionell eingestellter, örtlicher Katalysator für die Einleitung der „Wende" und für den Beginn von Reformen. Trotz besonderer Sympathien für das NF blieb man den Programmen aller Bürgerbewegungen gegenüber offen. Am 17. Oktober observierte das MfS im Betriebsambulatorium Altdöbern eine Dienstversammlung, auf der eine Ärztin über die Ziele des NF berichtete und an deren Anschluß eine Resolution der Bürgerbewegung im Wartesaal ausgehängt wurde. Zwei Tage später wurde eine Unterschriftensammlung gemeldet, die im Kraftwerk Vetschau von einem dort beschäftigten Ehepaar zur Unterstützung des NF durchgeführt wurde. Bereits am 14. Oktober hatten drei Altdöbener Bürger, D. Linke, A. und J. Nevoigt, am ersten landesweiten, noch konspirativen Treffen des NF in Berlin teilgenommen und darüber weitere Informationen zur Bürgerbewegung gesammelt.

Am 20. und 21. Oktober war, nach Beobachtungen der Stasi, nachts das Rufen staatsfeindlicher Parolen von Gruppen alkoholisierter Werktätiger und Jugendlicher in Calau zu vernehmen. Am 28. Oktober notierte MfS-Dienststellenleiter Mosler: „Gleichfalls muß die Aussage getroffen werden, daß eine Vielzahl von Personen im Verantwortungsbereich als Sympathisanten des „Neuen Forums" in Erscheinung treten."[49]

Die Umstände, die zu der Kundgebung am 3. November in Calau führten, waren schwierig und langwierig, da es starke Widerstände seitens der Behörden und innerhalb des Gemeindekirchenrates gab. Selbstangefertigte Plakate der Familie Petrick mit dem Aufruf zur ersten Demonstration wurden in der Nacht vom 17. zum 18. Oktober von der VP entfernt. Auf die telefonische Anfrage der Petricks für eine Demonstrationserlaubnis reagierte die VP-Kreisleitung am folgenden Tag kategorisch ablehnend. Schon am 12. Oktober nachts hatte die Familie auf Handzetteln Forderungen des NF geschrieben und an sichtbare Stellen in der Stadt geklebt. Doch bereits am nächsten Morgen war von den Blättern keine Spur mehr zu sehen. Es dauerte bis zum 31. Oktober, bis das VP-Kreisamt die Demonstrationsgenehmigung erteilte. Alle vorherigen Versuche, öffentliche Gespräche in der Stadt zu organisieren, scheiterten an der ablehnenden Haltung der SED, Blockparteien und Kreisadministration und schließlich auch an der fehlenden breiten Unterstützung der Bevölkerung aus Angst vor möglichen Teilnahmefolgen.

Über die Durchführung der Versammlung herrschten bei den Pfarrern gegensätzliche Meinungen, so daß letztlich die Petricks die organisatorischen Initiativen ergriffen. Nachdem die evangelische und katholische Kirche endlich zustimmten, wurden Vertreter der Parteien, Administration, VP, MfS und des Wehrkreiskommandos zur ersten Demonstration mit Friedensgebet eingeladen. Da die lokale Presse jede Veröffentlichung ablehnte und alle handgeschriebenen Aufrufe und Plakate sofort heimlich entfernt wurden, fungierte seit Mitte Oktober als einziges Kommunikationsorgan ein auf dem Grundstück der Petricks aufgestellter Schaukasten im Zentrum der Stadt, der gerade in den ersten Tagen immer wieder überklebt, beschmiert oder beschädigt wurde. In ihm wurden im Namen der „Bürgerinitiative" Informationen, aber auch Kommentare zu lokalen Geschehnissen oder zu vermeintlichen Fällen von Amtsmißbrauch und Korruption im Kreis (z.T. mit Namen und Adresse) ausgehängt. Gerade der Inhalt dieses Kastens gab in der Folgezeit immer wieder Anlaß zu Beschimpfungen und (Mord-)Drohungen gegen seinen Besitzer.

Am 3. November fanden sich ca. 4000 Menschen aus Calau, Altdöbern, Vetschau und Lübbenau ein, um am Gottesdienst und der ersten Manifestation teilzunehmen. Heinz Petrick forderte Meinungs-, Presse- und Reisefreiheit und verlangte von E. Krenz die Aufgabe der in seinem Posten vereinigten Machtfülle. Harald Petrick rief zur Beschleunigung der begonnenen „Wende" und zur Gründung einer Calauer Basisgruppe des NF auf. Dann wurden, unter kirchlicher Gesprächsleitung (besonders Pfarrer Opitz), an die eingeladenen Vertreter der Staats-

Polizeiliche Anmeldung der ersten Demonstration am 03. November 1989
vor der Calauer Stadtkirche durch Heinz Petrick.
Die Zahl der erwarteten Teilnehmer wurde mit ca. 100 angegeben.
Quelle: Archiv der Verfasser.

macht und aller Parteien viele Fragen insbesondere zu aktuellen Problemen der Versorgung, des Bauwesens und des Regierungsstils der Partei- und Staatsorgane im Kreis gestellt. Während der Veranstaltung, die gleichzeitig die offizielle Gründung des NF Calau darstellte, trugen rund 1700 Teilnehmer ihre Unterschrift unter einen vom NF formulierten Aufruf ein. Den Abschluß des bewegenden Abends bildete ein Schweigemarsch in einem Meer von Kerzen, vorbei am Rathaus, Kreishaus und am Gebäude der SED-Kreisleitung. In der Lokalzeitung endete eine kurze Notiz über diese Demonstration wie folgt: „Zurückgeblieben ist leider eine durch Wachskerzen verschmutzte Straße."[50]

Die Manifestation vom 3. November hatte in der Folgezeit auch auf andere Orte im Kreis Signalwirkung, so daß u.a. in Vetschau und Lübbenau, wenn auch z.t. nur kurzlebig, Basisgruppen des NF gegründet wurden. Die bereits erwähnte NF-Gruppe aus Altdöbern, die am 3. November mit eigenen Plakaten und Redebeiträgen in Calau präsent war, begrenzte ihr Wirken in der Folgezeit auf ihre Ortschaft und suchte keine Kontakte nach Calau oder anderswo. Ende Dezember/Anfang Januar löste sie sich dann auf, als deutlich wurde, daß der bisherige Gruppenkonsens gegenüber dem, was man nicht mehr wollte, sich nicht mehr auf künftige Zielstellungen übertragen ließ. Einige der Aktiven engagierten sich daraufhin in der SPD oder in der CDU.

Nach diesem Erfolg wurde beschlossen, nun jeden Montag eine solche Veranstaltung durchzuführen. Leitende Organisatoren und Moderatoren, einschließlich Ordnungsdienst, blieben die Vertreter des NF. Im Verlauf des November bildeten sich im NF verschiedene Arbeitsgruppen mit entsprechenden Verantwortlichen: Umweltschutz (J. Bloß), Politik und Wirtschaft (Heinz Petrick), Bauwesen (Harald Petrick), Landwirtschaft (M. Kurt), Gesundheitswesen (P. Kaul), Jugendfragen (P. Gottschling) und Kultur (S. Schmatloch).[51] Zum ersten Sprecher des Kreises wurden Heinz Petrick, zum Pressesprecher P. Gilbert, zum Geschäftsführer P. Gottschling gewählt, als Kontaktperson U. Günthner angegeben. Im Bezirkssprecherrat wurde Calau wechselnd von A. Böhm, P. Gottschling, Harald und Heinz Petrick vertreten. Die Zahl der aktiven Mitglieder, die deutlich geringer als die der erklärten Sympathisanten blieb, betrug ungefähr 30 Personen. Jeweils ungefähr ein Drittel war unter 25, zwischen 25 - 50 und über 50 Jahre alt. Finanziert wurde die Tätigkeit durch anfänglich eigenes Aufkommen, ab Dezember durch Spenden, die vor allem während der Montagsveranstaltungen gesammelt wurden. Eine notdürftige Büroausstattung konnte durch Parteienunterstützung aus Bayern (SPD, CSU) realisiert werden, wobei das erste Büro in Eigeninitiative durch den Ausbau des Dachbodens in der Schloßstraße 8 entstand.[52]

Die Zusammenarbeit mit der „Lausitzer Rundschau" gestaltete sich anfänglich sehr kompliziert, so daß es mehrerer Aussprachen und nachdrücklichen Insistierens bedurfte, bevor dem NF auf der Calauer Kreisseite ein Platz für Informationen zugestanden wurde. Erst am 18. November durfte die Bürgerbewegung selbst kurz vorstellen.

Das NF Calau trat programmatisch weniger konsequent nach außen auf als das Berliner oder Leipziger Vorbild. Statt dessen begnügte man sich mit wesentlichen, aber allgemeinen Formulierungen, die inzwischen zum generellen Forderungskatalog aller Oppositionellen gehörten. So hieß es in einem Aufruf vom 14. November lediglich, daß das NF, als politische Plattform aller gesellschaftlichen Kräfte, „u.a." für die Gleichberechtigung aller Parteien und Organisationen, für eine Verfassung, „die unserem Volk würdig ist" und für freie, geheime und demokratische Wahlen noch im Jahr 1990 kämpfe. Dafür betonte man stärker die Funktion als ansässige Bürgerinitiative, die sich in erster Linie aufgrund von direkten Ortskenntnissen für unmittelbare, lokale Belange engagiert. Das NF Calau verstand sich zunächst auch als ziviles Überwachungsorgan: „Wir arbeiten ehrenamtlich bei der Kontrolle des Reformprozesses im Kreisgebiet." Man forderte die gleichberechtigte Mitarbeit in den Stadt- und Gemeindeverwaltungen und wollte als öffentliche Interessengemeinschaft der Bürger die Einhaltung der von den staatlichen Stellen gemachten Versprechungen überprüfen.[53]

Viele Calauer, von denen die meisten erst keinen Mut zum öffentlichen Widerspruch hatten und denen nun die Veränderungen nicht schnell genug gingen, wandten sich mit unterschiedlichsten Forderungen und Hinweisen an das NF, das z.T. den fälschlichen Ruf eines quasi unabhängigen Machtorgans bekam. Die Meetings des NF, die wetterbedingt nicht in der gewünschten Regelmäßigkeit durchgeführt werden konnten, waren thematisch neben den bekannten landesweiten vor allem an den aktuellsten Problemen im Kreis ausgerichtet, z.B.: 14.11. – Beseitigung aller Privilegien im Kreis, Bau eines neuen Krankenhauses, Schutz der Dörfer Kalkwitz und Saßleben vor der Devastierung, Stop der Abbaggerung; 17.11. - neue Nutzung von MfS-Gebäuden (NF-Vorschlag: Altersheim), Auflösung der Nationalen Front im Kreis; 6.12. – Klärung der Versorgungsfrage für Weihnachten, Fehlen von Wohnungen, wie und für wen arbeitet die VP, Klärung von Rechtsfragen bezüglich der kollektivierten Ackerflächen, Zukunft der ansässigen LPG's, Folgen der Devastationen durch Kohleabbau; 11.12. – Absetzung des amtierenden Bürgermeisters Fritschka (die vom NF kontrollierte und akzeptierte Abwahl zeigte dennoch Unregelmäßigkeiten: 24 Stimmen bei 23 Abgeordneten).

Obwohl diese Veranstaltungen relativ populär geblieben waren (noch am 6. Dezember nahmen über 250 Menschen, trotz Nikolaustag und UEFA-Pokalspiel im Fußball, am „Öffentlichen Dialog unter dem Weihnachtsbaum" im Haus der Gewerkschaft (HdG) teil),[54] „konkurrierten" sie aber inzwischen mit einer Welle von Dialog- und Bürgerforen, die nun verspätet, aber um so zahlreicher von den einzelnen Blockparteien, der Nationalen Front, dem FDGB, dem Kreisrat, der SED-Kreisleitung oder einzelnen Betriebs- oder Schuldirektoren organisiert wurden. Da auf all diesen Treffen auch Vertreter des NF anwesend waren, zog der zeitliche Druck dem Aktionsradius der ab Dezember wieder zusammenschmelzenden (ehrenamtlichen) Bürgerinitiative bestimmte Grenzen.

Als besonderes, angsterzeugendes Problem für das NF und die Bürger avancierte die Existenz der Calauer Jagdgesellschaften und der damit verbundene Waffenbesitz von Privatpersonen, die durch die DDR-Waffengesetzbestimmungen (privater Waffenbesitz war ohne politischen Leumund nicht erlaubt) als dem alten System oder Sicherheitsapparat besonders verbunden bzw. für den friedlichen Fortgang der „Wende" als bedrohlich eingeschätzt werden mußten. Die in diese Richtung unternommenen Anstrengungen des NF bei den staatlichen Organen führten aber in dieser Zeit zu keiner Klärung der Sicherheitsbedenken. Die Furcht vor einem unkontrollierbaren Umkippen der Lage heizten Bemerkungen wie die des Kreisvorsitzenden des FDGB zu den Calauer MfS-Besetzungen und -Auflösungen am 7. und 12. Dezember durch das NF an. Dieser kommentierte die Objektbegehungen wie folgt: „Das NF will das MfS stürmen? Was die sich so rausnehmen. Wenn ich da drin gewesen wäre, hätte ich die MP genommen und dazwischengehalten!". Diese glücklicherweise öffentlich gewordene Äußerung – anwesende Mitarbeiter des FDGB-Kreisvorstandes hatten sich in Briefen beim FDGB-Zentralvorstand und NF Calau darüber beschwert – zog seinen Rücktritt nach sich.[55]

Mitte November wurde unter großer Anteilnahme der Bevölkerung vom NF auf dem städtischen Friedhof ein Kreuz mit der Inschrift aufgestellt: „Zum Gedenken den Gefallenen beider Weltkriege und den Opfern des Freiheitskampfes (1949 - 1989)".

Ab Anfang Dezember trat das NF verstärkt mit verschiedensten staatlichen Instanzen und Vertretern in Kontakt, einerseits für Problem- und Standpunkterörterungen, andererseits als Vermittler und Repräsentant von zahlreichen Bürgeranfragen. So gab es Gespräche mit F. Jantz vom Rat des Kreises über Status und Privilegien der Mitarbeiter (Entlassung besonders „überzeugter" Mitarbeiter in der Stadt- und Kreisadministration) und mit der Gebäudewirtschaft Calau über die Verteilung und das Fehlen von 40 Wohneinheiten in der Stadt (beide am 5.12.), mit H. Rothermund, Kreisvorsitzender des DBD, über Fragen der Versorgung, der Landwirtschaft und des Tourismus (8.12.), mit Bürgermeister Fritschka und Kreisbaudirektor Homeyer über Ortsgestaltung, Denkmalpflege, den (dann erwirkten) Stop der Abbaggerung des Dorfes Zinnitz und anderer Maßnahmen bezüglich des Kohleabbaus oder mit VPKA-Leiter Scholz und Abteilungsleiter für Inneres Böhm über eine Sicherheitspartnerschaft, die Aufgaben und Praktiken des Kreisamtes der MfS, die behördlichen Maßnahmen gegen neonazistische Aktivitäten (beides am 11.12.).[56] Das NF schickte viele Anfragen und Eingaben an den Kreisbeauftragten für Umweltschutz K. Krause (LDPD-Kreisvorsitzender), z.B. bezüglich der Verschmutzungen durch den Kohleabbau oder der Situation im Calauer Klärwerk, des Dorfteiches Werchow, des Brunnens in der Brennerei Schöllnitz u.a.m. Der Disput Krause contra NF hielt lange an, da jener zu den konservativsten Vertretern der Staatsorgane im Kreis zählte und keine positive Einstellung zum NF entwickeln wollte.[57] An der Organisation der landesweiten Menschenkette am 3. Dezember, die u.a. durch Lübbenau, Vetschau und Calau verlief, war die Calauer Basisgruppe maßgeblich beteiligt.

Am 7. Dezember wurde die Kreiskommission zur Überprüfung von Fällen des Amtsmißbrauchs und der Korruption aus je einem Vertreter der Parteien, Massenorganisationen, der Kirche und des NF unter dem Vorsitz von J. Schnarr (LDPD) gebildet.[58] Hier spielte das NF eine bedeutende Rolle, da sich viele Bürger schon vor dessen Konstituierung mit entsprechenden Hinweisen und Anfragen an die Bürgerinitiative gewandt hatten. Außerdem bestanden besondere Beziehungen zu Schnarr, der im NF mitarbeitete. In diesem Rahmen wurden übrigens auch Beschuldigungen gegen Harald Petrick geäußert, die die Kommission aber nicht bestätigten konnte.

Am 13. Dezember „entdeckte" das NF die Auflösungsfeier der Nationalen Front in der Burg Calau, auf der alle Teilnehmer nebst einem üppigen Gelage mit großen Geschenken bedacht wurden. Die überraschte Vorsitzende Wegner und die Vertreter, einschließlich die der Kirche, äußerten sich entrüstet über die „Störung" durch das NF, das öffentlich eine angebotene Mitarbeit in der Front abgelehnt hatten. Am folgenden Tag wurde in der Stadtverordnetenversammlung, unter dem Beisein des NF, die allgemein geforderte Absetzung des Bürgermeisters beschlossen und als Nachfolger der Stellvertreter Kossatz berufen. Außerdem wurden Baumaßnahmen besprochen, wie die Fertigstellung der Poliklinik, der Umbau der Post und des Volkssolidaritäts-Gebäudes, die Errichtung eines Feierabendheimes u.a.[59]

Am 15. Dezember forderte eine Abordnung des NF bei kurzzeitiger Besetzung des Rates des Kreises die Brechung der numerischen Führungsrolle der SED in diesem Gremium. Nach dem Rücktritt von E. Ristau arbeitete das NF eng mit dem ehemaligen Stellvertreter und neuen Ratsvorsitzenden R. May zusammen und konnte anfänglich besonders in den Fragen des ungehemmten Kohleabbaus und der Rekultivierung große Übereinstimmung finden (betroffen waren vor allem die Bergbauschutzgebiete Calau-Nordost, Calau-Süd, Reddern und Neupetershain). Das „wende"-freundliche Aktionsprogramm des Rates vom 21. Dezember, das beim Runden Tisch im Kreis zwei Tage zuvor vorgestellt wurde, entstand ebenfalls unter vorheriger, tatkräftiger Mitarbeit der jetzt im ganzen Kreis anerkannten Bürgerinitiative bzw. ihrer Arbeitsgruppen.[60]

Die Konstituierung des ersten Runden Tisches im HdG am 19. Dezember, der offiziell von der NDPD, LDPD und der CDU angeregt worden war, war schon frühzeitig eine grundsätzliche Forderung des NF Calau gewesen. Dreizehn Parteien und Massenorganisationen einschließlich der Grünen Partei und des NF fanden sich unter der Gesprächsleitung der Kirche zusammen. Das erste Treffen trug eher informativen Charakter. Man tauschte spontane Meinungen zum präsentierten Entwurf des Aktionsprogramms aus, sammelte Themen für den nächsten Runden Tisch am 3. Januar 1990 und stimmte einstimmig dem Konsens über Gewaltlosigkeit im politischen Meinungsstreit zu. Der Runde Tisch sei solange notwendig, wie für den demokratischen Meinungsstreit noch keine Rechtsform gefunden sei und solange Zweifel an der Legitimität der Mandatsträger bestünden, wurde erklärt.[61] Themen beim zweiten Runden Tisch waren: Lage im Kreis, anhaltender Ausreisestrom, Medienpolitik, Bildungswesen, Zulassung von Privatbetrieben. Umweltschutz, die Rolle und Praktiken der Staatssicherheit, Waffenbesitz bei Kampfgruppen und Jägern, Reiseverkehr, Sozialabsicherung bei Entlassungen vor allem im Bergbau wurden in der dritten Sitzung am 31. Januar diskutiert.

Nachdem das vorerst große öffentliche Interesse am NF bereits nach dem Fall der Mauer sprunghaft wieder abnahm, sank die aktive Anteilnahme bis zum Jahresende fast auf ihr anfängliches Minimum zurück. Dazu Heinz Petrick: „Die Begeisterung der Bürger verlor sich nach Vollzug ihrer Forderungen: freie Wahlen, Meinungsfreiheit, Reisen, konvertierbares Geld. Danach überließen sie wieder uns – den Freiwilligen der ersten Stunde – die politische Arbeit."[62] Nach dem Jahreswechsel standen vor allem die Forderung nach Entmachtung des MfS und der alten Partei- und Staatskader (ganz im Kontext der allgemeinen SED-Restaurationsangst im Januar) und Fragen der Geldumwertung im Mittelpunkt von Bürgeranfragen. Im Vorfeld der ersten Landesdelegiertenkonferenz des NF am 5.-7. Januar in Leipzig stimmten etliche Aktive des NF Calau für die Bildung einer Partei. Im Verlauf der nächsten Wochen setzte sich diese Auffassung durch und mehrheitlich trat die Calauer Basisgruppe der Deutschen Forumpartei bei bzw. ordnete sich nach der landesweiten Spaltung des NF organisatorisch der DFP-Länderstruktur unter. Heinz Petrick wurde Vorsitzender der DFP für das Land Brandenburg. Der Calauer Ortsverband der Partei konstituierte sich am 6. Februar unter dem Vorsitz von U. Günther, Stellvertreter A. Böhm und Sprecher P. Gottschling. Gleichzeitig hatte man auf einer Sitzung am 22. Januar in Calau beschlossen, die Bürgerinitiative parallel zur DFP weiterlaufen zu lassen, um die Parteigegner unter den Mitgliedern und sympathisierenden Bürgern weiter an sich zu binden. So wurde im Kreis NF und DFP in Personalunion gemeinsam gehandelt, sowohl bei Demonstrationen (zu denen dann in beider Namen aufgerufen wurde) als auch am Runden Tisch, an dem aber nun jeweils ein Vertreter für NF und DFP anwesend war. Der Gedanke einer für alle Menschen offenen Bürgerinitiative wurde für lokale Belange beibehalten, während man dagegen, auch in Vorbereitung auf die Volkskammerwahlen im März 1990, auf dem Feld der nationalen Politik die liberalen Positionen der DFP vertrat.[63] Der Sitz der DFP blieb weiterhin das Büro in der Schloßstraße 8, wo auch jeden Montag die Mitgliederversammlungen stattfanden.

Ab Januar trugen die Themen der Manifestationen dem kommenden Wahlkampf immer stärker Rechnung, wobei sich jetzt die DFP-Redner offen vom NF distanzierten. Der Bürgerbewegung wurde vorgeworfen, sich vom breiten Bürgerwillen (der Mitte) entfernt zu haben, So wurden am 15. und 25. Januar öffentlich die programmatischen Inhalte der DFP, als erklärte Partei der Mitte, vorgestellt. Ausgehend von den Grundwerten „Humanismus, soziale Gerechtigkeit in einem Rechtsstaat, Wahrung der Schöpfung und moralischer Werte, Heimatverbundenheit und Weltoffenheit" warb man für das Programm der Partei, dessen großes Ziel mit „Freiheit und Selbstentfaltung des Einzelnen ohne Sozialismus und Radikalismus und für Geborgenheit durch soziale Marktwirtschaft" umschrieben wurde. Als speziell regionale Eckpunkte des Programms wurden die Förderung der Landwirtschaft, der Schutz des Spreewaldes und eine umweltfreundliche Umstrukturierung des Bergbau- und Energiesektors benannt. Am 23. Januar und 19. Februar wurde auf dem Calauer Marktplatz für die Wiedervereinigung, soziale Marktwirtschaft und die Währungsangleichung demonstriert. Im Januar und Februar wurden verschiedenste prominente Politiker eingeladen, wie der Berliner Bürgermeister Diepgen, der Berliner CDU-Generalsekretär Landowski, der Bundesvorsitzende der F.D.P. Brehm, der Leipziger DSU-Vorsitzende Eberling oder der DFP-Geschäftsführer Kauffmann. Auf der Kreisebene arbeitete die Gruppe NF/DFP relativ eng mit der CDU und deren Vorsitzenden Bernstein zusammen. Bereits Anfang Dezember hatten sie gemeinsam die erste große Demonstration in Lübbenau organisiert, in deren Anschluß sich eine NF-Basisgruppe formierte.[64] Am 26. Januar hatte die DFP auf Kreisebene ein Bündnis mit der SDP, CDU und NDPD gebildet, nicht zuletzt dadurch, weil sich die Umsetzung der am Runden Tisch beschlossenen Reformen weitaus widerständiger und zähflüssiger vollzogen als angenommen und die Schuld dafür vor allem bei der SED bzw. den alten Funktionären gesucht wurde.

Von Calau aus organisierte Heinz Petrick, der DFP-Landesvorsitzende und -Spitzenkandidat für Cottbus, durch Veranstaltungen, zahlreiche Rednerauftritte und Agitationsaktionen den Wahlkampf im Bezirk. Dabei wurden auch Informations- mit Wahlveranstaltungen verbunden. So wurde eine Woche vor der Volkskammerwahl P. Dietz, Vorsitzender der BRD-Unternehmensberater, eingeladen, um über Aspekte der Marktwirtschaft und der Rolle des Mittelstandes zu referieren. Die gut besuchten Versammlungen in Calau, Peitz, Spremberg und Vetschau wurden durch Wahlkampfauftritte von Petrick begleitet. Ein Höhepunkt war die Großveranstaltung des BFD in Cottbus-Stadt am 4. März mit einigen Tausend Teilnehmern, auf der u.a. der F.D.P.-Chef Lambsdorff, LDP-Chef Kney und Petrick für das Wahlbündnis mit ihrem Slogan „Freiheit ist Leistung" warben.

Im Kreis Calau stimmten bei der Volkskammerwahl am 18. März 2,0% der Wähler für das Bündnis 90 und 3,93% für den BFD. Jeweils ein Mandat bei den Kommunalwahlen am 6. Mai erhielt die DFP mit 5,43% in Calau (H. Schnarr) und mit 1,95% in Vetschau. Im Kreistag war die DFP mit einem Abgeordneten (V. Görs) vertreten.

3. Cottbus-Stadt

Die Darstellung der Aktivitäten des Neuen Forums in der Bezirkshauptstadt ist im Verhältnis zu ihrem Umfang und ihrer Vielseitigkeit besonders komprimiert und punktuell ausgefallen.

In der Bezirkshauptstadt wurde im Juli 1987 unter der Anleitung des Pfarrers Ch. Polster und P. Models die Umweltgruppe Cottbus (UGC) gegründet. Ihr gehörten ca. 50 Personen an, die sich auf die drei Sektionen Frieden, Gerechtigkeit und Ökologie verteilten, und die wiederum sieben weitere Arbeitsgruppen bildeten. Nach Einschätzung des MfS gehörte diese Gruppe neben dem Ökumenischen Friedenskreis Forst zu den „sicherheitspolitisch bedeutsamsten" und „gefährlichsten" oppositionellen Kräften im Bezirk. Gleichzeitig war sie eine der Keimzellen, aus denen sich das NF entwickelte. Eine zweite befand im Umkreis des Bezirkskrankenhauses (BKH), sowohl unter mittlerem, als auch oberem medizinischen Personal, und eine weitere unter den Mitarbeitern des Stadttheaters. Eine wichtige, treibende Kraft zur Bekanntmachung und Gründung einer Basisgruppe war die im BKH tätige Arbeitstherapeutin S. Bürger, die seit längerem persönliche Kontakte zu B. Bohley u.a. Unterzeichnern des NF-Gründungsaufrufs aus Berlin hatte. Bereits wenige Tage nach dem Gründertreffen in Berlin/Grünheide am 9./10. September 1989 begann sie, Schriftgut des NF unter Freunden und Arbeitskollegen zu verteilen. In vorerst kleinen, privaten Gesprächskreisen wurden die Thesen des NF und die Lage im Land bzw. dem Bezirk diskutiert. Treffen für Treffen stieg die Zahl der Teilnehmer an – erst zehn, Ende September bereits bis zu fünfzig Personen –, wobei die privaten Versammlungsorte (Wohnungen) wechselten. An diesen Kreisen nahmen von Anfang an viele Mitglieder der UGC und Ch. Polster teil, der, durch seine Aktivitäten unter Interessierten stadtbekannt, als wichtige „staatskritische" Anlaufstelle fungierte. Er besaß zudem besondere Verbindungen zu Oppositionskreisen in Berlin und nahm – zusammen mit anderen – an Leipziger Montagsdemonstrationen teil.

Am 19. September hatte S. Bürger bei den Cottbuser Bezirksbehörden einen Antrag zur Zulassung des Neuen Forums (gemäß Art. 23 der DDR-Verfassung) gestellt, der jedoch eine Woche später in einem Gespräch mit dem Stellvertreter des Vorsitzenden für Inneres beim Rat des Bezirkes, B. Bartusch, abgelehnt wurde. Der Wortlaut der Ablehnung entsprach exakt den zentralen Anweisungen zur Antwortgabe durch MfS-Chef Mielke.[65] Erfaßt als Antragstellerin und Kontaktperson, gehörte Bürger (als einzige Person aus dem Bezirk) zu der am 29. September von der Stasi aufgestellten landesweiten „Übersicht über Personen, die aktiv an der Herausbildung der sogenannten Bürgerinitiative „Neues Forum" beteiligt sind und mit denen Vorbeugungsgespräche geführt werden sollten".[66] Der Inhalt der privaten Gesprächsrunden berührte weniger materielle Probleme, wie sich ein Zeitzeuge erinnerte, sondern vor allem politisch-ethische Themen, wie die Fälschungen der Kommunalwahl im Mai 1989, Demokratiedefizite, die offizielle Ausreisepolitik, das DDR-Bildungswesen. Es war ein Meinungsaustausch zur aktuellen Situation im Land, zu programmatischen Äußerungen des NF u.a. Bürgerbewegungen, zur eigenen politischen Standortbestimmung, zu den Fragen, was und wie reformiert werden sollte. Auf die Regierungserklärung von E. Krenz am 18. Oktober reagierten unmittelbar sechs „Mitglieder der Initiativgruppe Neues

I n f o r m a t i o n

Die Antragstellerin

Cottbus, 7500

wurde entsprechend den getroffenen Festlegungen am 26.9.1989
in der Zeit von 10.05 bis 10.20 Uhr im   Gespräche
davon in Kenntnis gesetzt, daß ihrem Antrag auf Bestätigung
der Anmeldung einer Vereinigung "Neues Forum" nicht entsprochen
wird.

Diese Entscheidung wurde damit begründet, daß für die beabsichtigte Gründung dieser Vereinigung keine gesellschaftliche Notwendigkeit besteht und zur Wahrnehmung politischer und gesellschaftlicher Interessen in der DDR umfassende Organisationsformen bestehen.

Die Antragstellerin wurde darüber belehrt, daß weitere Gründungs-
handlungen und andere damit im Zusammenhang stehende Aktivitäten
unverzüglich einzustellen sind, da ansonsten die in den entsprechenden Rechtsvorschriften vorgesehenen Konsequenzen zur
Anwendung kommen.

Die ●. hat die Entscheidung und Belehrung zur Kenntnis genommen.
Sie war über diese Entscheidung überrascht.
Von ihr gab es keinerlei weitere Äußerungen.

Das Gespräch wurde durch den Stellvertreter des Vorsitzenden
für Inneres des Rates des Bezirkes Cottbus, Gen. Bartusch,
geführt.

Verteiler:

Generalleutnant Ahrendt
Generalmajor Wingerlich
Generalmajor Hubrich
Oberst Dr. Jormann

Information des MfS zur Ablehnung der bezirklichen Zulassung des Neuen Forums durch
ein Gespräch des Stellvertreters des Vorsitzenden für Inneres des Rates des Bezirkes
Cottbus, B. Bartusch, mit der Antragstellerin (S. Bürger) am 26. September 1989.
Quelle: BStU, MfS Arbeitsbereich Neiber Nr. 195, S. 70.

Forum" in einem Brief, in dem sie einen 13-Punkte umfassenden Ideenkatalog als Diskussionsbeitrag für den angekündigten SED-Parteitag erstellten. Darin wurde u.a. gefordert: ein neues Wahlgesetz, Pressefreiheit, generelle Reisefreiheit, unabhängige Kontrolle der Einhaltung der Verfassung, Entideologisierung und Entflechtung von Partei und Betrieb bzw. Schule, Legalisierung neuer demokratischer Kräfte, Aufwertung der Ökologie.[67]

In den gemeinsamen Runden befanden sich einige, die erwogen hatten, aus der DDR auszusiedeln, sich dann aber im Spätsommer, als man spürte, daß „etwas losgehen könnte", für den bewußten Verbleib im Land entschieden hatten („Wir bleiben hier"). Immer wieder wurde kontrovers diskutiert, wie und ob man sich als NF engagieren sollte bzw. wann und wie man in der Stadt aktiv werden wollte. Gerade ab Oktober, als der „Leipziger Funke" landesweit übersprang, erschien eine Antwort immer dringlicher. Eine Gruppe um S. Bürger bestand auf die Einhaltung legaler Schritte und Aktionen des NF, einerseits um die Bewegung nicht zu kriminalisieren (gerade nach der offiziellen Ablehnung der Zulassung), andererseits um „den Staat mit seinen eigenen Waffen zu schlagen". Deshalb verzichtete man letztlich bis Anfang November auf eine explizite Konstituierung einer NF-Basisgruppe und nannte sich provisorisch „Initiativgruppe zur Gründung des Neuen Forums". Der Kern dieser Initiativgruppe war ungefähr 25 Personen stark – auf einer Kopie eines NF-Rundschreibens aus Berlin, datiert vom 1. Oktober, waren Mitte Oktober 16 Cottbuser Kontaktadressen angegeben worden, die auch als Ansprechpartner für die Region gedacht waren.[68]

Innerhalb der NF-Gesprächsgruppen spitzten sich ab Oktober die Auseinandersetzungen über die zukünftige Strategie zu, was auch der Stasi nicht verborgen blieb. In einem Bericht über ein Treffen in einer Privatwohnung am 3. Oktober, an dem anfänglich 25, später über 50 Personen teilnahmen, hieß es, daß einige für eine „gemeinsame Aktion am 7. Oktober" plädierten (Zitat aus dem MfS-Rapport: „Wir haben lange genug stillgehalten, die Staatsmacht muß merken – wir sind auch zu Aktionen fähig."), andere sich aber mit der Begründung dagegen aussprachen, daß dadurch „den Bestrebungen des NF" Schaden zugefügt werde. Letztere wollten über wiederholte rechtliche Schritte versuchen, die Vereinsbildung zu bewerkstelligen. In der Diskussion über die Grundsatzerklärung des NF befürwortete man, alle „aggressiven und kämpferischen Ausdrücke" herauszunehmen, um sämtliche Bevölkerungsschichten, auch SED-Genossen, anzusprechen. Die Grundsatzerklärung sei nicht gegen die DDR, sondern aus Sorge um sie entstanden, wurde betont.[69] Hinter dieser dezidiert vorsichtigen Haltung mehrerer Teilnehmer verbarg sich auch die große Angst vor repressiven Gegenmaßnahmen der allgegenwärtigen Sicherheitskräfte, wie sie aus Leipzig, Dresden und Berlin (einige waren bei dortigen Demonstrationen anwesend gewesen) bekannt geworden waren. Daß damit auch in Cottbus zu rechnen war, zeigte das vorzeitige Ende des Treffens am 3. Oktober. Die Polizei war an diesem Abend vor dem betreffenden Gebäude aufmarschiert und führte eine Wohnungsdurchsuchung nebst Personalienaufnahme der Teilnehmer durch. Wahrscheinlich verhinderte nur die für die (mit Lkw's und Hunden angerückte) VP überraschend große Anzahl der Personen die sofortige „Zuführung" in den bereitgestellten Polizeifahrzeugen, so daß die Gesprächsrunde keine unmittelbaren Folgen für die Anwesenden nach sich zog. Die Angst vor staatlichen Repressionen war eine wesentliche Ursache für den späten Zeitpunkt der Straßenproteste in der Stadt.[70]

Nachdem Anfang Oktober verstärkte Anfragen von Bürgern an das NF gestellt wurden, beschloß man, am 11. Oktober in einer etwas entfernt liegenden Sportlergaststätte in Gaglow nun doch eine halböffentliche Informationsveranstaltung für Interessenten durchzuführen. Kurz vor diesem Termin wurde S. Bürger jedoch zur Polizeidienststelle bestellt, wo sie angewiesen wurde, die Versammlung abzusagen bzw. aufzulösen, da dies ansonsten durch einen Polizeieinsatz geschehen würde. Nach kurzer Beratung innerhalb der NF-Initiativgruppe wurde die Veranstaltung nicht durchgeführt, da man (als Veranstalter) nicht die Verantwortung für die vorhergesagten negativen Folgen übernehmen wollte und konnte. Als den über 100 gekommenen Interessierten die Absage mitgeteilt wurde, war das Sportlerheim schon weiträumig von starken Polizeikräften in Einsatzbereitschaft umstellt worden.

Am 14. Oktober fand in Berlin unter konspirativen Bedingungen das erste DDR-weite Treffen der NF-Kontaktadressen statt. Hier mußten die anwesenden H. Grünewald, S. Bürger und U. von Grünhagen aus der Bezirkshauptstadt feststellen, daß sich der Organisationsgrad der Bürgerbewegung und das allgemeine Protestklima in Cottbus im Vergleich zu anderen Bezirken erst im Anfangsstadium befand. Innerhalb der Initiativgruppe war allerdings der demokratische Beschluß gefaßt worden, erst nach einer öffentlichen (legalen) Vorstellung Demonstrationen zu organisieren. Doch alle spürten immer stärker den Druck zur Tat unter den Menschen und Arbeitskollektiven – bei vielen „gärte" es. Am 21. September wurden von der Polizei handgeschriebene Plakate am Jugendklub „Töpferturm" und an der HO-Kaufhalle in der Schweriner Straße gefunden, die mit verschiedenen Losungen zur Gründung des NF am 24. September im „Haus des Handwerks" aufriefen. Als Verfasser wurde ein LPG-Meister ermittelt, der sich in Eigeninitiative Informationen über das NF in Leipzig besorgt hatte, und der bereits in verschiedenen Cottbuser Gaststätten versucht hatte, Personen als Mitglieder zu gewinnen. Zur gleichen Zeit wurden in verschiedenen Stadtteilen „Schmierereien" und Transparente mit Demokratieforderungen und NF-Losungen gesichtet. Am 10. Oktober fand im BKH eine Veranstaltung der DSF mit rund 100 Teilnehmern statt, auf der sich neben S. Bürger noch fünf weitere Ärzte und Pfleger als Anhänger des NF bekannten. In der Diskussion wurden von ihnen in Form von Fragen wesentliche Forderungen des NF angebracht bzw. die bisherige Staatspolitik hinterfragt, was aber von der anwesenden Parteileitung abgewehrt wurde.[71] Mitglieder der NF-Initiativgruppe erhielten Briefe und persönliche Angebote, in denen Unterstützung und der Wille zur unmittelbaren Mitarbeit im NF ausgedrückt wurden. Die Anfragen nach Auf-

gaben und „Direktiven" zum Handeln wurden vorerst mit bestimmten basisdemokratischen Argumenten zurückgegeben: das NF wolle – zumal illegal – keine
Führungsrolle übernehmen, die Leute sollten sich selbst organisieren, Forderungen
und Aufgaben erarbeiten. In dieser Initialfunken und -personen suchenden Zeit be-
friedigte das natürlich niemanden. Am 23. Oktober sammelten sich rund 100 Personen „probehalber" vor dem Stadttheater (die Stasi „erkannte" NF-Gruppen aus
dem BKH und Stadttheater und Studenten der TU Cottbus). Nachdem jedoch
nichts geschah, zerstreute man sich wieder. Eine von der Cottbuser Gruppe Demokratie Jetzt geplante Demonstration für den 25. Oktober gelangte ebenfalls
nicht zur Ausführung.

Die Gründe für das Abwarten lagen aber auch andernorts. Bereits im Februar
1989 gab es eine Anfrage der Fürbittengruppe der Leipziger Nikolaikirche an die
UGC, speziell an Pfarrer Polster, ein Friedensgebet für Leipzig vorzubereiten. Man
hatte langfristig für den 23. Oktober zugesagt, so daß viele Energien in der Umweltgruppe für diese (exterritoriale) Aufgabe absorbiert wurden. In der UGC war
man sich einig, nach dem Leipziger Montag in Cottbus agieren zu wollen. Ein weiterer Grund lag in einer noch fehlenden geeigneten Lokalität, in der man die erste
Präsentationsveranstaltung der Bürgerbewegung hätte abhalten können, da
viele Kirchenvertreter ihre Räume politisch frei halten wollten bzw. seitens der Kirchenleitung Ablehnung gegenüber dem NF herrschte. Anfang November sollten
in der Oberkirche Gemeinderatswahlen stattfinden, bei der einige verängstigte und
risikoscheue Mitglieder durch jüngere und mutigere (um Pfarrer Polster) ersetzt
werden sollten, und die einer Politisierung des kirchlichen Raumes zustimmen würden. Man setzte daher als Termin für die Vorstellung der ansässigen Bürgerbewegungen und neuen Parteien in der Oberkirche den 6. November an.

Doch schließlich hielten, angesichts der landesweiten Demonstrationswelle, einige Mitglieder des NF das Warten nicht mehr aus. Gegen Widerstand aus der Gruppe beschlossen diese, nicht als NF, sondern als Privatpersonen durch mündliches
Weitersagen zur ersten Demonstration vor dem Cottbuser Staatstheater am 30. Oktober aufzurufen. Im Mittelpunkt dieses „Alleinganges" stand die Schauspielerin
C. Jahr, die bereits seit langem Kontakt zu Ch. Polster und zur UGC hatte und zu den
ersten Teilnehmern der NF-Gesprächskreise gehörte. Innerhalb weniger Tage verbreitete sich die Nachricht wie ein Lauffeuer. Der Rat des Bezirkes (RdB) und der Rat
der Stadt (RdSt), die seit langem über die Existenz einer lokalen NF-Gruppe Bescheid
wußten, versuchten ab dem 25. Oktober der Entwicklung durch Dialogzerstreuung
gegenzusteuern bzw. sich an die Spitze der kommenden Bewegung zu setzen. Auch
die SED-Leitungen wußten, daß es im Bezirk „zu ruhig" war und änderten plötzlich – auch aus Angst vor einer aufgestauten Eruption – gegenüber dem NF ihre Taktik. So wurden in der „Lausitzer Rundschau" am 25. und 28. Oktober thematische
Dialogveranstaltungen für die nächsten Tage ausgeschrieben. Allein für den 30. Oktober wurden elf Gesprächsrunden angeboten. Am 26. Oktober wurde in der „LR"
erstmals über einen „freimütigen Meinungsstreit" zwischen W. Walde, 1. Sekretär

der SED-Bezirksleitung, und Studenten der Cottbuser Hochschule für Bauwesen berichtet. Darin wurde u.a. Walde zum Thema NF zitiert: „Die Bürger der DDR, die sich zum 'Neuen Forum' bekennen, sind für mich keine Staatsfeinde. Wir werden uns mit der programmatischen Erklärung, die vorliegt, inhaltlich noch auseinandersetzen. 90 oder 95 Prozent dessen, was fixiert ist, läßt sich nach meiner Überzeugung ohne Probleme in staatliche Entscheidungen, zentral, im Bezirk oder kommunal einbringen. Das ist wesentlich identisch mit Vorstellungen oder Forderungen über die Erneuerung des Sozialismus."[72] Noch am 30. Oktober wurde unzensiert ein Artikel von S. Bürger abgedruckt, in der sie sich als Mitglied der NF-Initiativgruppe vorstellte und dabei in sehr scharfen Formulierungen den physischen und psychischen Zustand der gegenwärtigen Gesellschaft kritisierte.[73]

Intern wurde aber gleichzeitig Druck auf das NF bzw. C. Jahr ausgeübt. Sie wurde zum Theaterindendenten und Polizeipräsidenten bestellt, der sie unter quasistrafrechtliche Verantwortung für den Fall nahm, daß „Schlägertrupps aus Dresden" anreisen und Ausschreitungen entstehen sollten. Ihr wurde unmißverständlich erklärt: „Hier in Cottbus passiert das nicht, was in Leipzig oder Berlin abläuft!" Sie wurde massiv observiert und erhielt sogar Morddrohungen.

Als sich Jahr dann am 30. Oktober abends von der Theaterkantine zum Vorplatz begab, wurde sie von 20 - 30 000 Cottbusern, die sich per Mundpropaganda auf dem Theaterplatz versammelt hatten, erwartet. Nachdem sie das Mikrophon ergriffen hatte und der Name „Neues Forum" fiel, entlud sich die Spannung in minutenlangem Beifall. „Euer Beifall bestätigt mir, daß dies heute der Tag ist, auf den viele Cottbuser schon lange gewartet haben. Weil wir nicht immer nur am Fernseher sehen wollen, wie man in Dresden und Leipzig, in Plauen und Berlin auf die Straße geht." Dann rief sie zu einem gewaltlosen Marsch zur Stadthalle auf (diese Streckenführung war VPKA-Chef Rösenberg durch C. Jahr mitgeteilt worden), wo sich W. Walde dem Dialog stellen sollte. Dort versuchten dann vergeblich Oberbürgermeister E. Müller, der 1. Stellvertreter des Vorsitzenden des RdB O. Wendt, der 2. Sekretär der SED-Kreisleitung Cottbus-Stadt und schließlich W. Walde, der erst von einem Forum im Stadttheater „herbeigerufen" werden mußte, Antworten auf die vielen Fragen und Probleme zu geben. Das Podium, mit vielen Pfiffen und Buhrufen („Abtreten!") bedacht, sah sich in heftiger emotionaler Atmosphäre einem Kreuzfeuer von Kritik gegenüber: Bürokratismus, Herzlosigkeit im Umgang mit Bürgern, fehlender Umweltschutz, dogmatische Bildungspolitik, Ämterhäufung, ungerechte Privilegien, schlechte Lohn- und Rentenpolitik, großer Verwaltungsaufwand, führende Rolle der SED und des FDGB in Staat und Wirtschaft, weiße Flecken in der Geschichte, schlechte Versorgungs- und Energiepolitik u.a.m. Der Eindruck, den die Funktionäre dabei hinterließen, wurde allgemein als desolat, unbeholfen und orientierungslos empfunden.[74]

Auf dem zeitgleichen Dialogforum im Stadttheater war die Schlüsselfrage die des Verhältnisses zum NF. A. Schauerhammer, der als 2. SED-Bezirkssekretär seinen Vorgesetzten W. Walde vertrat, wich einer konkreten Antwort zur Zulassung aus und stellte die Gegenfrage: Ist das NF für den Sozialismus? Vor allem die anwesende S. Bürger vom NF bedrängte den SED-Funktionär mit dem Argument, warum bei über neunzigprozentiger Zustimmung von Walde und Schauerhammer gegenüber den Forderungen der Bürgerbewegung und bei öffentlicher Akzeptanz des NF als Gesprächspartner die Zulassung verweigert würde. Durch Bürgers Beharrlichkeit („mit eigenen Waffen schlagen") und der fortgesetzten Antwortverweigerung von Schauerhammer schien sich der Dialog aber in ein frühzeitiges Patt zu verwandeln. Schließlich ergriff ein Chirurg, der sich zum NF und Reformsozialismus bekannte, das Wort und stellte die Ziele der Bürgerbewegung vor. Für Reformen sprach sich auch der Schriftsteller J. Koch aus und kündigte die baldige Übergabe eines neuen Energiekonzeptes für die Region an Schauerhammer an.[75] Von nun an fanden regelmäßige Montagsveranstaltungen statt, die zunächst an zwei Orten durchgeführt wurden. Die „staatlichen" Dialoge an der Stadthalle und die „alternativen" (NF) in der Oberkirche, die bis Ende Januar 1990 anhielten. Innerhalb des NF war man sich anfänglich nicht sicher, ob man die erste Veranstaltung zugunsten einer eigenen Gegenöffentlichkeit boykottieren sollte. Da aber der Platz vor der Stadthalle gut besucht wurde, wurden einige NF-Vertreter schließlich doch dorthin „entsandt", bis diese Meetings in der zweiten Novemberhälfte abrissen.[76] Der Rat des Bezirkes reagierte in einer Sondersitzung am 6. November mit einem stark ökonomisch bzw. konsumorientierten Sofortprogramm auf die allgemeinen Forderungen. So wurde vom Ministerrat ein neues umweltfreundlicheres Energiekonzept, die Rückführung der Cottbuser Baukapazitäten aus Berlin und die Lösung der Pkw-Ersatzteilfrage verlangt. Außerdem wurden zusätzlich der sofortige Kauf von „weihnachtstypischen Erzeugnissen" (Apfelsinen etc.) und 47 000 Jeanshosen, eine Preissenkung von 40 % für Mäntel und Kutten, Maßnahmen zur Emmissionssenkung und Wasserreinhaltung u.v.m. beschlossen. Für den 22. November wurde der „Bezirkstag zur Erneuerung" einberufen.[77] Doch einige führende Funktionäre auf Bezirks- und Kreisebene sollten diese Sondertagung in ihrer bisherigen Position nicht mehr erleben. Am 9. November traten W. Walde (Nachfolger: W. Thiel), am 13. November u.a. A. Schauerhammer, G. Oecknick, K. Pfeffer, H. Scholz, K.-D. Biernat, M. Krause, E. Huckauf, K. Winter zurück.

Am 6. November fand die erste öffentliche Vorstellung der Bürgerbewegungen NF, DA, des UGC und der SDP in der Oberkirche statt. Bereits am 2. November hatte es auf Einladung der SED-Bezirksleitung ein informatives Gespräch zwischen dem SED-Sekretär H. Scholz und Bezirksvorsitzenden der Nationalen Front E. Schuster einerseits und NF-Vertretern andererseits gegeben, womit de facto die Bürgerbewegung als offizieller Gesprächspartner (der Opposition) anerkannt wurde. Acht Tage später gab es ein erneutes Treffen des NF mit dem Stellvertreter des Vorsitzenden des Inneren, B. Bartusch, auf dem auch die Zulassung der Bürgerbewegung formalisiert wurde. Rund 3000 Teilnehmer nahmen am 6. November an der Präsentation, offiziell Friedensseminar tituliert, unter der Leitung von Pfarrer Polster teil. Für das NF forderte E. Undisz die Zulassung durch einen öffentlich-rechtlichen Akt, die Abschaffung des Art. 1 der Verfassung (Führungsanspruch der SED), die Verkleinerung der und Volkskontrolle über die Stasi, die Herstellung eines Gleichgewichtes zwischen Ökonomie und Ökologie. Die UGC, u.a. vorgestellt durch P. Model, trat insbesondere ein für die Aufarbeitung der Fälschungen bei den Kommunalwahlen im Mai 1989 einschließlich Neuwahlen (die UGC hatte damals mit unabhängigen Beobachtergruppen Wahlfälschungen nachgewiesen), die Änderung von Art. 1 der Verfassung, die allgemeine Zulassung von oppositionellen Vereinigungen und die Veröffentlichung der Umweltdaten. In der Kirche lagen verschiedene Listen aus, auf denen sich Interessenten für die Mitarbeit in den einzelnen Projektgruppen der UGC oder im NF eintragen oder für die Änderung des Art. 1 unterschreiben konnten. Unterschriftenlisten zur Unterstützung des NF bzw. ihres landesweiten Aufrufs „Aufbruch 89" waren hier bereits seit Wochen ausgestellt.[78] Auf Anfragen hinsichtlich der Zukunft des NF wurde nun erklärt, daß man Arbeitsgruppen (AG) bilden werde. Für die Erarbeitung genereller und thematischer Konzepte wolle man absolut basisdemokratisch verfahren, wofür eine gewisse Zeitspanne einkalkuliert werden müsse. „Die Gruppe braucht jetzt Zeit, um sich zu profilieren", so der Arzt U. von Grünhagen am 13. November in der Oberkirche.[79]

Das NF brauchte in der Tat viel Zeit, um in der Diskussion um Arbeitsweise und Struktur, die seit September lief, eine Übereinkunft zu finden. In einem Positionspapier von M. Derling (erst UGC, dann Mitbegründer des NF) hieß es, daß man noch auf der Sitzung am 31. Oktober in diesen Fragen „vorläufig gescheitert" sei. Das Problem lag in der Zieldefinition des NF und der konkreten Umsetzung von Basisdemokratie, wobei an beides ein sehr hoher moralisch-ethischer Maßstab angelegt wurde. Man verstand sich lange Zeit als „Bürger-Plattform mit Vermittler- und Kontrollfunktion unterhalb der Parteien" (C. Jahr), die eine breite Öffentlichkeit und mehr Transparenz in der Gesellschaft herstellen wollte.[80] Doch bereits Ende Oktober und vor allem nach den ersten Demonstrationen forderten Bürger und Teile der NF-Anhängerschaft selbst, die Bürgerbewegung als konkrete Interessenvertretung zu etablieren. Hinzu kam, daß viele Menschen zwar Sympathie und Willen zur Mitarbeit signalisierten, sich aber nicht in Eigeninitiative organisieren wollten oder konnten. Etliche Mitglieder im NF hatten jedoch moralische Bedenken und Schwierigkeiten, mit der damit verbundenen Verantwortung bzw. Führungsposition (Macht, Hierarchie), die ja nun eigentlich „das Volk" übernehmen sollte, umzugehen. J. Seibt vom NF erinnerte sich, daß über diese (auch intellektuelle) Diskussion um Basisdemokratie u.s.w. vor allem Mitglieder über 45/50 Jahre und die wenigen Arbeiter in der Bewegung „ziemlich genervt" waren, da ihnen die Einwände gegen pragmatisch-hierarchische Organisationsprinzipien meist fremd blieben.[81] Schließlich einigte man sich auf die Bildung von thematischen und strukturellen Gruppen. Eine Liste mit Fachkontaktadressen, gültig ab 7. November, beinhaltete folgende AG's: Sekretariat (P. Hofmann, A. Rudolf), Büro (J. Tiede), Spenden/Finanzen (C. Jahr), Kontakt Berlin (S. Bürger), Presse/Öffentlichkeit (A. Wolter), Archiv (E. Undisz), Gottesdienst (Ch. Polster), Kreisverkehr (U. Markulla), Bildung (J. Seibt), Kultur

(S. Maczey, B. Wagner), Ökologie (R. Dulitz), Rechts- und Staatswesen (M. Handschik), Bauwesen (H. Tews), Wissenschaft (R. Franke), Reisegesetz (K. Seeliger).[82] Im Verlauf der nächsten Wochen veränderte sich allerdings noch die Zahl, einige wurden zusammengefaßt und andere kamen hinzu. Insgesamt war die Anzahl der Mitglieder in den Gruppen relativ hoch. Bei der öffentlichen Präsentation der AG's am 23. November zählte z.b. die AG Ökologie 85, die AG's Wirtschaft und Bildung jeweils 40 oder die AG Bauwesen 25 Leute. In den AG's gab es wiederum „harte Kerne", die in der Regel bei 5-15 Mitstreitern lagen. Lose thematische Gruppierungen (z.b. Bildung) hatten sich bereits seit Oktober im NF formiert, was auf den größeren Personenkreis in den Gesprächsrunden bzw. auf berufsbedingte Interessen zurückzuführen war. Daß das Thema Ökologie sehr populär und engagiert betrieben worden war, hing natürlich mit der engen personellen Verbindung zur UGC (z.t. Personalunion) und dem damit vorhandenen theoretischen und praktischen Erfahrungsschatz zusammen. Zeitig wurden in der AG Ökologie sechs Objektgruppen (Spreewald, Kohle und Energie, Wasser und Abwasser, Düngemittel-Herbizide, Innerstädtisches Grün und Wald, Umweltdatenöffentlichkeit) gebildet, die gezielte Datenerfassung und Ursachenforschung zur Umweltbelastung betrieben. Gleichzeitig begann man (ohne jedoch letztlich zu einem Abschluß zu gelangen), eine neue alternative Energiekonzeption für die Region zu erarbeiten, die sich an Bezirksbehörden und Ministerien richten sollte.

Die Konzeptänderungen und -vorschläge aus den einzelnen AG's waren meist detailliert und praxisbezogen, so daß das NF in der Öffentlichkeit und später am Runden Tisch häufig mit kompetentem Spezialwissen in Erscheinung trat. Dabei ging es allen Beteiligten, zumindest bis Januar, um die Reformierung bzw. Verbesserung der vorhandenen gesellschaftlichen Zustände im Sinne des NF, nicht um die generelle Abschaffung und Neubildung nach westdeutschem Muster. So tendierte z.b. das Positionspapier der AG Bildung vom 2. Dezember, das die Bereiche vom Kindergarten bis zur Abiturstufe umfaßte, sehr zu einem humanistischen Bildungsideal, für das allerdings der Staat die Bedingungen schaffen sollte. Eine Entideologisierung und -militarisierung der Schulinstitutionen und -fächer, eine Betonung der musischen Fächer, ein verstärktes Leistungsprinzip, größere Begabtenförderung, aber auch umfangreiche qualitative Freizeitgestaltung, Verkleinerung der Klassenstärken, Neueinstellung von Lehrern, früherer Abgang für Lehrer in die Rente waren wichtige Punkte aus dem Programm.[83] Die AG Bildung (eine der engagiertesten und konzeptionsfreudigsten AG's) war im Januar 1990 wesentlich an der Initiierung eines RT für Bildung beteiligt, dem, neben Vertretern verschiedener Bildungseinrichtungen, Parteien und Institutionen, das NF und die UGC angehörte. Dieses Gremium tagte auf Bezirks- und Kreisebene. Während man sich auf der ersten stärker der theoretischen und landesweiten Entwicklung zuwandte (z.B. nationale Bildungsreform, wozu vom NF eigene Vorschläge erarbeitet wurden), wurden auf der zweiten eher praktische Probleme in der Stadt angegangen (so wur-

NEUES FORUM COTTBUS

INFORMATIONSBLATT NR. 1   31.12.1989

==

Liebe Buergerinnen und Buerger!

Das Jahr 1989 geht zu ende. Es war ein Jahr, dass in der Geschichte der Deutschen unausloeschlich verankert bleiben wird. Umwaelzungen, die niemand fuer moeglich gehalten haette, haben sich in dem letzten Viertel dieses Jahres ereignet.

Es draengt uns, den Buergern unseres Landes, dem Volk, dass mit soviel Anstand und Wuerde und in so friedlicher Weise diese Umwaelzungen erstritten hat, zu danken. Als Initiativgruppe NEUES FORUM haben wir nach Kraeften dabei geholfen. Wir danken allen, die unseren Bemuehungen Respekt gezollt, die uns Vertrauen entgegengebracht und auch denen, die uns bei allem kritisch begleitet haben. Es tut uns leid, wenn wir nicht alle in uns gesetzten Erwartungen erfuellen konnten. Wir hoffen jedoch auf Ihr Verstaendnis.

Das neue Jahr stellt einen jeden von uns vor schwerwiegende Entscheidungen. Die ersten freien Wahlen seit dem Bestehen der DDR werden am 6. Mai 1990 durchgefuehrt. Sie muessen zu einem eindeutigen Bekenntnis fuer eine friedvolle, demokratische Entwicklung in unserem Staat werden. Wuenschen wir uns gemeinsam, dass dieses wichtigste Datum im neuen Jahr zu einem Sieg der Demokratie wird. Es darf nicht der Sieg einer Partei sein.

Wir appellieren deshalb mit allem gebotenen Ernst; nehmen Sie Ihre demokratischen Rechte wahr, informieren Sie sich gruendlich, lassen Sie sich nicht einschuechtern durch aggressiv vorgetragene Parolen und Forderungen. Das Neue in unserem Land besteht vor allem darin, dass jeder seine eigene Ueberzeugung haben und zum Ausdruck bringen darf. Das schliesst ganz selbstverstaendlich den Respekt und die Achtung vor der Ueberzeugundes Andersdenkenden ein. Was immer jeder von Ihnen sich persoenlich wuenscht, moege es nie wichtiger sein, als der Wunsch und der Wille der Mehrheit unseres Volkes, denn das ist Demokratie.

Extreme Kraefte, sowohl rechts als auch links des politischen Spektrums haben die gefaehrliche Neigung durch Verunglimpfungen und Defamierung des politischen Gegners Angst und Unsicherheit zu verbreiten. Lassen Sie sich dadurch nicht beirren und schon gleich garnicht entmutigen, auch wenn es manchmal so scheint, als koennte der Einzelne den Gang der Ereignisse nicht beeinflussen. Gerade wir Deutschen koennen aus unserer Geschichte lernen, dass politische Inaktivitaet vor allem aber Gleichgueltigkeit gegenueber gesellschaftlichen Erfordernissen am Ende nur jede Kraefte beguenstigt, die politische Macht ausueben, indem sie Gewalt anwenden. Ohne es zu wollen haben wir durch eine solche Haltung uns selbst und und vielen anderen Voelkern unermessliches Leid zugefuegt. Stellen wir uns deshalb unserer Verantwortung, damit wir als gleichberechtigte Partner in der europaeischen Voelkerfamilie das Wohlergehen alle auf unserem Kontinent foedern. Beweisen wir aller Welt, dass wir faehig sind einen wichtigen Beitrag zum Frieden und zur Stabilitaet in einem gemeinsamen europaeischen Haus zu leisten. Dies alles wird aber nur moeglich sein, wenn wir in unserem eigenen Land den Friede bewahren und eine stabile Demokratie errichten. Dazu brauchen wir einen jeden.

In diesem Sinne wuenschen wir Ihnen und uns allen Erfolg. Wir wuenschen Ihnen darueberhinaus in Ihrem persoenlichen Leben Gesundheit, Schaffenskraft und Wohlergehen.

NEUES FORUM Cottbus

Partei oder Bürgerbewegung - die Spaltung droht

Die Polarisierung der Auffassungen über die politische Zukunft des NEUEN FORUM verstärkt sich weiter. Nachdem der Landessprecherrat auf seiner Sitzung am 23.12. sich wiederum gegen die Bildung einer Partei ausgesprochen hat, initiieren Karl-Marx-Städter Basisgruppen nun die Gründung für eine DEUTSCHE FORUMPARTEI. Ob auf der Landesdelegiertenkonferenz des NEUEN FORUM am 6./7.01.90 in Leipzig eine Spaltung noch verhindert werden kann, ist fraglich. Die zehn stimmberechtigten Delegierten für den Bezirk Cottbus sind übrigens auf der Bezirkssprecherratssitzung vom 28.12.90 gewählt worden. Im Landessprecherrat sind wir nun vertreten von Herrn Petrick, Calau.

Ab Januar hat das NEUE FORUM COTTBUS ein BÜRO !!

Straße der Jugend 155

Vorderseite der ersten Ausgabe von „Neues Forum-Info", dem Informationsblatt des Neuen Forums Cottbus, vom 31. Dezember 1989.
Quelle: Archiv der Verfasser.

den u.a. auf Drängen des NF die Tätigkeit von Schulinspektoren abgeschafft, einige Schulräte, Schulleiter und Lehrer ab- oder umgesetzt).

Bei der Arbeit in den AG's wie auch im Sprecherrat wurde in Cottbus durchgängig versucht, Basisdemokratie zu praktizieren (z.b. Rotationsverfahren bei der Leitung von Sitzungen, unbegrenztes Rederecht für alle), obwohl das durchaus nicht wenigen sehr mühevoll und umständlich erschien. Manche empfanden das auch als ein gewisses „basisdemokratisches Dogma", da die entsprechende Praxis häufig zu Lasten effektiven Wirkens ging, zumal das NF-Engagement in der Regel nebenberuflich war. Hinter diesem Durchhalten steckte aber mehrheitlich der Wille und die Überzeugung, neue Demokratie- und Umgangsformen in der Gesellschaft und an sich selbst zu „üben" und zu realisieren. Gerade Mitglieder, die bereits in der UGC tätig waren, erwiesen sich hier als erfahrene und überzeugte Repräsentanten des basisdemokratischen Prinzips, da sie jenes bereits im kirchlichen Rahmen erprobt bzw. praktiziert hatten. Man verzichtete übrigens auch auf eine hierarchieandeutende Benennung von 1. oder 2. Sprechern. „Das Wort Leiter können wir gar nicht so richtig gut hören", unterstrich Ch. Polster in einem Zeitungsinterview Ende November.[84] Als oberstes Organ fungierte auch in der Öffentlichkeit der Sprecherrat (auch Koordinierungsgruppe genannt), der sich in der Mehrzahl aus den Verantwortlichen der AG's zusammensetzte. Gleichzeitig ist es aber auch nicht verfehlt, M. Derling (der zusammen mit H. Tews, P. Weißpflog oder J. Schrader Cottbus-Stadt im NF-Bezirkssprecherrat vertrat) und Ch. Polster als gewisse Schlüsselfiguren der Bürgerbewegung in der Stadt zu bezeichnen.

Das NF erhielt von wichtigen Parteien und Vertretern des Machtapparates Einladungen zu Gesprächen, in denen nicht nur Informationen ausgetauscht, sondern auch Möglichkeiten und Grenzen der Zusammenarbeit getestet wurden (z.B.: 16.11. – Oberbürgermeister Müller, 20.11. - Rat des Bezirkes, 4.12. – VP-Chef Rösenberg, 5.12. – Offiziere der NVA, LDPD, 8.12. - CDU). Dabei stellte sich als besonderes Konfliktpotential die dezidierte Thematisierung der Fälschungen der DDR-Kommunalwahlen vom Mai 1989 durch die Bürgerbewegung heraus, da damit gleichzeitig die Legitimität der staatlichen „Volksvertreter" (und Gesprächspartner) bestritten wurde. Außerhalb der Kommunikationsebene zwischen dem NF und den staatlichen Behörden waren die wöchentlichen Montagsveranstaltungen in der Oberkirche der zentrale Ort, an dem sich die AG's in der Öffentlichkeit präsentieren und einbringen konnten. Ab Ende November reflektierten die Demonstrationen (für die eine Sicherheitspartnerschaft mit der VP vereinbart wurde) oder öffentlichen Dialoge nach den Friedensgebeten stärker die aktuelle Tagespolitik, z.B.: 4. Dezember – Für eine neue Familien- und Bildungspolitik, 11. Dezember – Aufdeckung der SED-Korruption, 8./15. Januar – Gegen SED- und Stasi-Restauration, 29. Januar – Deutsche Einheit. Wann und Wie?, 12. Februar - Wen wollen wir 'oben'?.[85] Anfang Februar beendete das NF die Demonstrationen bzw. Kundgebungen und beschränkte sich nur noch auf die Abhaltung thematischer Andachten.

Die Oberkirche blieb immer für alle Bürgerbewegungen und neuen Parteien bzw. für jede manifestierte Bürgermeinung offen. Sie war der Anlaufpunkt für diejenigen, die sich auch nach dem Fall der Mauer am 9. November am lokalen, politischen Leben beteiligen wollten. Das NF als Veranstalter konnte oft mehrere tausend Teilnehmer pro Aufruf mobilisieren. An der montäglichen Organisation nahmen ein größerer Stab von Leuten um Ch. Polster und M. Derling teil, die sich z.T. aus dem Sprecherrat rekrutierten oder sich ausschließlich um die Montagsmeetings kümmerten. Einmal in der Woche fanden die Beratungen des Sprecherrates statt, der gerade anfänglich oft in der Marienkirche tagte. Ende Dezember erhielt das NF von der Stadt ein Büro in der Straße der Jugend 155 (das nach Eigenrenovierung ab Januar arbeitsfähig wurde), das als Geschäftssitz fungierte und bis zu dreimal pro Woche für die Bürger geöffnet war. Die Ausstattung wurde u.a. mit Mobiliar und Technik des AfNS und der Jungen Union/Koblenz bestritten. Ende Dezember erschien die erste Ausgabe von „Neues Forum – Info" im Eigenverlag, in der stadt- und bezirksweite Nachrichten der Bürgerbewegung publiziert wurden (Redaktion u.a.: P. Weißflog, J. Maczey, M. Derling). Desweiteren wurden über veröffentlichte Kontaktadressen in der Ober-, Kloster- und Schloßkirche bzw. in der Presse „Verbindungsanschlüsse" zur Bevölkerung hergestellt. Über Spenden, Eigenfinanzierung und einzelne materielle Zuwendungen wurde die NF-Arbeit unterstützt. Die Anzahl der Mitglieder in den AG's lag ungefähr bei 200 - 250 Leuten (ab Januar abnehmend), wobei der engere Kern im Umkreis des Sprecherrates aus ca. 30 Personen bestand. Die Mehrheit der Engagierten war zwischen 30 - 50 Jahre alt. Die soziale Zusammensetzung der Aktivisten war heterogen: technische Intelligenzler, Ärzte, medizinisches Personal, Lehrer, einige Künstler, wenige Arbeiter.

In ihren politischen Auffassungen standen die meisten Mitglieder stärker den Ideen des „links"-orientierten Flügels innerhalb der Bürgerbewegung (R. Schult, I. Köppe u.a.) nahe. Der ursprüngliche Ansatz, das gesellschaftliche Bewußtsein der Menschen zu öffnen bzw. zu ändern, wurde von ihnen sehr ernst genommen. Die moralischen und demokratischen Defizite in der DDR und ihre Überwindung spielten in den Diskussionen eine viel größere Rolle, als die materiellen Mängel. Nicht zuletzt deshalb dauerte die politische Standortbestimmung bei vielen Mitgliedern längere Zeit. Im Kern wollte man das System reformieren, „aus dem staatsmonopolistischen Sozialismus einen wirklich kommunitären Sozialismus entwickeln" (S. Bürger), „eine Alternative zum Gesellschaftssystem der BRD" schaffen (Ch. Polster).[86] An eine Vereinigung oder an die Übernahme des westdeutschen Modells hatte im September/Oktober/November kaum jemand gedacht. Die DDR-Gesellschaft sollte zu einer dialogorientierten Besinnung kommen, wobei das NF als Transmissionsriemen für öffentliche Kritikfähigkeit und Lernbereitschaft und als Kontrollorgan wirken sollte. Das NF, so ein Mitglied in einem Presseinterview Ende November, sei „eine Art Geistes- oder Gesinnungshaltung". Es wurde explizit erklärt, daß das NF keine fertigen Rezepte für Reformen habe. Diese müßten in einem gesellschaftsübergreifenden Dialog (z.B. RT) erarbeitet werden, was aber seine Zeit bräuchte.[87] Deshalb waren viele (aber nicht alle) in Cottbus-Stadt, trotz Freude über den Fall der Mauer, lange Zeit für die vorläufige Beibehaltung der Zweistaatlichkeit. In der Sprecherratssitzung vom 19. Dezember stimmte von 18 Anwesenden niemand für eine sofortige Vereinigung, dagegen 14 für das „Anstreben einer Konföderation mit Weiterentwicklung zum Staatenbund bis zu einer absehbaren Vereinigung" (bei insgesamt vier Enthaltungen). Gleichzeitig lehnten aber auch 14 Teilnehmer einen künftigen Gebrauch des Sozialismus-Begriffs ab (drei dafür, eine Enthaltung).[88]

Dann, als landesweit und ab Mitte Dezember auch bei den Cottbuser Montagsdemonstrationen die Rufe nach Wiedervereinigung immer lauter wurden, passte man sich in der Folge der unvermeidlichen Entwicklung an bzw. änderte seine Meinung. Spätestens nach der Verabschiedung des zentralen NF-Programms am 28. Januar in Berlin bekannte man sich zur deutschen Einheit, die allerdings schrittweise so erfolgen sollte, daß die DDR darin nicht nur als „Konkursmasse" eingänge.[89] Während sich auf den Montagsdemonstrationen H. Grünewald vom NF persönlich bereits am 11. Dezember für die Vereinigung, aber „mit Augenmaß", aussprach, wurde eine Mitarbeiterin der Oberkirche am 29. Januar von den 6000 Teilnehmern niedergeschrien, als sie sich gegen eine sofortige Einheit aussprach. Das NF versuchte in Fragen zur politischen Zukunft beständig, die Menschen zum selbstbestimmten Denken und Handeln anzuregen. In der Botschaft zum Jahreswechsel hieß es: „[...] Wir appellieren deshalb mit allem gebotenen Ernst: Nehmen Sie Ihre demokratischen Rechte wahr, informieren Sie sich gründlich, lassen Sie sich nicht einschüchtern durch aggressiv vorgetragene Parolen und Forderungen. Das Neue in unserem Land besteht vor allem darin, daß jeder seine eigene Überzeugung haben und zum Ausdruck bringen kann. Das schließt ganz selbstverständlich den Respekt und die Achtung vor der Überzeugung Andersdenkender ein. [...]"[90]

Die gerade im Dezember kontrovers diskutierte Frage über den künftigen Status des NF wurde schließlich zugunsten der Bewegung entschieden, obwohl die Meinungen darüber lange Zeit geteilt waren. Bei der Abstimmung in der Koordinierungsgruppe am 19. Dezember stimmten von den 18 Stimmberechtigten, bei einer Enthaltung, noch 9 für die Parteibildung. Besonders einige NF-Gründer der ersten Stunde hatten sich leidenschaftlich gegen Parteistrukturen ausgesprochen und damit durchsetzen können. Es gab etliche Mitglieder, die, nach einer gewissen „basisdemokratischen Ernüchterung", vor allem aus Gründen größerer Effizienz und Klarheit für die Bevölkerung eine Parteibildung bevorzugten. Dabei spielten auch die Diskussionen im Bezirkssprecherrat eine Rolle, wo viele Vertreter aus den Kreisen proparteiliche Ansichten vertraten. In Cottbus-Stadt konnten sie sich jedoch am Ende nicht durchsetzen (mancher wechselte danach auch zur SPD).

Der RT der Stadt fand das erste Mal auf Initiative der NDPD am 11. Dezember statt, u.a. mit UGC, DA und Vereinigte Linke, ohne daß jedoch das NF und die SDP eingeladen wurden. Das Gespräch sollte offiziell vor allem einem ersten Meinungsaustausch dienen. Der Vorschlag von P. Model (UGC) nach sofortigem Rücktritt der Stadtverordnetenversammlung und des RdSt wurde, wie auch am 4. RT, mit Hinweis auf einen größeren Schaden als zu erwartenden Nutzen abgelehnt. Aber man war sich einig, daß frühstmögliche Neuwahlen nötig seien. Von staatlicher Seite wurde die Einbeziehung der Bürgerbewegungen in die Arbeit „zur Stabilisierung der komplizierten wirtschaftlichen Situation" zugesichert. RT-Gesprächsleiter wurde Generalsuperintendent R. Richter. Nach dem 2. RT am 28. Dezember kam es zu einer Verstimmung zwischen DA und SDP einerseits und dem nun anwesenden NF andererseits, da erstere, entgegen vorheriger Information, zusammen mit den alten Parteien dafür stimmten, daß das Stimmrecht nur an Parteien zu vergeben sei. Das NF protestierte mit Hinweis auf seine Massenbasis auf das Schärfste gegen diese zweite Provokation (nach der fehlenden Einladung zum 1. RT), mit der die alten Parteien die eigentlichen „Wende-Macher" vom Gremium ausschließen wollten. Außerdem wurde anfänglich die mangelnde Seriosität in Form von fehlender Protokollierung der Sitzungen oder verzögerter Klärung der Kompetenzfragen für das Gremium beklagt. Am nächsten RT (17.01.), an dem inzwischen 18 Parteien, Bewegungen und Organisationen saßen, wurden die angeführten Klagen behoben (stimmberechtigt nun: LDPD, NDPD, DBD, CDU, SED-PDS, DA, SPD, Grüne Partei und NF). Doch am 4. RT erhielten per Mehrheitsbeschluß wiederum alle Teilnehmer Stimmrecht, so daß sich die Kader der alten Massenorganisationen wieder voll einbringen konnten. M. Derling, NF-Vertreter am RT, erinnerte sich an eine regelrechte Blockbildung der „Alten" gegen die „Neuen".[91]

Um eine Politisierung des RT zu vermeiden, wurden die Teilnehmer ganz in die städtischen Belange von Kommunalpolitik und Alltag eingebunden, mit Tagesaufgaben „zugepflastert": Sicherheitsfragen bezüglich der Demonstrationen und zahlreichen Bombendrohungen, Lohnforderungen in VEB's, die Zukunft der ersten Arbeitslosen und der Belegschaften bei Übergabe der Betriebe an Westinvestoren, Neuregelungen bei der Vergabe von Kinderkrippen- und Kindergartenplätzen, Errichtung eines neuen Busbahnhofs, innerstädtische Versorgungsengpässe nach Hamsterkäufen, Verwaltungs- und Bildungsreformen, Vorbereitungen der Volkskammer- und Kommunalwahlen, Durchsetzung fairer Wahlkämpfe (immer wieder Fragen der Plakatierung), der Stand der Auflösung der erstmals am 5. Dezember begangenen Stasi-Dienststellen, die berufliche Perspektiven der ehemaligen MfS-Mitarbeiter und immer wieder die Neuvergabe von Objekten der SED und des MfS („Nordrand", Haus der SED-Bezirksleitung, Rathausgebäude am Schillerplatz u.a.) waren einige der zu behandelnden Probleme. Der Kampf der neuen Parteien und Bewegungen am RT galt auch der Absetzung „alter Kader", die z.T. durch geschickte Personalpolitik umgesetzt worden waren und bereits nach kurzer Zeit wieder wichtige Funktionen innehatten. (So forderten z.B. DJ und NF beim 6. RT den Rücktritt des Staatssekretärs bzw. Leiters des Amtes für Jugend und Sport und ehemaligen Vorsitzenden der Pionierorganisation W. Poßner.) Ab Februar erhielten die Vertreter der neuen Parteien und Bewegungen Rederecht im Stadtparlament, nachdem der Oberbürgermeister ihnen bereits am 3. RT angeboten hatte, in hauptamtlichen Stellen in den Bereichen Umweltschutz, Gesundheit, Bauwesen und Kultur mitzuarbeiten. Das NF lehnte diese plötzlichen Vereinnahmungsversuche aber mit dem Hinweis auf die fehlende Legitimierung nach den gefälschten '89er Maiwahlen ab. Für die Gremien, in denen man ja bereits mitarbeitete, bevorzugte man den Status des Bürgervertreters von „außen".[92]

Bereits am 5. Dezember kam es auf Einladung der LDPD zu einem ersten Runden Tisch-Gespräch auf Bezirksebene. Neben den etablierten Parteien und Massenorganisationen waren u.a. auch Vertreter von DA, SDP, UGC und NF anwesend. Doch dieses Treffen endete mit einem scharfen Protest seitens der Bürgerbewegungen, die den „alten Kadern" fehlende Ernsthaftigkeit gegenüber diesem Gremium vorwarfen. So war dem RT weder eine konkrete Kompetenz zugestanden worden, noch hatte man so simple Formalien wie die Erstellung eines Protokolls oder eine angemessene Berichterstattung in der Presse für nötig erachtet. Die Bürgerinitiativen erklärten daraufhin, daß sie den Eindruck hätten, man wolle den Dialog auf der Straße lediglich in geschlossene Räume verlagern bzw. aus der Öffentlichkeit verbannen.[93]

Angemahnt durch die allgemeine angespannte Lage und den 1. Zentralen RT in Berlin, lud der RdB zum 19. Dezember zu einer Neuauflage des 1. RT ein. Man brauchte über zwei Stunden, bis die Verfahrensfragen geklärt wurden. Stimmberechtigt (eine Stimme) waren CDU, DBD, LDPD, NDPD, SED-PDS, SDP, DA, NF und UGC. Später kamen noch die Grüne Partei und die KPD hinzu. Zustimmend wurde der RT als „Verantwortungsgemeinschaft" definiert, die „in den nächsten Wochen die wichtigsten Aufgaben des gesellschaftlichen Lebens beraten [soll]". Ihm wurde wegen fehlender Sachkompetenz keine Regierungsverantwortung zugesprochen, jedoch besaß er Vetorecht, dem sich der Bezirkstag anschließen mußte. Jede Versammlung wurde mit einer wirtschaftlichen Lageeinschätzung durch den Ratsvorsitzenden P. Siegesmund begonnen. Für das NF waren meist Ch. Polster, aber auch M. Derling, J. Seibt, S. Bürger, H. Tews, M. Kühne, H. Petrick u.a. vertreten, für die UGC oft P. Model. Die Gesprächsleitung hatte in der Regel K.-H. George vom Kulturbund. Beim 2. RT am 10. Januar stand vor allem die Medienpolitik im Zentrum der Beratung. Die Hauptforderung der Bürgerbewegungen bestand, angesichts der Monopolstellung in der noch unentwickelten Medienlandschaft, in der Umwandlung der „Lausitzer Rundschau" und des Sender Cottbus von SED-Medien in unabhängige Organe. Der Sitzung war zwei Tage zuvor eine Montagsdemonstration vorausgegangen, die, entgegen den Absichten der Veranstalter, am Hauptsitz der „LR" vorbeiführte, und dort nach abfälligen Bemerkungen von Mitarbeitern fast eskalierte. Die Zeitung der SED-Bezirksleitung hatte ihren alten Stil, nach kurzer Verunsicherung nach dem 30. Oktober, ab Mitte November wieder aufgenommen und kommentierte die Ereignisse in parteitreuer Einseitigkeit weiter („LR" im Volksmund „Lügenrudi"). Texte von und Berichte über die „Opposition" wurden meist entweder abgelehnt, zensiert oder sehr verkürzt dargestellt. Als Ergebnis des 2. RT wurde die Gründung eines allgemeinen Presse- und Medienbeirats beschlossen. Die „LR" hatte bereits W. Nagorske zum neuen Chefredakteur berufen und versuchte sich seit Dezember (bis Februar) durch Umbenennungen ein anderes Image zuzulegen, vom Organ der SED-Bezirksleitung, über die Zeitung der SED, zur Sozialistische Tageszeitung bis zur Unabhängigen Tageszeitung. Am 24. Januar (3. RT) ging es vor allem um den Stand der Auflösung des AfNS-Bezirksamtes, den der Regierungsbeauftragte E. Neubert referierte. Dabei blieben viele Detailfragen offen, so daß für den 29. Januar eine Sondersitzung einberufen wurde. Kirchenvertreter und das NF stellten die (angenommenen) Anträge auf Bildung einer Selbsthilfegruppe für entlassene Staatsbeamte und Stasi-Mitarbeiter und zur Bildung einer Untersuchungskommission über gesetzwidrige Tätigkeiten des MfS. Für die inhaltliche Strukturierung einer solchen Gruppe und Kommission erarbeitete eine NF-Gruppe um S. Bürger mehrere Vorschläge für den RT. Auf der Sondersitzung wurde schließlich der Abriß des Bezirksstasi-Objektes „Nordrand" beschlossen. Der 5. RT am 28. Februar behandelte vor allem Fragen zur Wahlvorbereitung, Auflösung des AfNS und Zukunft von ehemaligen MfS-Mitarbeitern. Das NF setzte sich dezidiert und erfolgreich am RT und in der Öffentlichkeit gegen die sofortige Übernahme bzw. Einstellung von Stasi-Mitarbeitern in „sensible Bereiche" wie das Ministerium des Innern, der VP, der Kriminalpolizei oder des Bildungswesens ein. Die von der CDU nach der Volkskammerwahl beantragte Auflösung des RT wurde am 21. März (7. RT) abgelehnt.[94]

Nach den für das Bündnis 90 mit 2,91% auf nationaler Ebene so enttäuschend verlaufenen Volkskammerwahlen (im Kreis Cottbus-Stadt: 3,89%) zog man in der Bezirkshauptstadt die Konsequenzen und versuchte, durch Kräftebündelung der völligen Marginalisierung durch das Wählervotum bei den Kommunalwahlen zu entgehen. So schlossen sich Ende März die städtischen Vereinigungen von Grüne Partei, NF und Unabhängige Fraueninitiative zum „Bündnis für Cottbus" zusammen. Auffällig ist, daß neben den Bereichen von Sozialem, Ökologie und Bildung die wirtschaftlichen Aspekte stärker akzentuiert wurden, wobei man eine ökonomische Dynamik vor allem durch mittelständisches Gewerbe entfalten wollte. Gleichzeitig warb man mit dem Slogan „Neue Ideen durch neue Köpfe", was natürlich bei der sichtbaren personellen Kontinuität in der städtischen Nomenklatura ein gewichtiges Argument war.[95] Diese Strategie zeigte auch Erfolg. So wurde das „Bündnis für Cottbus" mit 19 500 Stimmen (11,46%) viertstärkste Kraft im Stadtparlament und erhielt 10 Mandate. Im umliegenden Kreis Cottbus-Land errang das NF in Gallinchen mit 12,83% drei Mandate.

4. Finsterwalde

Der im Vergleich zu anderen Cottbuser Kreisen relativ frühe Beginn der „Wende" in Finsterwalde hing unmittelbar mit der Existenz und den Aktivitäten des im Frühjahr 1986 gegründeten Friedens- und Umweltkreises im Umfeld der dortigen Trinitatiskirche zusammen.[96] Wegen des brutalen Vorgehens der Sicherheitskräfte in vielen Städten bei Gegendemonstrationen zum 40. Jahrestages der DDR wurde am 11. Oktober das erste Friedensgebet in der Kirche organisiert. Die rund 180 Besucher hatten die Möglichkeit, in einer Unterschriftensammlung ihren Protest gegen das staatliche Verhalten auszudrücken. M. Mittmann verlas, in Absprache mit dem seit langem oppositionell engagierten evangelischen Jugendwart F. Müller, einen Aufruf zur Gründung des Neuen Forums. Beide hatten persönliche Beziehungen zu Berliner Oppositionellen, u.a. zum Gründerkreis des NF, so daß sie schon früh über das Bestehen und die Ziele der Bürgerinitiative informiert waren. Der Aufruf wurde beim zweiten Friedensgebet am 19. Oktober unter der Leitung des Kreisjugendpfarrers M. Wolf in der nun völlig überfüllten Kirche wiederholt, weitere Unterschriftenlisten zur Unterstützung (u.a. Zulassung) des NF ausgelegt und deren Schriften unter den Teilnehmern verteilt. Mehrere Redner erklärten ihre volle Unterstützung für das NF. Ein erklärtes Mitglied der Bürgerbewegung formulierte eigenständig, daß Ziele des NF der Kampf gegen Bürokratie und Grundwehrdienst und für Zivilersatzdienst seien. Man wolle zwar den Sozialismus, aber ohne SED-Vorherrschaft. Es wurde bekanntgegeben, daß sich bereits 100 Personen in die NF-Listen eingetragen hätten.[97]

Nach der großen Resonanz in der Bevölkerung konnte die SED-Kreisleitung diese Ereignisse nicht mehr ignorieren und die „Lausitzer Rundschau" berichtete am 27. Oktober erstmals über das zwei Tage zuvor abgehaltene dritte Gebet. In dem Artikel war von einer großer Erwartungshaltung der Teilnehmer hinsichtlich nötiger Reformen, aber auch Skepsis und Zweifel an deren Durchsetzung unter den momentanen personellen und strukturellen Machtbedingungen die Rede – die SED und Staatsorgane sollten endlich in voller Breite in den Dialog mit den Menschen treten. Die ca. 1600 Teilnehmer wurden von der Stasi in folgende Altersstrukturen gegliedert: 50 % bis 25 Jahre, 40 % 24 - 40 Jahre und 10 % über 40 Jahre. Der offensichtlich große Jugendanteil erklärt auch die beobachteten, sehr emotionalen Protestreaktionen während der Friedensgebete.[98]

Auf der Kreisseite der „LR" wurden ebenfalls erstmals ungekürzt Stellungnahmen von Finsterwalder Bürgern zu landesweiten und regionalen Problemfeldern abgedruckt. In Doberlug-Kirchhain hatte bereits am 24. Oktober ein „Rathausgespräch" zwischen dem Rat der Stadt und dortigen Kirchenvertretern über Demokratie und kommunale Probleme stattgefunden, und die FDGB-Ortsgruppe Crinitz rief am nächsten Tag in der Regionalzeitung auf, endlich in den notwendigen Dialog „über Fragen und Kritik der Gegenwart" einzutreten.[99] Zum 27. Oktober hatte der Kreisratsvorsitzende H.-U. Wirth und Bürgermeister R. Bachmann zur ersten vierstündigen öffentlichen Aussprache ins Finsterwalder Schloß eingeladen. Im überfüllten Gebäude stellten sich die 1. Kreissekretäre B. Damian (SED), F. Tschetschorke (DBD), H.-J. Lehmann (LDPD), U. Morawietz (NDPD), D. Richter (CDU) u.a. Funktionäre der heftigen Bürgerkritik. Wirth sprach sich nun ausdrücklich für eine politische Wende, hin zu einem „attraktiven Sozialismus", für „Meinungsfreiheit und tabulose Diskussion" aus. Die Vertreter der LDPD und NDPD versuchten (allerdings vergeblich) glaubhaft zu machen, daß sie sowohl bereits inhaltlich, als auch formal in ihren Parteien die Situation erkannt und die „Wende" vollzogen hätten. In der heftigen Wechselrede wurden u.a. die Versetzung von Finsterwalder Baukapazitäten nach Berlin und Cottbus, Umweltverschmutzungen, verlorenes Vertrauen in staatliche Organe, Versorgungslücken, der Fluglärm durch den anliegenden sowjetischen Militärflugplatz, die Allmacht der SED beanstandet. Mehrere Redner (Teilnehmer der Friedensgebete) forderten die Zulassung des Neuen Forums auch mit dem Argument, dessen Glaubwürdigkeit durch die Praxis erkunden zu können.[100]

Die Konstituierung einer Finsterwalder Basisgruppe des NF war am 25. Oktober beim Friedensgebet durch P. Neumann, ein Mitglied der ersten Stunde, für Sonntagnachmittag den 29. Oktober bekanntgegeben worden. Jugendwart Müller hatte den Termin ermöglicht, um die Gründung in den Kellerräumen der Gemeinde realisieren zu können. Zu diesem Treffen fanden sich rund 50-60 Personen ein. Es wurden Möglichkeiten der strukturellen Organisation besprochen und der Aufbau von Arbeitsgruppen zu den Bereichen Wirtschaft, Umwelt, Stadtentwicklung, Politik und Bildung beschlossen. Nach nur wenigen Tagen kristallisierte sich ein Kern von 15-20 Leuten heraus, die bereit waren, sich in konkreten Aktionen zu engagieren (für bestimmte Einzelaktivitäten wurden aber auch Freunde oder Verwandte zur Unterstützung angesprochen).[101] Auf die Bildung eines Sprecherrats hatte man letztendlich verzichtet, um jegliche ungewollte Hierarchisierung zu vermeiden. Die Mitglieder sollten nach ihren Interessen und Fähigkeiten in den AG's mitwirken und die gemeinsamen Positionen durch Diskussion und Abstimmung erarbeiten. Nur für die Öffentlichkeitsarbeit wurde J. Kling als Pressesprecher benannt. Später konzentrierte sich die gruppeninterne Organisationsarbeit und der allgemeine Schriftverkehr vor allem bei P. Lambrecht, da er aufgrund seiner beruflichen Situation den notwendigen Zeitaufwand erbringen konnte. Im Bezirkssprecherrat saß für Finsterwalde meistens M. Mittmann, manchmal auch St. Pohlan oder P. Neumann. Die Altersspanne des aktiven Kerns lag zwischen 20 - 60 Jahren, wobei die 25 - 45jährigen in der übergroßen Mehrheit waren. Weit über die Hälfte der Personen waren Lehrer oder gehörten der technischen Intelligenz an. Ein weiterer Teil arbeitete als Meister oder Werktätiger in Betrieben. Anfallende Kosten bestritten die Mitglieder selbst, wobei sie später materielle Wahlkampfunterstützung aus der Cottbuser NF-Zentrale erhielten. Bis zum Bezug eines eigenen Büros im Finsterwalder Schweizerhaus Mitte Januar 1990 wurden die zahlreichen Gruppentreffen in Privatwohnungen (z.B. bei P. Neumann) oder in Gaststätten abgehalten.[102]

Plakat des
Neuen Forums
in Finsterwalde,
entworfen und
ausgedruckt mit
einem damaligen
DDR-Personal-
computer.
Quelle: Archiv der
Verfasser.

Bei den zweiten Rathausgesprächen am 6. November, die parallel zueinander
an verschiedenen Orten zu den Themen Bauwesen und Stadtgestaltung, Ausbau
der sozialistischen Demokratie, Rechtsstaat, Umweltschutz, Wohnungspolitik und
Handel, Versorgung und Dienstleistung abliefen, trat das NF öffentlich und selbstbewußt als Wortführer von Bürgerkritik auf. Gemäß den AG's hatten sich deren
Mitglieder auf die sechs Veranstaltungen verteilt und Mißstände und Defizite artikuliert: z.B. im WBK-Speiseraum (Recht) wurde der verfassungsmäßige Führungsanspruch der SED attackiert, beim Rat des Kreises (Sozialistische Demokratie) wurde nachdrücklich auf die Legalisierung des NF gedrungen oder beim Rat der Stadt
(Bauwesen und Stadtgestaltung) die absolute Veraltung des Generalbebauungs-
und Verkehrsplans von Finsterwalde nachgewiesen. Die Redner des NF hinterließen dabei durch den Kenntnisstand und ihre sachkundige Argumentation einen
fundierten Eindruck bei den Zuhörern.[103]

Beim Friedensgebet in der Trinitatiskirche am 1. November rief Kreisjugend-pfarrer M. Wolf zu einem Schweigemarsch ohne Parolen und Sprechchöre unter dem Motto „Für eine demokratische Erneuerung der DDR" für Mittwoch den 8. November auf. Zuvor hatte er in einer Fürbitte dafür gebetet, daß die Menschen nicht mehr die DDR verließen, sondern für deren Erneuerung kämpfen und „sich nicht durch ein Kilo Bananen und eine Westreise einschläfern lassen sollten". Auch während dieser Veranstaltung lagen Unterschriftenlisten aus bzw. wurden Reden gehalten, die die Zulassung des NF forderten.[104] Der angemeldete Protestmarsch im Anschluß an ein Friedensgebet eine Woche später gilt zu Recht als Höhepunkt der ersten Phase der „Wende" in Finsterwalde. Für die Hauptforderungen „Demokratische Wahlen" und „Auflösung der Staatssicherheit" gingen 15 000 Menschen auf die Straße. Als der Zug durch das Stadtzentrum das MfS-Gebäude in der Straße der Befreiung passierte, brachen viele Teilnehmer ihr Schweigen, und durch die Innenstadt hallten Sprechchöre wie: „Stasi raus", „Stasi in die Betriebe" oder „Neuwahl auf allen Ebenen". Ein Kerzenmeer bedeckte noch Stunden nach der friedlich gebliebenen Demonstration die Fassade der MfS-Kreisdienststelle. In den folgenden zweiTagen traten die beiden Führungsspitzen der SED (Nachfolger von Kreissekretär Damian wurde G. Scheiding) und des FDGB zurück. Noch wenige Tage zuvor las man in der „Lausitzer Rundschau", die sich nun sichtlich bemüh-te, ein offeneres, liberales Presseklima zu erzeugen, die verspäteten Reformbe-kenntnisse und von plötzlicher Bürgernähe der alten Kader in Form von Nachfra-gen über Mängelerscheinungen oder die Aufnahme von Konsumforderungen.

Nach dem Mauerfall nahm das öffentliche Engagement der Bürger spürbar ab. Zum Friedensgebet am 15. November erschienen nur noch 150 Teilnehmer und so beschloß die Kirchenleitung, die Veranstaltungen dieser Art mit einem letzten Gebet vier Tage darauf zu beenden. Für die Demonstration am 18. November konnten immerhin noch rund 5000 Bürger mobilisiert werden (Veranstalter u.a.: NF, Evangelische Kirche und Umwelt- und Friedenskreis). Die Manifestation rich-tete sich in erster Linie gegen die bestehende Verfassung der DDR, besonders ge-gen den in Artikel 1 festgesetzten Führungsanspruch der SED. M. Prach vom Um-welt- und Friedenskreis (er spielte bei der Initiierung der Finsterwalder „Wende" eine wichtige Rolle) forderte die Entfernung der SED und gesellschaftlichen Mas-senorganisationen aus Betrieben und Schulen und eine Entmilitarisierung der Ge-sellschaft, insbesondere des Bildungs- und Erziehungswesens. Außerdem rief er den Bürgermeister Bachmann auf, die Vertrauensfrage zu stellen. D. Miertzsch vom NF erklärte, verlorengegangenes Vertrauen könne die SED nur durch schonungs-lose Aufdeckung von Amtsmißbrauch und Korruption wiedergewinnen. Die Na-tionale Front stünde in ihrem Wesen nach einer Demokratisierung im Wege. Der im Baukombinat WBK angestellte Architekt T. Hensel, ebenfalls vom NF, themati-sierte die Frage der Verantwortlichkeit für die begangenen Fehlentscheidungen. Den Verantwortlichen nicht nur in seinem Betrieb warf er Inkompetenz bzw. Mißbrauch ihrer Funktionen vor. Von den weiteren Rednern rief u.a. K. Siegel zu einer Rettungsaktion für das von der Abbaggerung bedrohte Dorf Sallgast auf und der Sonnenwalder Pfarrer Petschik lud zu einer Veranstaltung mit anschließender Demonstration in seine Kirche ein.[105] Das sich Finsterwalder oppositionell Gesinnte im NF wiederfanden, war anfänglich weniger inhaltlich, als situativ bedingt. Man hatte über die Medien und durch Privatkontakte vom NF gehört und identifizierte sich mit der durch die Bürgerbewegung vorgetragenen Gesellschaftskritik. J. Wohmann hatte aber z.b. auch am 18. Oktober in der Doberlug-Kirchhainer Stadtkirche einen Vortrag des Physikers H.-J. Fischbeck von der Bewegung Demokratie Jetzt gehört, dessen Analyse und Aussagen er teilte und der bei ihm einen nachhaltigen Eindruck hinterließ. Schließlich sei aber die erste Protestäußerung und -kanalisierung in der Stadt durch den NF-Aufruf in der Kirche erfolgt, erinnerte sich Wohmann, und daher habe er sich dieser Initiative angeschlossen. Im Vordergrund hätte die organisierte Artikulation des Unmuts gestanden und nicht die detaillierte programmatische Übereinstimmung mit einer bestimmten Gruppe, so Wohmann.[106] Fast alle Mitglieder des NF hatten an den Friedensgebeten teilgenommen, waren jedoch kaum im Umwelt- und Friedenskreis tätig gewesen.

Insgesamt hatte man sich dann aber bewußt dem NF Berlin zugehörig gefühlt bzw. sich in vielen Punkten mit ihm identifiziert. Sowohl in der Organisation, als auch in der Öffentlichkeitsarbeit betrachtete man Berlin als Vorbild. Die Schriften aus der „Zentrale" wurden gelesen, diskutiert und in eigene Äußerungen und Reden eingearbeitet. Gleichzeitig erwies es sich häufig als kompliziert, die allgemeinen Inhalte in die z.t. „unpolitische", konkrete Kommunalpolitik zu übersetzen, zumal die kommunalen Belange für die Bürger und Bürgerinitiative – fast zwangsläufig – wichtiger als die landesweiten waren. Viele Entscheidungen des NF hingen daher eher an den persönlichen Auffassungen ihrer Mitglieder bzw. wurden aus dem „bürgerbewegten Bauch" heraus getroffen. Die Finsterwalder Gruppe bemühte sich, Basisdemokratie so konstruktiv wie möglich zu praktizieren und sich gegenseitig in häufigen, regelmäßigen Treffen zu informieren und abzusprechen. Aber die zahlreichen Termine und Aktivitäten der einzelnen, auch eigenläufigen AG's durchkreuzten teilweise diese Absicht, so daß man einfach der Fähigkeit und Persönlichkeit der dort Mitwirkenden vertraute.[107]

Mitte November erschien ein erster längerer Artikel in der Lokalpresse, in dem K. Wagner im Namen des NF einen leidenschaftlichen Appell an die Bürger richtete, die DDR nicht weiter zu verlassen, sondern für eine Erneuerung im eigenen Land zu kämpfen.[108] In einem Demonstrationsaufruf zwei Wochen später heißt es, daß man mittels einer Demokratisierung der politischen Strukturen, z.B. durch basisdemokratische Machtkontrolle, für einen „entstalinisierten lebenswerten Sozialismus" kämpfe.[109] Im Anschluß an eine große öffentliche Vorstellung von Demokratie Jetzt, SDP, Umwelt- und Friedenskreis und NF wurde am 28. Dezember ein ausführlicher programmatischer Text veröffentlicht. Hier wurden die Leser aufgefordert, aktiv an der neuen politischen Kultur der Mitbestimmung teilzunehmen.

Es gehe darum, „das Land wieder lebensfähig und -wert zu machen", den Demo-kratisierungsprozeß bis zu den ersten freien Wahlen voranzutreiben. Dafür seien konkret die notwendige Fortsetzung der friedlichen Demonstrationen und die stän-dig neue Artikulierung von Mißständen wichtig. Das NF Finsterwalde trat für eine sozial und ökologisch orientierte Marktwirtschaft, die sofortige Einführung des Lei-stungsprinzips auf allen Ebenen, die Bildung freier Gewerkschaften und die Ab-trennung der Parteien und Jugendorganisationen vom Betriebs- bzw. Schulleben ein. Kampfgruppen seien aufzulösen und die Aufgaben und organisatorische Zu-ordnung der nationalen Sicherheit eindeutig zu definieren. Zur deutschen Frage hieß es allgemein, daß diese nur in freier Selbstbestimmung unter Berücksichtigung gesamteuropäischer Interessen zu lösen sei. In einem Demonstrationsaufruf zum 3. Februar 1990 bekannte sich die Basisgruppe dann mit klaren Worten zur Einheit Deutschlands.[110]

Bereits seit Dezember hatte es immer wieder lange Diskussionen im NF gegeben, welche Organisationsform (Partei oder Bewegung) die bessere sei. Im neuen Jahr verstärkten sich nach der landesweiten Spaltung des NF die Meinungsunterschiede in der Gruppe, die aber weniger von inhaltlichen, sondern von pragmatischen Ge-sichtspunkten geprägt war. Eine Mehrheit empfand eindeutige Parteistrukturen als eine effektivere und überzeugendere Organisations- bzw. Identifikationsform für sich und die Wählerschaft. Die im bisherigen Wahlgesetz vorgesehene ausschließ-liche Parteienteilnahme erhöhte außerdem die Befürchtung, nach den „Wende"-Verdiensten nun vom Parlament ausgeschlossen zu werden. „Wir wollen mit dem Übergang zu einer Parteienstruktur den Bürgern eine eindeutige Orientierung für die bevorstehenden Wahlen geben", erklärte J. Wohmann im März in der „Lausit-zer Rundschau". Mit dem liberal orientierten Programm der DFP konnten sich fast alle Mitglieder identifizieren, während man dagegen äußerst ablehnend der ehe-maligen Blockpartei LDPD gegenüberstand. Eine Minderheit in der Gruppe sah in der Parteigründung vor allem das Prinzip der Basisdemokratie verletzt. Man hatte noch genug von „der" Partei (SED) und ihren Machtstrukturen, außerdem plädier-ten einige Mitglieder in der deutschen Frage, entgegen der DFP, für einen dritten Weg bzw. für eine allmähliche Vereinigung. Da man allerdings die Gruppe nur un-gern spalten wollte, dauerte es bis zum 7. März, bis ca. zehn Personen offiziell zur DFP wechselten. Der Vorsitzende der neuen Ortsgruppe wurde P. Lambrecht. Mit der zusammengeschmolzenen Initiativgruppe des NF, die weiter einen Platz am RT zugesprochen bekam, arbeitete man aber betont freundschaftlich solange zusam-men, bis sich jene in späterer Zeit auflöste.[111]

Der umfangreiche Aktionsradius des NF verlagerte sich ab Mitte Dezember von den internen AG's in den RT bzw. man ging in ihm auf (1. Sitzung am 16.12.). Dennoch brachte man hier sehr konsequent die anfänglichen Forderungen und Probleme zur Sprache, von denen besonders wichtig waren: Stop des geplanten Innenstadtabrisses, Reduzierung des Fluglärms vom nahegelegenen Militärflug-hafen, die Zukunft des ehemaligen MfS-Gebäudes und seiner Mitarbeiter, „Säuberung" der Betriebe und Schulen von der SED-Präsenz einschließlich der damit verbundenen Entideologisierung. Nach dem öffentlichen Protest gegen den Flächenabriß während der ersten Rathausgespräche wurde neben weiteren Kollegen auch der Architekt Hensel vom NF zu einer gemeinsamen Sitzung ins Kreisbauamt zum Thema Finsterwalder Altstadt (das auch in den nächsten Monaten ein „Dauerbrenner" blieb) am 17. November eingeladen, wo er sich erklärterweise für bürgernahes Bauen, d.h. Berücksichtigung des Stadtcharakters, der menschlichen Bedürfnisse und Maßstäbe, einsetzte. Typisch waren hier und bei späteren Auftritten des NF die gute thematische Vorbereitung und die konstruktive Entwicklung von Alternativvorschlägen ihrer Vertreter. In der AG Stadtentwicklung und Ökologie z.b. wurde bereits im November ein Thesenpapier bzw. Forderungskatalog zu den teilweise territorial übergreifenden Bereichen Ökologie (u.a. regelmäßige Grundwasserkontrolle in Hennersdorf und Schönborn, Schadstoffanalyse der Müllkippe in Hennersdorf, Zukunft des Ascheberges an der R.-Luxemburg-Straße), Abwasser (u.a. Lösung des Gülleproblems, Überprüfung der Kläranlage der Molkerei Massen), Verkehr (u.a. Schaffung verkehrsberuhigter Zonen und Änderung der Hauptstraßenführung Thälmannstraße-Markt-Külzstraße in Finsterwalde, Schaffung eines Radwegsystems, neue Nahverkehrskonzeption) und Wohnungsbau (u.a. öffentliche Beratung und Verteidigung von Bauprojekten, Klärung des Wohnraumbedarfs, Vergabe von innerstädtischen Objekten, die individuell im Rahmen bestimmter Vorgaben rekonstruiert werden konnten, Rückholung und Einsatz der territorialen Baukapazitäten im eigenen Kreis, Standortauswahl für altersgerechte Wohnungen) vorgelegt.[112]

Auch in den folgenden Monaten blieben die Mitstreiter dieser AG (darunter u.a. F. Seydewitz, P. Lambrecht und M. Bär) als „ öffentliche kritische Masse" sowohl in entsprechenden Gremien, als auch in der Presse und bei Demonstrationen mit der Durchsetzung und Kontrolle ihrer Forderungen präsent. Dabei informierte und beklagte man sich vor allem über widerständige Bürokratie und uneingelöste Versprechen der Staatsorgane aus der unmittelbaren „Wende"-Zeit (z.B. waren der alte Leitbebauungsplan für Finsterwalde noch im März 1990 offiziell nicht widerrufen und Abrißpläne dagegen weiter vertieft worden). Im Februar protestierte z.B. die gleiche Gruppe zusammen mit anderen Umweltgruppen des Kreises gegen die extensive Abholzung in der Bürgerheide und legte dem Rat des Kreises und dem Staatlichen Forstbetrieb ein Waldbewirtschaftungskonzept vor.[113] Ähnlich dauerhaft und wirksam engagierte man sich auch in anderen AG's des NF, wie der für Bildungs-, Erziehungs- und Sozialfragen (u.a. J. und B. Kling, E. Knispel) oder der für Auflösung der Staatssicherheit (u.a. J. Wohmann, B. Szott und U. Vetter).

Das NF war am RT wechselnd durch Lambrecht, Szott, Hensel, B. Kling, Vetter und vor allem Wohmann vertreten. Dieses Gremium kam aufgrund der Anfang Dezember ausgesprochenen Einladung durch den Vorsitzenden der evangelischen Kreissynode, G. Haferland, am 16. des gleichen Monats zu seiner ersten Sitzung zusammen.[114] Die Organisatoren des RT hatten sehr offensiv und selbstbewußt,

Wackelt der Tisch?

In der LR vom Sonnabend, dem 6.1.90 wurden wir informiert, daß sich auf Betreiben des Rates des Kreises Finsterwalde die Mehrheit von Kreistag und Stadtverordnetenversammlung Finsterwalde über einen wenige Tage zuvor vom „Runden Tisch" einstimmig gefaßten Beschluß hinweggesetzt haben. Entweder in gezielter Absicht oder aus dem Unvermögen, politische Realitäten wahrzunehmen, stimmten bei fünf Stimmenthaltungen die Vertreter aller alten Parteien und Organisationen gegen Entscheidungen, die sie wenige Tage zuvor am „Runden Tisch" gemeinsam mit den neuen Parteien und Gruppen einstimmig gefaßt hatten. Das ist ein in der DDR bisher wohl

einmaliger Akt politischer Unvernunft.

In der für den 12.1.90 um 18 Uhr im Lutherhaus vereinbarten nächsten Beratung des „Runden Tisches" werden alle Parteien und Organisationen und der Vorsitzende des Rates des Kreises Finsterwalde Gelegenheit haben, zu diesen Vorgängen Stellung zu nehmen.

Die Kreissynode der evangelischen Kirche wird in einer für den 20.1.90 einberufenen Tagung entscheiden, ob die evangelische Kirche in Anbetracht der Doppelzüngigkeit der alten Parteien und Organisationen im Kreis Finsterwalde weiterhin als Vermittler zur Verfügung stehen kann.

Günter Haferland
Vorsitzender der Kreissynode
und Leiter des „Runden Tisches"

Zeitungspolemik von Günter Haferland, Leiter des Runden Tisches in Finsterwalde, gegen die Entscheidung des Kreistages, den Beschluß des Runden Tisches zur Vergabe des Gebäudes der aufgelösten MfS-Kreisdienststelle nicht zu akzeptieren.
Quelle: „Lausitzer Rundschau" vom 10.01.1990.

mit Berufung auf und Unterstützung durch das NF, die anderen Bürgerinitiativen, neuen Parteien und der „Straße", diesem Organ sehr große Vollmachten übertragen. Nach der ersten Tagung wurde mehrheitlich beschlossen, daß der Kreisratsvorsitzende als „ständiger Beobachter und Ansprechpartner" die Beschlüsse des RT „als Arbeitsauftrag für den Rat des Kreises und Kreistag" entgegenzunehmen und der Rat des Kreises sie umzusetzen habe. Damit war die politische Beschlußkraft im Kreis und in der Kreisstadt praktisch in die Hände des RT übergegangen. Auf einen gesonderten RT der Stadt Finsterwalde hatte man ausdrücklich verzichtet. Eine Kraftprobe zwischen Kreistag und RT im Vorfeld der 3. Sitzung am 12. Januar 1990 – ersterer hatte am 4. Januar gegen den Beschluß des RT votiert, den erstmals am 7. Dezember begangenen MfS-Gebäudekomplex den Behinderten und Hilfsschülern bzw. dem Gesundheitswesen zur Verfügung zu stellen – fiel zugunsten des RT aus. Der Vorfall wurde begleitet von scharfen Vorwürfen Haferlands in der Presse bzw. seiner Drohung, den RT aufzulösen, und einer Kundgebung von Behinderten und Sympathisanten am 12. Januar.

Das Schicksal des MfS-Objektes und der Mitarbeiter war neben der Bauproblematik das große Thema des RT bzw. NF. Vertreter der Bürgerinitiative beriefen Kommissionen zur Kontrolle der Vergabe von neuen und freigewordenen MfS-Telefonanschlüssen (3. RT am 12.01. und 5. RT am 9.02.), zur Überprüfung der neuen Arbeitsverhältnisse ehemaliger Stasi-Angestellter (4. RT am 26.01.) oder zur Frage des Verbleibs von bekannten Stasi-Mitarbeitern im Schulwesen (5. RT und 6. RT am 23.02.). Natürlich gehörten NF-Mitglieder auch dem am 6. Dezember gebildeten Untersuchungsausschuß gegen Amtsmißbrauch und Korruption an, der die MfS-Kreisdienststelle am folgenden Tag besetzte und Nachkontrollen am 11. und 27. Dezember durchführte. (Bereits am 5. Dezember hatten Mitglieder vom NF, SDP, CDU und NDPD das Gebäude der SED-Kreisleitung wegen Verdachts auf Aktenvernichtung kontrolliert.) Man arbeitete in der Kommission für eine Bildungsreform, in einer Arbeitsgruppe zur Kontrolle der Einstellungen von Mitarbeitern des neuen Arbeitsamtes und in der Wahlvorbereitungskommission mit. Durch das NF wurde über den RT auch die Abberufung der Kreisstaatsanwältin wegen Behinderung der Arbeit der Kommission gegen Amtsmißbrauch erreicht (Antragstellung beim 4. RT am 26.01., Absetzung am 01.03.).[115]

Im NF Finsterwalde war man nicht nur bereit, den „Wende"-Prozeß kontrollierend zu begleiten, sondern traute sich auch bewußt zu, vakant gewordene Verantwortlichkeiten und Leitungstätigkeiten zu übernehmen. J. Wohmann erinnerte sich, daß einerseits die Repräsentanten der alten Staatsparteien und -organe dem Auftreten der Bürgervertreter teilweise verwirrt, aber respektvoll gegenüberstanden, nicht zuletzt auch aus „Angst vor der Straße". Andererseits seien sie häufig nur schlecht vorbereitet, unmotiviert und unflexibel am RT, im Kreistag oder Rat des Kreises in Erscheinung getreten. So sei im wesentlichen die entscheidende Dynamik des RT durch das Wirken des NF entfaltet worden.[116] Diese vermeintliche Angst hing mit der anhaltenden und erfolgreichen Mobilisierung von hunderten bis tausenden Leuten für Kundgebungen durch das NF zusammen, auf denen die Öffentlichkeit permanent aus dem Munde ihrer Vertreter oder auch der anderer Parteien über die neuesten kommunalen Entwicklungen informiert wurde. Denn noch weit bis 1990 hinein beklagte man die unzureichende Berichterstattung durch die Lokalpresse. Wichtige Demonstrationen fanden u.a. am 2. Dezember (Thema: Bestrafung von Machtmißbrauch, freie Presse, Abschaffung des Art. 1 der Verfassung), 20. Januar (Für Demokratie - gegen Diktatur), 3. Februar (Wir sind ein Volk), 23. Februar (Ohne Fluglärm in die Zukunft) statt.[117]

An dieser Stelle sei auch auf die frühe und umfangreiche Tätigkeit der Bürgerinitiative Demokratie Jetzt im benachbarten Doberlug-Kirchhain hingewiesen, zu der freundschaftliche Kontakte und Arbeitsberührungspunkte am RT des Kreises bestanden. Weiterhin gab es mehr oder weniger feste und dauerhafte Verbindungen zum Umwelt- und Friedenskreis Finsterwalde, zur Grünen Partei, zu den Umweltgruppen in Sorno, Staupitz und Tröbitz. Genannt seien auch die vom NF unterstützten Aktionen zur Rettung des Ortes Sallgast (für die sich besonders der dortige Pfarrer K. Geese einsetzte) und das Engagement des Sonnenwalder Pfarrers Petschik für den Beginn der „Wende" in seiner Stadt (erste Dialogveranstaltung mit Bürgermeister Lorenz und R. Hildebrandt von Demokratie Jetzt am 31. Oktober in der Stadtkirche). Am 18. März 1990 stimmten im Kreis bei der Volkskammerwahl 3,02 % für das Bündnis 90 und 5,96 % für den Bund Freier Demokraten. Bei den Kommunalwahlen am 6. Mai erreichte die Listenverbindung DFP/NF 15,26 % bzw. sechs Mandate in der Finsterwalder Stadtverordnetenversammlung (K.-H. Haubold, K. Seydewitz, T. Hensel, G. Haferland, J. Wohmann, P. Lambrecht). J. Wohmann wurde zum Bürgermeister gewählt – eine Funktion, die er bis heute ausübt. Im Kreistag waren für die gemeinsame Liste mit 5,84 % vier Abgeordnete vertreten (E. Knispel, B. Szott, U. Vetter, L. Paul). In Döbbrick und Göllnitz erhielt die DFP mit 10,11 % und 11,91 % jeweils ein Mandat.

5. Guben

In Guben hing die Initiierung der ersten Demonstration und Dialogveranstaltungen unmittelbar mit den Aktivitäten des NF zusammen. Die dogmatische SED-Führung um seinen 1. Kreissekretär W. Geppert erwies sich als völlig unflexibel und untauglich, auf die landesweit entstandene Situation zu reagieren. Der Eindruck von borniert er Ignoranz wurde durch die (SED-)konforme Berichterstattung der Gubener Kreisredaktion der „Lausitzer Rundschau" weitgehend und anhaltend verstärkt. Sie sollte in der Folgezeit immer wieder in den Brennpunkt öffentlicher Kritik geraten. Am 28. Oktober wurde erstmals von einem zwei Tage zuvor stattgefundenen Gespräch zwischen Geppert und dem FDGB-Kreisvorsitzenden W. Daul einerseits und Arbeitern des VEB Holzverarbeitung Guben andererseits berichtet, in dem kontrovers vor allem betriebsinterne Probleme diskutiert wurden.[118] Das lange, öffentliche Schweigen war dem Dialogunwillen der hiesigen SED sowie der Unfähigkeit der Kreisleitungen der Blockparteien geschuldet, aus ihrem Schattendasein herauszutreten.

Diesen Zustand zu ändern und die „Wende" hinein nach Guben zu tragen, machte sich eine Gruppe um O. Baranowski und J. Goy zur Aufgabe, die sich Ende Oktober gebildet hatte und sich gleichzeitig als Basisgruppe des NF verstand. Beide Protagonisten waren Mitte des Monats mit dem bekannten Rechtsanwalt und NF-Gründer R. Henrich aus Eisenhüttenstadt in Kontakt getreten und hatten sich dort über Ziele und Verbreitungsmöglichkeiten der Bürgerinitiative informiert. Man verfaßte daraufhin einen 10-Punkte-Forderungskatalog, in dem es neben allgemeinen Fragen wie z.B. Zulassung des NF, öffentlicher Dialog, Überprüfung der Wahlergebnisse vom Mai 1989 oder Mitspracherecht in der Kommunalpolitik vorrangig um lokale Probleme ging: Aufklärung der Gubener Ereignisse vom 7./8. Oktober, objektive Berichterstattung in der Presse und Rücktritt von Kreisredakteur S. Werner,

Sanierung der Straßen und Fahrradwege, Erhöhung der Kapazität der Hotelbetten in der Stadt.[119] Als vorerst wichtigste Aktivität wurde die Organisation der ersten Demonstration für den 2. November angesehen, wofür man sofort in mehreren „Nacht- und Nebel-Aktionen" selbstgefertigte Handzettel aushängte und in Briefkästen verteilte. Bereits am 6. Oktober fand die Transportpolizei im Gubener Bahnhofstunnel und an fünfzehn weiteren Stellen in der Stadt geklebte Handzettel mit folgendem Inhalt: „Demo: 7. Oktober, Demo gegen Willkürherrschaft der Regierung. Motto: Demokratie + Reformen jetzt! Treff: 10.00 Uhr 'Friedensgrenze'! Neues Forum". Zu einer Umsetzung der Aktion ist es jedoch nicht gekommen.[120]

In der Nacht vom 7. zum 8. Oktober ereignete sich ein gewaltvoller Zwischenfall, der sowohl das öffentlich-kritische Bewußtsein der Gubener schärfte, als auch ein wesentliches Mobiliserungsmotiv für kommende Demonstrationen wurde. 30 Jugendliche mit Kerzen und zwei ältere Ehepaare hatten am W.-Pieck-Monument im Stadtzentrum zusammen diskutiert, als plötzlich die VP die Gruppe umstellte und gleichzeitig mit der Aufforderung, den Platz zu verlassen, gewaltsam gegen die Menschen vorging. „Es wurde geknüppelt, getreten, an den Haaren geschleift, auf die Lkw's getrieben. Üble Beschimpfungen und entwürdigende Ausdrücke folgten, Verhöre, Mißhandlungen und Demütigungen gab es im VPKA.", so eine Betroffene später. In der „LR" war Tage später nur eine kurze Mitteilung über die „Herstellung von Ruhe und Ordnung" durch die Polizei zu lesen. Als Täter wurden „alkoholisierte Rowdys" benannt. Besonders R. Wuttke bemühte sich um die Aufklärung der Vorfälle und versuchte über Beschwerdebriefe an den „LR"-Kreisredakteur S. Werner, als auch an SED-Bezirkssekretär W. Walde eine Richtigstellung bzw. Untersuchung der Ereignisse zu veranlassen. Erst nach größten Widerständen wurde zum 31. Oktober angesichts der veränderten politischen Lage eine Richtigstellung in der Presse („unangemessene Handlungen" der VP) und zum 5. November die Organisation einer öffentlichen Anhörung im und vor dem Filmtheater „Friedensgrenze" erreicht, an der schließlich 10 000 Einwohner teilnahmen.[121]

Fast zeitgleich zur Bildung der ersten hatte sich unwissentlich eine zweite Gruppe von rund fünfzehn oppositionell gesinnten Gubenern, die sich vorerst „Bürgerinitiative" nannte, in den Gemeinderäumen der evangelischen Kirche zusammengefunden. Die meisten waren schon länger miteinander bekannt, jedoch kaum kirchlich angebunden. Treibende Kraft war hier vor allem M. Köppen, der früh Kontakt zum NF in Frankfurt/O. gefunden hatte und somit erste Erfahrungen übermitteln konnte. Nachdem die Flugblätter an die Öffentlichkeit gelangt waren, nahm die Gruppe sofort Verbindung zu den Verfassern auf, um den zu diesem Zeitpunkt noch völlig planlosen Ablauf der kommenden ersten Demonstration durch Zusammenarbeit in bestimmte Bahnen zu lenken. Die Vorbereitungen liefen unter fast konspirativen Bedingungen ab und waren von großer Angst vor dem Verlauf der Kundgebung geprägt, da ein vorzeitiges Eingreifen der Stasi befürchtet wurde bzw. das Verhalten der Sicherheitskräfte, besonders nach deren brutalen Einschreiten gegen die Jugendgruppe am Pieck-Monument, als ungewiß galt.[122]

Die Veranstalter kontaktierten auch die staatlichen Organe, so daß in buchstäblich letzter Minute, am 2. November selbst, in der Lokalpresse der „Öffentliche Dialog mit allen interessierten Bürgern darüber, wie es in unserer sozialistischen Gesellschaft weitergeht" mit Beteiligung von Geppert, Daul, H. Fränkel, Vorsitzender des Rat des Kreises, Superintendent Delbrück u.a. angekündigt wurde. Am Abend zogen dann ca. 15 000 Gubener mit Sprechchören und Transparenten vom Pieck-Monument zum Busbahnhof Flemmingstraße, um dort der dreieinhalbstündigen Rede und Gegenrede der ersten Dialogveranstaltung zu folgen. Mit heftigen Worten wurde die starre Haltung der SED-Führung im Staat und Kreis kritisiert und der Rücktritt der mit viel Pfiffen und Buhrufen bedachten Vorsitzenden Geppert und Daul gefordert. Die Palette der angesprochenen Themen reichte von lokalen Versorgungs- und Wohnungsproblemen, Umweltschutz, Medienpolitik über Amtsmißbrauch, Bürokratie bis zu Mängeln in der Bildungspolitik, Jugendarbeit oder im Gesundheitswesen. Mit Nachdruck wurde die Zulassung des NF und der SDP, für deren Gründung sich besonders R.Wuttke einsetzte, gefordert. Unter großem Beifall wurde die Abhaltung einer öffentlichen Anhörung bezüglich der Ereignisse vom 7./8. Oktober bekanntgegeben und die Vorwürfe gegenüber der Stasi und VP erneuert. Das NF stellte sich als örtliche Bürgerbewegung auf der friedlich gebliebenen Demonstration vor und verlas u.a. ihren bereits genannten Forderungskatalog.[123]

Am 6. November wurde auf einer gemeinsamen Zusammenkunft die Vereinigung der „Bürgerinitiative" und der ersten NF-Gruppe zum NF Guben beschlossen. Neuer Beratungsort war jetzt der Gemeinschaftsraum der Evangelisch-Freikirchlichen Gemeinde, nachdem Superintendent Delbrück die bisherige Nutzung seiner Kirchenräumlichkeiten für politische Zwecke untersagt hatte. Etwa 30 Personen erklärten sich vorläufig zur Mitarbeit bereit, wobei sich im Verlauf der nächsten Wochen die Teilnahme wieder reduzierte und ein „harter" Kern von ca. 12 - 14 Aktiven blieb.[124] Bei einer landesweiten NF-internen Befragung im Frühjahr 1990 wurden 18 Mitglieder angegeben.[125] Das Berliner Organisationsprinzip der Bürgerbewegung wurde dankbar unter dem Vorsatz angenommen, daß Strukturen die Wirksamkeit erhöhen. Die Benennung des Sprecherrates erfolgte nicht direkt, für die Verteilung bestimmter Funktionen wurde nach dem Prinzip der zeitlichen Verfügbarkeit und Kompetenz verfahren. Anfänglich hatte man eingeplant, den Sprecherrat unter Umständen auf maximal 21 Vertreter, ausgewählt nach Beruf und Arbeitsplatz, zu erweitern. Aber der Mitgliederansturm blieb aus, so daß die Personalfragen im Rahmen des jeweils möglichen Arbeitsaufwandes der einzelnen Mitglieder gelöst wurden.[126]

So übernahm nach kurzer Zeit Köppen, der am 11. November beim republikweiten Treffen der NF-Kreisvertreter als Gubener Abgesandter nach Berlin fuhr und später zusammen mit O. Baranowski, D. Müller und L. Bogosch die Gruppe im Bezirkssprecherrat vertrat, die Aufgaben des 1. Sprechers. In der Funktion von 2. Sprechern agierten P. Gellner, Baranowski und vor allem Bogosch, während sich um Pressefragen besonders Ch. Stasch kümmerte. Der überwiegende Teil der Gruppe war zur Zeit der „Wende" zwischen 30-40 Jahre alt. Aus einer Anfang Dezember 1989 erstellten Liste über die aktiven Mitglieder wird deutlich, daß ungefähr die Hälfte der aufgeführten Personen Angehörige der technischen Intelligenz und eine weitere Hälfte im VEB Chemiefaserwerk Guben (CFG) angestellt waren.[127] Die Gruppe finanzierte ihre Arbeit durch zahlreiche Spenden. Ab Ende Dezember erhielt sie nach öffentlichem Druck ein eigenes Büro in der M.-Nowotko-Straße, das allerdings mehr als stadtweiter Anlaufpunkt denn als Büroarbeitsraum genutzt wurde. Vorher waren häufig Wohnungen von Goy und Bogosch Orte für interne Treffen gewesen. Besonders in der Anfangszeit wurden zum Verfassen und Vervielfältigen jeglichen Schriftgutes private Heimcomputer der Mitglieder oder insgeheim entsprechende Geräte im CFG genutzt.

Innerhalb der Gruppe wurden mit aller Konsequenz die Aktionen gemeinsam geplant bzw. nach basisdemokratischen Grundsätzen abgestimmt. Nachdem ein Sprecherratsmitglied Mitte November dem Radiosender RIAS ohne vorherige Absprache Informationen über die Ereignisse vom 7./8. Oktober übermittelt hatte, wurde er aus dem Rat durch Mehrheitsbeschluß ausgeschlossen. Bei einem anderen Beteiligten wurde festgestellt, daß dieser bezüglich der ersten Demonstration eigenmächtig Absprachen mit der VP getroffen und später Informationen über das NF separat aufgezeichnet hatte. Nachdem der massive Verdacht auf Zuarbeit für die Stasi vom Beschuldigten nicht ausgeräumt werden konnte, wurde ihm jegliche Tätigkeit für das NF untersagt. Dem Credo der praktizierten Basisdemokratie versuchte man auch in den folgenden Wochen treu zu bleiben, und so scheute sich Köppen nicht, auf der Cottbuser Bezirksdelegiertenkonferenz des NF am 17. Februar kritisch anzumerken, daß bei der Erarbeitung des Wahlprogramms von Bündnis 90 diese Praxis schon wieder „unter den Tisch gefallen" sei.[128]

Die erste größere Presseveröffentlichung wurde Ende November in der Betriebszeitung des CFG lanciert, deren mediale Breitenwirksamkeit bei einer Belegschaft von über 7000 Arbeitern nicht unterschätzt werden kann. Dem war ein informatives Treffen von Köppen mit einem Mitarbeiter der Werksleitung am 14. November vorausgegangen, bei dem dieser dem NF die Publikationsmöglichkeit in dem Organ anbot. In dem ganzseitigen Artikel wurden neben einem persönlichen Kommentar das Wesen, die Ziele und die organisatorische Zukunft der Bürgerbewegung erläutert: Als für alle Bürger offene Vereinigung trete das NF gegen das „absolute Wahrheits-, Führungs- und Machtmonopol einer politischen Kraft" und für einen „wahrhaft demokratischen Sozialismus" mit öffentlichem Meinungsstreit und Machtkontrolle ein. Besonnenheit und Produktivität am Arbeitsplatz sollen in der neuen Situation vorherrschen. „Laßt nicht zu, daß Drogensucht und AIDS, daß Neofaschismus und Ausländerfeindlichkeit, daß wirtschaftlicher Ausverkauf durch Schwarzarbeit und Spekulantentum hier in diesem Land einen Nährboden finden."

Als persönlichen Beitrag auf dem „harten und steinigen" Weg zur „dringlichen", freikonvertierbaren Währung gab der Verfasser (M. Köppen) an, auf das Honorar seiner Überstunden im Wert von 1000 Mark verzichten zu wollen.[129] Die Resonanz im Betrieb sowohl auf die „Wende"-Ereignisse, als auch auf das NF waren anfänglich sehr gut. In Ermangelung einer reformierten Presse wurden die Betriebswandzeitungen schon frühzeitig als Foren der „Freien Presse" umfunktioniert, in denen meistens zwar nur „Dampf abgelassen", aber auch mancher Alternativvorschlag oder Informationen, z.B. zum NF, veröffentlicht wurden. Dies wurde durch die Betriebsleitung ermöglicht, die offensiv auf die neue Situation zu reagieren versuchte, und bereits im Dezember Runde Tische im VEB organisierte.

Anfang Dezember legte der Sprecherrat ein Arbeitspapier vor, in dem er sich für eine „marktorientierte Planwirtschaft", die „Umwandlung von staatlichem in gesellschaftliches Eigentum der strukturbestimmenden Produktionsmittel", aber für eine Privatisierung der Zuliefer- und Dienstleistungsindustrie aussprach. Neue Produktionstechnologien sollten ökologisch überprüft und öffentlich diskutiert werden. Bezüglich der landesweiten Debatte über einen Generalstreik hielt man jenen nur für das „allerletzte Mittel" in der politischen Auseinandersetzung. Die aufgeworfene Frage zur Wiedervereinigung wurde als verfrüht und „nicht gereift" angesehen. „Im Interesse der Sicherheit des europäischen Hauses und der einmaligen Chance, aus der derzeitigen Situation eine menschenwürdige Alternative zum anderen deutschen Staat zu schaffen, treten wir für eine Zweistaatlichkeit ein." Der programmatische Inhalt des Papiers wurzelte einerseits in den mehrheitlich eher „links"-orientierten Auffassungen der Mitglieder, andererseits in den alltäglichen Arbeitserfahrungen im VEB, dessen Zukunft in einer freien Marktwirtschaft damals schon als sehr fraglich eingeschätzt wurde. Außerdem war die BRD schon allein durch ihre geographische Distanz „ein Stück weit weg von Guben", wie sich Köppen später erinnerte.[130]

Insgesamt rieb sich die Gruppe jedoch weniger an Auseinandersetzungen um die programmatische und organisatorische Zukunft des NF auf – auch wenn man erklärtermaßen auf Distanz zu einigen Äußerungen von B. Bohley ging –, denn als wichtigste Erfordernis empfand man pragmatisch die Geschlossenheit der Bürgerbewegung, um deren Schlagkraft zu erhalten. So stand dann auch in Guben nach den Beschlüssen der Leipziger Landesdelegiertenkonferenz vom 5.-7. Januar ein Wechsel in die DFP nicht zur Debatte. Für die Vollversammlung des NF Guben am 20. Januar wurde mit den Forderungen nach Auflösung der Stasi, Offenlegung der Verfilzung von Geheimdienst und SED und Ersetzung der „wendigen Bremser und Verschlepper" der Reform geworben. Dabei wurde der eigene Anspruch, der gleichzeitig Köppens persönlicher Idealvorstellung entsprach, formuliert, nämlich eine Bürgerinitiative zu sein, über die jedes noch so verschiedene Individuum seine Rechte wahrnehmen und im Parlament einfordern könne. In der aktuellen Frage, ob Gewerkschaften oder Betriebsräte die Arbeitnehmer vertreten sollen, was natürlich gerade für das CFG Bedeutung besaß, sprach sich das NF im Februar eindeutig für erstere aus und versuchte, Erfahrungen westdeutscher Gewerkschafter über die Presse oder in Betriebsgesprächen an Gubener Arbeiter zu vermitteln.[131] Nach der ersten erfolgreichen Demonstration folgten weitere Großveranstaltungen, an deren Organisation das NF maßgeblich beteiligt war. Dazu gehörte am 5. November die öffentliche Anhörung zum polizeilichen Vorgehen am 7./8. Oktober unter den Augen von ca. 10 000 Zuhörern, bei der G. Hain vom NF an der Moderation mitwirkte. Am 11. November stellte sich das NF zusammen mit der SDP in der Klosterkirche etwa 300 Bürgern zum Gespräch, in dem u.a. die Möglichkeit zur Mitarbeit in sechs Arbeitsgruppen angeboten wurde.[132] Zwei Tage später fand die zweite große Kundgebung am Busbahnhof Flemmingstraße statt, auf der sich rund 50 Redner in zweieinhalb Stunden zu Wort meldeten. M. Köppen legte vor den 5000 Versammelten die Standpunkte des NF dar, die kurz darauf in der Betriebszeitung des CFG (siehe oben) veröffentlicht wurden. Er appellierte an das Verantwortungsbewußtsein eines jeden einzelnen, negative Begleiterscheinungen des westdeutschen Systems nach der Öffnung der Grenzen bei sich nicht zuzulassen. Außerdem solle man über die Freude am Reisen und Dialog nicht die Arbeit vergessen.[133] Auch hier wurden Listen ausgelegt, in denen man sich für eine Mitarbeit im NF eintragen konnte. Bis Ende November hatten sich rund 500 Personen per Unterschrift als Sympathisanten der Bürgerbewegung bekannt, allerdings machte die Zahl der in den gebildeten Arbeitsgruppen Umwelt, Stadtplanung, Jugendfragen, Gesundheitswesen, Bildungswesen und Kultur tatsächlich aktiven Teilnehmer nur einen äußerst kleinen Bruchteil aus.[134] Zum 27. November hatten sich bis auf die AG's Gesundheitswesen (8) und Umwelt (12; am 4.12. dann 25) noch keine Interessenten eingefunden.[135] Nach dem landesweiten Beschluß der Abhaltung freier Wahlen und der fast zeitgleichen Abhaltung des ersten RT in Guben Anfang Dezember wurden die AG's aufgelöst und die verbliebenen Beteiligten zur Mitarbeit in den jetzt zahlreichen öffentlichen Kommissionen aufgefordert. Diese „Rationalisierung" war der schwachen Resonanz und den begrenzten zeitlichen Möglichkeiten der Verbleibenden geschuldet. Die wöchentlichen Sprechstunden des NF wurden dagegen gut besucht. Hier holte man sich rechtliche Auskünfte, gab Hinweise oder Anfragen bezüglich Amtsmißbrauch und Korruption oder ließ einfach „Dampf" ab. Köppen: „Die meisten Leute waren oft zufrieden, sich auszusprechen."[136]

Am 6. Dezember fand der erste RT auf Einladung der SED-Kreisleitung mit ihrem neuen Vorsitzenden D. Pagel (Geppert war nach der ersten Demonstration zurückgetreten) statt, zu dem u.a. Vertreter der Kirche, SDP und des NF eingeladen waren. Er war, wie auch der zweite am 21. Dezember, von starken emotionalen Positionsbestimmungen und organisatorischen Diskussionen geprägt. So verließ die LDPD aus Protest über Form und Inhalt der vom NF ausgestellten Einladung am zweiten RT den Versammlungsraum. Neben grundsätzlichen Sachfragen (Verwaltungsreform, Bildung einer Kommission für Amtsmißbrauch und Korruption) hielt man sich auch, sehr zum Leidwesen von NF-Vertreter Köppen, mit vorerst marginalen Problemen auf, wie der Gründung einer Arbeitsgruppe zur Umbenennung von Straßen oder der schnellen Findung einer westdeutschen Partnerstadt.[137] Populäre und wichtige Themen für Guben, derer sich das NF immer wieder engagiert und öffentlichkeitswirksam annahm, waren z.b. die Zukunft des MfS-Gebäudes (erste Begehung am 5. Dezember), der SED-Kadererholungsstätte „Seehof" in Atterwasch und der unbeliebten, halbfertigen Gubener Freilichtbühne, die für die Arbeiterfestspiele errichtet werden sollte. Erstere wurde der SMH, dem DRK und der Musikschule übergeben (4. RT am 19.1.1990), zweitere wurde zur öffentlichen Nutzung überprüft und über die dritte wurde ein Baustop verfügt (jeweils 3. RT am 5.1.). Weitere Gegenstände der RT waren Bauvorhaben, der Stop der Kohleförderung und seine Folgen in Horno/Grießen (31.1.), Reformen in der Bildungspolitik, Lohnproblematik und Arbeitslosigkeit bei Werktätigen (16.2.), der Zustand des Gesundheitswesens und der kommende Wahlkampf (2.3.). Die Bürgerbewegung nahm nach dem Jahreswechsel am RT der Jugend und am Grünen RT teil, der als Umweltorgan des RT des Kreises fungierte und in dem sich die AG Umwelt des NF (D. Müller) stark einbrachte.[138]

NF-Vertreter arbeiteten aktiv in der kreisweiten Kommission „Gesundheits- und Sozialwesen" (G. Hain), der „Bürgerinitiative Kultur" (B. Meusel) und der Kommission zur Untersuchung von Amtsmißbrauch und Korruption (P. Gellner, Reichert) mit, wobei im übrigen die Arbeitsergebnisse der letzten kaum befriedigen konnten (z.B. war im Kreis angeblich keine Fälschung der Kommunalwahl im Mai 1989 nachzuweisen), was u.a. an der Verschleierungstaktik der alten Administration lag. Das NF war als Fraktion auch in der Sadtverordnetenversammlung vertreten, nachdem es zusammen mit der SDP am 28. Dezember zu einem Gespräch zum Stadtrat eingeladen worden war.[139]

In der Rückschau erklärte Köppen als wichtigsten Zweck des NF die Einmischung in unhinterfragte, automatisierte formale und geistige Abläufe in der Arbeit der staatlichen Organe, die oft große Verwirrung bei den „alten" Abgeordneten hervorrief. Man richtete schon sehr früh und wiederholt auf Demonstrationen und Veranstaltungen radikale Rücktrittsforderungen an die „alten Besen" besonders in der Kommunalverwaltung, so daß u.a. ihren Platz räumen mußten: Geppert (1. SED-Kreissekretär), J. Schmidt (Bürgermeister), E. Franz (Abt. Inneres), E. Habath (Abt. Innere Angelegenheiten). Die Funktion der Machtkontrolle sei zwar gewollt, so Köppen, aber praktisch kaum durchführbar gewesen. In der Anfangsphase hätte die Bürgerbewegung eine Macht repräsentiert, jedoch ohne davon sehr wirkungsvollen Gebrauch zu machen.[140] Im Vorfeld der Wahlen ließ dann das öffentliche Interesse am NF stark nach. Die Wahlmeetings wurden immer schlechter besucht, bisweilen kamen nur noch 20 Personen zu den Veranstaltungen.

Im Kreis entschieden sich bei den Volkskammerwahlen am 18. März 3,8% für das Bündnis 90. Bei den Kommunalwahlen am 6. Mai dagegen erhielt das NF 6,89% (3 Abgeordnete) für den Kreistag und 7,97% (3 Abgeordnete) für die Stadtverordnetenversammlung.

6. Herzberg

In Herzberg fanden seit Anfang Oktober in der evangelischen Kirche Friedensgebete statt, an denen sich vorerst wenige Personen beteiligten. Bis zur ersten großen Dialogveranstaltung vor dem Kreiskulturhaus am 1. November entwickelten sich so gut wie keine oppositionellen Kräfte in der Öffentlichkeit. Über die „Lausitzer Rundschau" versuchten die staatlichen Organe seit Mitte Oktober in angestrengter Manier, Kritik- und Dialogbereitschaft durch „Stippvisiten" oder Betriebsbesichtungen zu demonstrieren. Unabhängig davon gab es etliche Bürger aus Herzberg und Umgebung – auch die Stasi wußte davon zu berichten –, die wiederholt an den Leipziger Demonstrationen teilnahmen. In vereinzelten Aktionen, wie im Schwesternwohnheim des Kreiskrankenhauses, wurden Forderungen des Neuen Forums an Wandzeitungen verbreitet.[141]

An der ersten Dialogkundgebung, organisiert von Mitarbeitern des Landbaukombinats (H. Krotoschak u.a.), vom kirchlichen Friedenskreis und weiteren Personen., nahmen im Anschluß an ein Friedensgebet ca. 2000 Einwohner teil. In der Moderation von D. Lichtenau stellten sich Bürgermeister G. Pohle, der Kreisratsvorsitzende K. Schönteich, die 1. Kreissekretärin der SED M. Rudolf u.a. Funktionäre den heftigen Anklagen und Fragen. Im Zentrum standen neben gesamtgesellschaftlichen Problemen wie die Führungsrolle der SED und das bisheriges Wahlgesetz vor allem kommunale Fragen: Privilegien der örtlichen Staats- und Parteivertreter, Wohnungsmangel, fehlende kreiseigene Baukapazitäten, Verfall und bauliche Entstellung der Innenstadt, Versorgungslücken, fehlende Bürgernähe der Institutionen, Verbannung der Aktivitäten der SED und Kampfgruppen aus der Arbeitszeit u.a.m. Die Antworten der Befragten konnten aber kaum die emotionale Spannung abbauen und das Verlangen nach Rechenschaft der Demonstranten befriedigen. Vertreter oder erklärte Sympathisanten des NF traten nicht in Erscheinung.[142]

In den folgenden Monaten setzten sich (mittwochs) solche kombinierten Friedensgebet-, Demonstrations- und Dialogveranstaltungen unter der Leitung der bzw. in der Kirche fort. Während am 8. November noch einmal generelle Fragestellungen erörtert wurden, waren es z.B. am 15. und 22. (erste offiziell genehmigte Demonstration) stärker Sachfragen: Umweltschutz und Volksbildung, Zukunft der Staatssicherheit und NVA. Ab 1990 legte die Kirche die Organisation und Leitung der Kundgebungen in die Hände der neuen Parteien und Bewegungen, obwohl die Pastorin R. Timm weiterhin häufig die Moderation führte.

Parallel dazu liefen auch von den Räten des Kreises und der Stadt oder der SED-Leitung organisierte Gesprächsforen ab, von denen fast ausschließlich durch die noch lange Zeit parteiergebene Kreisredaktion der „LR" berichtet wurde (Kreisredakteur K. Lorenz). Anfang Dezember bildete sich die „Herzberger Initiative" mit drei Arbeitsgruppen, die die Aufgaben und Funktionen einer kommunalen Interessengemeinschaft in der Stadt und später am Runden Tisch übernahm, ohne sich programmatisch einer bereits bestehenden, landesweiten Bürgerbewegung anzuschließen.[143] Am 1. Dezember hatte sich eine kreisweite Gruppe der SDP konstituiert und ab Januar agierten auch einige Vertreter des Demokratischen Aufbruchs in der Stadt.

Im benachbarten Falkenberg fand auf Einladung des Rates der Stadt die erste Dialogveranstaltung im Kulturhaus der Eisenbahner am 2. November statt. Vor rund 1500 Teilnehmern erklärten sich bereits am Anfang des Meetings mehrere Bürger zu Sympathisanten des NF. Als deren Vertreter nahm K.-D. Britze neben Bürgermeister G. Mollenhauer, Kreisratsvorsitzenden K. Schönteich u.a. Platz. Auch hier ging es wieder um die bekannten Probleme: schlechte Bau- und Wohnungswirtschaft, problematische Innenstadtsanierung, größerer Umweltschutz und mehr entsprechendes Bewußtsein, fehlende Bürgernähe der staatlichen Instanzen u.a. Britze, als Leiter des Landambulatoriums, hob den Reformwillen seiner Falkenberger Kollegen hervor, die im Gegensatz zu anderen in ihrer Heimat geblieben seien. Der Unmut der Bürger wurzele neben Mangelerscheinungen vor allem in den riesigen Demokratiedefiziten in der DDR, so Britze. H. Mittendorf forderte die Reduzierung der Initiativbauten zugunsten des Wohnungsbaus. Außerdem forderte er die Bildung einer Kommission zur Überprüfung der Umweltdaten. Der Bürgermeister kündigte an, daß er, gemäß dem geäußerten Wunsch, mit dem örtlichen NF ins Gespräch kommen wolle.[144]

Im Anschluß an die Veranstaltung gründete sich die Falkenberger Basisgruppe des NF. Federführend war hierbei der Arzt W. Möbius, der als erklärter Nichtwähler (bei den DDR-Wahlen im Mai 1989) und kritisch kommentierende und handelnde Person, einen gewissen renitenten Ruf an seinem Arbeitsplatz – der Reichsbahnbetrieb Falkenberg mit rund 3000 Angestellten – und in der Stadt hatte. Zu ihm kam bereits im Oktober der jüngere T. Koch, der im Namen eines kleinen Jugendkreises anfragte, ob, wie und wann man als „Wende"-Katalysator in Erscheinung treten wolle. Möbius, der an Leipziger Demonstrationen teilnahm, hatte vom NF erst in den Medien erfahren und später dann (erfolgreich) Kontakt zu Cottbuser Vertretern aufgenommen. Da sich sowohl er, als auch Koch und einige andere Bekannte mit den Analysen, Forderungen und Zielen der Bürgerbewegung identifizierten, beschloß man, zum 2. November bereits vor einer Gruppenkonstituierung unter deren Namen öffentlich aufzutreten.

Zur Gründungsversammlung waren etwa 12-15 Menschen erschienen. Zum 1. Sprecher wurde Möbius gewählt (nicht zuletzt, weil er ein Auto und Telefon besaß), zum 2. Sprecher Koch. Beide vertraten Falkenberg fast immer auch im Bezirkssprecherrat in Cottbus. Als Pressesprecher fungierten wechselnd P. Pohle, Koch und Möbius, obwohl zur hiesigen Lokalpresse kaum Kontakte gesucht wurden bzw. umgekehrt. Bis zu den Volkskammerwahlen im März 1990 wurde kein Artikel über das NF oder seine Aktivitäten in der „Lausitzer Rundschau" veröffentlicht. Ausführlichere Demonstrationsaufrufe wurden von der Kreisredaktion auf kurze Mitteilungen zusammengestrichen. Der Gruppe gehörten etliche Ärzte, einige Ingenieure, Arbeiter und Angestellte aus verschiedenen Berufssparten an.

Außer Koch und seine Freunde waren die meisten Mitglieder zwischen 40 - 50 Jahre alt. Die Arbeit der Gruppe wurde im wesentlichen durch Eigenfinanzierung, weniger durch Spenden bestritten. Im Vorfeld der ersten Wahlen erhielt man vom Bezirkssprecherrat materielle Unterstützung.[145]

Die Falkenberger Gruppe trat vorerst nur in der eigenen Stadt in Erscheinung, was aber nicht bedeutete, daß man nicht auch an Demonstrationen in Herzberg teilnahm. So faßte Möbius in einer Rede auf der Mittwochskundgebung am 9. Dezember wichtige Ziele des NF zusammen: freie, geheime und demokratische Wahlen, Demonstrationsfreiheit, strenge Bestrafung derjenigen, die im Namen der SED Verbrechen begangen hätten.[146] In der Falkenberger Stadtverordnetenversammlung hob Kl.-D. Britze, der im neuen Jahr zur SPD wechselte, einige Tage nach der ersten Dialogveranstaltung die Bedeutung des Ausbaus des betrieblichen Landambulatoriums hervor. Überhaupt war der Reichsbahnbetrieb mit seinem Sozialgebäude ein Ort, an dem das NF vor allem durch Möbus die Aufmerksamkeit auf sich lenkte. Hier fanden öffentliche Dialog- und Informationsveranstaltungen statt, es wurden Flugblätter und Handzettel verteilt, über Wandzeitungen und Plakate generelle und NF-spezielle Aufrufe, Forderungen und Kommentare ausgehangen (auch T. Koch hatte auf dem Gelände seiner Arbeitsstelle, eine Kfz-Werkstatt und Tankstelle, Transparente und Plakate aufgestellt). In einem solchen selbstverfaßten Aufruf, dem „Programm 'Neues Forum'", vom November hieß es, das Ziel der demokratischen Umgestaltung der Gesellschaft sei eine „soziale Demokratie", die durch die gewaltfreien Mittel des öffentlichen Dialogs mit allen (staatlichen) Vertretern aller gesellschaftlichen Ebenen und Basisgruppenarbeit erreicht werden solle. Das NF verstehe sich als Gegner jeglicher Form von Diktatur und Rechtsradikalismus und als Organisator von friedlichen Demonstrationen, „die vordergründig der Erhaltung bzw. dem Erzwingen demokratischer Errungenschaften dienen. Letztes Mittel wäre der politische Generalstreik." Als Kontaktpersonen hatten Koch, Möbius, Mittendorf, J. und Kl.-D. Britze und L. Kaube unterzeichnet.[147]

Man einigte sich bald, keine Arbeitsgruppen zu bilden, da die geringe Zahl der Aktiven sie kaum effektiv gemacht hätte. Statt dessen wollte man sein Engagement auf die Zusammenarbeit mit den örtlichen Organen und die spätere Tätigkeit an den Runden Tischen konzentrieren. Man verstand sich als lokale Initiative, als Sprachrohr und Kontrollorgan der Bürger gegenüber der SED. Die allgemeinen Forderungen des NF nach Entmachtung des bisherigen Apparates und nach Demokratisierung sollten auf die Situation in der Stadt und möglichst im Kreis übertragen bzw. realisiert werden. Für die Initiierung und Fortsetzung des „Wende"-Prozesses war man im NF aber auch bereit, konkrete Verantwortung zu übernehmen, also über Kontrollfunktionen hinauszugehen. Ziel war es ganz pragmatisch, das Wohl der Stadt zu fördern, weshalb man versuchte, mehr konstruktiv und weniger konfrontativ mit der bestehenden Administration zusammenzuarbeiten.[148]

Das Berliner NF, mit dessen Schriften und programmatischen Aussagen man sich intensiv beschäftigte, wirkte lange Zeit als Modell und Vorbild. In der Statusfrage – Partei oder Bewegung – hatte man sich bewußt und relativ einstimmig für den bisherigen Charakter einer Bewegung entschieden. Allerdings teilte die Mehrheit in Falkenberg nicht die „links"-orientierten, abwartenden Haltungen innerhalb des NF bezüglich einer Wiedervereinigung und der Einführung der Marktwirtschaft. Man fühlte sich der BRD eng verbunden und lehnte einen Dritten Weg in Politik und Ökonomie als unrealistisch ab. In einer Erklärung an den Bezirkssprecherrat Cottbus stellte das NF Falkenberg Mitte Februar klar, daß die Öffentlichkeitsarbeit in den Medien von denjenigen erfolgen sollte, „die hinter der programmatischen Erklärung des Neuen Forums stehen (Negatives Beispiel: Bohley und Köppe)." Das Wahlbündnis mit Demokratie Jetzt und der Initiative für Frieden und Menschenrechte lehne man ab, weshalb im Kreis Herzberg keine Volkskammerkandidaten aufgestellt werden würden. Allerdings würde man als basisdemokratische, lokale Initiative an den Kommunalwahlen im Mai teilnehmen, hieß es.[149]

In der Ökologieproblematik stimmte man mit zentralen Analysen und Forderungen überein und arbeitete tatkräftig mit der aktiven (seit 1982 existierenden) Falkenberger Naturschutzgruppe um G. Göritz zusammen. Unmittelbare, bedeutende Probleme waren die Verschmutzung des Flusses Schwarze Elster, die mangelhafte Abwasserentsorgung, der Trinkwasserverseuchung durch überhöhte Düngung auf den umliegenden LPG-Nutzflächen, die für die Öffentlichkeit gesperrten, staatlichen (SED-)Jagdgebiete oder die permanenten Tiefflüge von Militärflugzeugen auf dem sowjetischen Flugplatz in Lönnewitz. Nicht zuletzt sprach auch die weitere Gründung einer Ortsgruppe der Grünen Partei im März 1990 für die Brisanz der Umweltthematik.

Zum Thema „Wie krank ist die Falkenberger Umwelt?" hatte das NF zum 24. November G. Göritz und zuständige Vertreter aus staatlichen Instanzen und Betrieben zu einer gemeinsamen Analyse in den Jugendklub Lindenstraße eingeladen. Am 27. Dezember fand eine Aussprache zwischen Vertretern des Rates der Stadt auf der einen und denen des NF und der Naturschutzgruppe auf der anderen Seite statt, in der eine Aussetzung des kontroversen Beschlusses der Stadt zur Bungalowbebauung des Landschaftsschutzgebietes Kiebitzer Baggerteich erreicht wurde. Dem ging eine Unterschriftenaktion der Naturschützer voraus, in der sich eine übergroße Mehrheit der Befragten gegen die Bebauung aussprach. Das zwanzigköpfige Naturschutzkollektiv hatte am 23. November einen „Appell für einen ökologisch orientierten Umbau unserer Gesellschaft" verfaßt, der vom NF unterstützt wurde. Die hier dargelegte, sechsseitige Analyse und der Maßnahmenkatalog wurden an H. Modrow, den Ministerrat, andere Organe und die Medien abgeschickt. Außerdem wurde ein Aktionsplan für den Kreis Herzberg ausgearbeitet.[150]

Am 5. März demonstrierten mehrere hundert Falkenberger unter dem Motto „Rammstein warnt Falkenberg, dienen Tiefflüge dem Frieden?" gegen die Übungsflüge vom sowjetischen Militärflughafen Lönnewitz. Aufgerufen hatten das NF, NDPD, LDP und CDU. Im gleichen Monat demonstrierten – Organisator: NF und Naturschutzgruppe – die Ein- und Anwohner auch vor dem Militärgelände für die Einstellung der Flüge, was aufgrund der ungewissen Sicherungsanweisungen der Militärs im Nachhinein als ein gefährliches Unterfangen eingeschätzt wurde.

Ein Hauptanliegen des NF war die Entmachtung der SED und Stasi und jegliche Verhinderung einer Restaurationsphase (vor allem im Januar/Februar 1990). Am 15. Dezember wurde im Jugendklub von der Bürgerinitiative ein Dialog zum Thema „Wie glaubhaft ist die SED?" veranstaltet, zu dem auch SED-Vertreter der Stadt und des Kreises eingeladen wurden. Öffentlich wurde vor den „Wendehälsen" gewarnt, besonders nachdem im Januar der Bürgermeister Mollenhauer wenige Tage nach einem Bekenntnis zur SED-PDS im „Neuen Deutschland" aus der Partei austrat. Zu Montagsdemonstrationen am 15. Januar („Gegen die Restaurationspolitik der SED und ihres Sicherheitsapparates") und am 5. Februar („Die Gefahr ist noch nicht gebannt - Die junge Demokratie braucht jeden!") hatten neben dem NF beim zweiten Mal auch die SPD u.a. Parteien aufgerufen. Zu Beginn der ersten Kundgebung hatte H. Mittendorf den vollständigen Text der DDR-Nationalhymne vor den 3000 Teilnehmern verlesen. T. Koch und W. Möbius forderten in ihren Reden die endgültige und kontrollierte Auflösung der Stasi und ihrer Nachfolgeorganisationen, keine Überbrückungsgelder und die Aufhebung der Schweigepflicht und aller Geheimhaltungsgrade für Mitarbeiter, Befehle und Dokumente des Geheimdienstes und der SED-PDS. Außerdem sollten neben der Offenlegung des Parteivermögens die Verfahren gegen ehemalige Mitglieder der SED-Führung eröffnet werden. In seiner Rede am 5. Februar demontierte Möbius die Scheinwelt der DDR bzw. den mißbrauchten Führungsanspruch der SED. Er mahnte Wachsamkeit gegenüber den „ewig Gestrigen auf Regierungs,- Bezirks- und Kreisebene" an. Gleichzeitig wies er auf die BRD, mit der man „eine gemeinsame Geschichte, Sprache und Familienbande" teile, als international anerkanntes Vorbild in Ökonomie und Demokratie hin. „Reisefreiheit ohne Reglementierungen" sei erforderlich.[151]

Das NF galt bei den Bürgern als Ansprechpartner und Adressat für „große" und „kleine" Probleme und Hinweise aller Art. So ging man z.B. Ende Januar einer geheimnisvollen Lagerung eines Giftmüllcontainers im Energiekombinat Ost nach oder setzte sich für die berufliche Rehabilitierung eines aus der SED ausgetretenen und dann seines Postens enthobenen Meisters beim Leiter des Bahnbetriebswagenwerkes ein. Anfang Februar lud der Falkenberger Oberschuldirektor Koch zur Mitarbeit an einer neuen Bildungskonzeption ein, etwa zur gleichen Zeit begannen bereits die ersten Wahl- und Präsentationsveranstaltungen im Umkreis, wie in der Schliebener Schule am 8. und 22. Februar. Ein Großteil der Aktivitäten des NF kanalisierte sich in den Tätigkeiten für die Runden Tische des Kreises Herzberg und der Stadt Falkenberg. Zum 1. RT des Kreises lud die SED-Kreisleitung in ihr Gebäude zum 7. Dezember ein. Neben den Parteien der

Nationalen Front waren die SDP und NF stimmberechtigt; erstaunlicherweise wurde an die Herzberger Initiative nur ein Beraterstatus vergeben. Bei den ersten beiden Sitzungen war für das NF Kl.-D. Britze, danach meist W. Möbius anwesend. Bereits am 2. RT (21.12.) wurde einstimmig die Vergabe des MfS-Gebäudes an das Gesundheitswesen beschlossen. Am 5. Dezember hatte ein Bürgerkomitee zusammen mit dem Staatsanwalt das Haus kontrolliert und Auskünfte eingeholt. Das Komitee fungierte ebenfalls als Aufsichtsorgan bei der Auflösung der Dienststelle eine Woche später. Für weitere Gebäude der SED, FDJ, GST und der Kampfgruppen wurden sowohl vom RT, als auch vom Kreistag neue Nutzer vorgeschlagen. Ab der 3. Sitzung (11.01.), nun wechselnd im evangelischen und katholischen Gemeindehaus, fungierten die Pastorin Timm oder der Pfarrer Stehr als Versammlungsleiter. Hier berichtete das NF von der Auflösung des MfS in Cottbus. Zusammen mit der SDP fragte man nach dem weiteren Schicksal der MfS-Ausstattung und der -mitarbeiter. Außerdem beanstandete man die unklaren Eigentumsverhältnisse des SED-Parteihauses („Rotes Haus") und die Legitimität der parteieigenen Fundament-GmbH. Einen breiten Raum nahmen die Wahlkampfvorbereitungen und die Neunutzung der Kreisseite der „Lausitzer Rundschau" ein. Am 5. RT informierte (15.02.) dann Möbius von seinen Recherchen zur Eigentumsfrage des Parteihauses, deren Klärung endgültig im März vom Kreisstaatsanwalt betrieben wurde (gültige Besitzverhältnisse). Wesentlich für das NF u.a. Parteien war die Frage nach dem Status und der Zukunft des Jagdgebietes Weidmannsruh, der Jagdgäste, Jäger (Waffenträger) und Ausrüstungen sowie den Planungen von Internierungslager für politisch „Andersdenkende" (5.RT und 7. RT am 01.03.). Im ersten Bereich ermittelte auch die Kommission gegen Amtsmißbrauch des Bezirkes zum Jagdgebiet im Wildforschungsgebiet Hohenbucko (3600 ha) mit Sitz in Freileben. Dabei wurden besonders große Investitionen aus dem Fond der Staatlichen Forstbetriebe festgestellt, die für eine luxuriöse Ausstattung und den Erhalt hoher Abschußquoten von Wild auf Anweisung des Forstministers ausgegeben wurden. Um den Beschlüssen des RT im Kreistag mehr Gewicht und Legitimität im Kreistag zu verleihen, wurden R. Timm und Möbius als Vertreter dorthin entsandt (8. RT am 15.03.). Am RT der Stadt Falkenberg nahmen für das NF meist Mittendorf, Koch und Schöllner teil. In der 1. Sitzung am 5. Januar wurden der Bürgerbewegung und der SDP die Mitarbeit in allen Kommissionen und Gremien des Rates angeboten. Der RT, der nur monatlich tagte, beschäftigte sich mit den speziellen Kommunalproblemen wie der Situation im LSG/NEZ Briesicker Baggerteich (02.02.) oder den Wahlvorbereitungen zum 18. März (02.03.).[152]

In Anbetracht der Fülle von Aktivitäten schätzt W. Möbius die Arbeit des NF rückbesinnend als erfolgreich ein. Man habe als Vertreter der Bevölkerung Probleme und Ungerechtigkeiten artikuliert, das Mitspracherecht durchgesetzt, die unmittelbare Vergangenheit der SED-Herrschaft „aufgerührt" und aktiv den Verlauf und die Fortsetzung der „Wende" kontrolliert.[153]

Am 18. März stimmten bei den Volkskammerwahlen 2,34 % für das Bündnis 90. Im Kreistag war nach dem 6. Mai das NF mit einem Mandat (2,46 %) durch I. Schöllner vertreten. In das Stadtparlament von Falkenberg wurden W. Möbius und J. Schöllner (7,91 %) als Abgeordnete der Bürgerbewegung gewählt.

7. Hoyerswerda

Der lokale Ausgangspunkt für den Beginn des „Wende"-Prozesses in Hoyerswerda war das evangelische Martin-Luther-King-Haus in der Kreisstadt. Die evangelische Kirche hatte sich in den Jahren zuvor einer Anlaufstelle für Ausreisewillige, Ratsuchende und oppositionell denkende Menschen entwickelt. Unter ihrem Dach wirkte seit 1988 auch der Arbeitskreis Frieden und Umwelt, in dessen Rahmen auch die Untergrundzeitung „Grubenkante" erschien. Bei den kommunalen Maiwahlen 1989 hatten Mitglieder des Kreises durch Kontrolle Wahlfälschungen festgestellt und in mehreren Eingaben an die Regierung der DDR gegen den Verfassungsverstoß protestiert. Die Kirchenleitung erlaubte die Nutzung von Gemeinderäumen als „Schutzzonen" für diesen Personenkreis; in der Organisation konkreter Opposition oder Demonstrationen hielt sie sich aber zurück. „So etwas mußte schon aus der Bevölkerung kommen", erklärte Superintendent F. Vogel in einem späteren Zeitungsinterview.[154]

Dennoch waren es Leute aus dem Kirchen- bzw. Gemeindekreis, die dem Vordringen von Ideen des NF in der Stadt Vorschub leisteten. Vom 23. - 27. Oktober 1989 fand im Luther-King-Haus eine Jugendwoche unter dem Thema „Ich habe einen Traum" statt, an der 200 Jugendliche im Alter von 16 - 25 Jahre teilnahmen. Ausgehängte Wandzeitungen befaßten sich neben Ökologie und Schwangerschaftsabbruch auch mit dem NF. Weiterhin wurde eine Stellungnahme der Mitarbeiter der evangelischen Neustadtgemeinde zur kürzlichen Eröffnung ihres Gemeindehauses bekanntgemacht, das sich „von Anfang an zu einer Stätte der Begegnung und des Dialogs" entwickeln sollte. In dem Aufruf, datiert vom 18. Oktober, wurden Reisefreiheit, die Änderung des Wahlgesetzes und die Legalisierung der Arbeitsmöglichkeiten für das NF und den Hoyerswerdaer „Arbeitskreis für Frieden und Umwelt" gefordert. In einem Stasi-Bericht zu dieser Veranstaltung wurden mehrere kirchlich engagierte Personen aufgeführt, die sich mit dem NF „identifiziert" bzw. „beschäftigt", aber noch keine öffentlichkeitswirksamen Aktivitäten entwickelt hätten. Die landesweiten Friedensgebete fanden auch hier seit längerem statt. Etwa zeitgleich zur Jugendwoche beobachtete der DDR-Geheimdienst auch unter Beschäftigten des Agrochemischen Zentrums (ACZ) die Lektüre der Zeitschrift „Telegraf" der Umweltbibliothek Berlin, in der das NF ausführlich vorgestellt wurde.[155]

In der „Lausitzer Rundschau" konnte man seit Mitte Oktober äußerst vorsichtige Ansätze zu partieller Kritik nachlesen. In der Folge der Tagung der SED-Kreisleitung am 19. Oktober erklärte deren 1. Sekretär H. Franzkowiak seine Bereitschaft, „im Rahmen der Beschlüsse des ZK der SED vom 11. Oktober" mit der Bevölkerung in den Dialog treten zu wollen, was die Nationale Front nach einem Treffen fünf Tage später noch einmal bekräftigte. Am 26. Oktober wurde ein Brief aus dem Bezirkskrankenhaus Senftenberg veröffentlicht, in dem der Autor über einen offenen Meinungsaustausch im Betrieb am 16. des Monats berichtete, und in dem – an die Lokalpresse gerichtet – gegen die „einfarbige" Medienpolitik protestiert wurde. Am gleichen Tag trat erstmals der Vorsitzende des Rates des Kreises H. Auerswald zum Dialog bei der Einwohnerversammlung in Weißkolln an, wobei laut „LR" bei aller Konstruktivität „einige Fragen offen blieben".[156]

Daß es bis zum 30. Oktober dauerte, bis sich die erste Demonstration in Hoyerswerda formierte, mag u.a. daran gelegen haben, daß die Menschen in der Stadt/Region von der DDR-Regierung wegen der wirtschaftlichen Bedeutung der anliegenden Betriebe immer materiell bevorzugt versorgt wurden und eine größere Szene von Intellektuellen und Künstlern hier nicht existierte, wie K. Naumann vom NF später vermutete.[157] Es gab aber auch etliche oppositionell denkende und handelnde Personen, die regelmäßig an den Leipziger Manifestationen teilnahmen und so ihren Protest vorerst an einem anderen Ort zur Geltung brachten.

Im Anschluß an das Montagsfriedensgebet am 30. Oktober bildete sich am Luther-King-Haus – durch Mundpropaganda waren Ort und Zeitpunkt bekannt geworden – ein Demonstrationszug, der rasch von einigen hundert auf 10 000 Teilnehmer anwuchs. Unter Sprechchören wie „Für freie Wahlen", „Reden müssen Taten folgen", „Stasi in die Produktion" oder „Schnitzler in die Tagebau" zogen die Menschen durch die Stadt. Nach dem Marsch blieben noch ca. 4000 Demonstranten auf dem Platz des 7. Oktober und forderten in aufgebrachter Stimmung den sofortigen Dialog mit Staatsfunktionären. H. Auerswald, H. Franzkowiak, E. Beck (1. SED-Sekretär der Industriekreisleitung Schwarze Pumpe) und Ch. Rudolf (Bürgermeisterin) versuchten, sich den vielen Fragen zu stellen. Es wurde gegen die gesellschaftliche Allmacht der SED, für demokratische Neuwahlen und staatliche Reformen zur Reduzierung der Ausreisewelle protestiert. Die Teilnehmer forderten aber auch die Veröffentlichung der lokalen Umweltdaten, fragten nach der Zukunft der Schwimmhalle, des Stadtbades oder den Öffnungszeiten der ASP-Sauna. Eine erklärte Vertreterin des NF verlas den Aufruf „Aufbruch 89" und rief die Hoyerswerdaer zur Mitarbeit auf. Auf der Kundgebung lagen Listen aus, auf denen man seine Unterstützung für die Bürgerbewegung per Unterschrift bekunden konnte. Auf die Frage nach der Zulassung des NF antwortete Franzkowiak, daß er sofort zu einem Gespräch mit dessen Vertretern bereit sei, denn „jeder Gedanke nach vorn" sei jetzt nützlich. Ebenfalls am gleichen Tag demonstrierten im benachbarten Wittichenau 5000 Bürger für die Unumkehrbarkeit der „Wende". Die unter kirchlicher Leitung initiierte Kundgebung wurde von diesem Zeitpunkt aus in wöchentlicher Regelmäßigkeit und unter anhaltender, verhältnismäßig großer Beteiligung der Bevölkerung fortgesetzt.[158] Zwei Tage später, am Mittwoch, dem 1. November, fand die nächste große, dreieinhalbstündige Dialogveranstaltung vor dem Haus der Berg- und Energiearbeiter (HBE) mit 10 000 Teilnehmern statt. Die (heimlichen) Organisatoren der ersten illegalen Demonstration, zu denen Sympathisanten bzw. Mitglieder des NF gehörten, stellten zwei Regelungen vor, die noch am Montag mit den Staatsfunktionären ausgehandelt worden waren. Jeden Montag sollten nun, in Sicherheitspartnerschaft mit der Polizei, Demonstrationen und anschließende Dialoggespräche stattfinden können, zu deren friedlichen, provokationsfreien Ablauf sich die Demonstranten wiederum verpflichten müßten. Außerdem könne das NF seine Ziele sowohl auf der Kundgebung, als auch in der Lokalpresse vorstellen. So verlasen M. Warnicki und H. Pätzold ihren programmatischen Aufruf „Was wir wollen". In knappen Sätzen setzte man sich für eine Reformierung der DDR ein, wobei der Akzent auf eine größere Demokratisierung und Effizienz der Gesellschaft gelegt wurde. „Wir wollen Spielraum für wirtschaftliche Initiative, aber keine Ellenbogengesellschaft. Faulpelze und Maulhelden sollen aus ihren Druckposten entfernt werden, aber wir wollen keinen Nachteil für sozial Schwache und Wehrlose", wurde erklärt. Man wandte sich gegen die staatliche Präsenz von Polizei und Geheimdienst, für eine Reform des Wahlgesetzes, für Presse- und Versammlungsfreiheit, freien Medienzugang und die volle Gewährleistung der Grundrechte. Eine Wiedervereinigung wurde abgelehnt, da man von der Zweistaatlichkeit ausgehe und kein kapitalistisches System anstrebe. Für den gesellschaftlichen Dialog sei die Zulassung des NF u.a. demokratischer Bürgerinitiativen und Parteien notwendig.[159]

Am 6. November fand dann unter der Regie des NF die dritte Demonstration plus Dialog innerhalb einer Woche statt, zu der sich allerdings nur noch 1000 Einwohner einfanden, was auch dem strömenden Regen zuzuschreiben war. Sprecher des NF hoben hervor, daß die „Wende" durch die freie Meinungsäußerung der Bevölkerung bei den vergangenen Manifestationen eingeleitet worden sei. Gefordert wurden freie Wahlen, der Verzicht der SED auf ihren verfassungsmäßigen Führungsanspruch, Auflösung der Kampfgruppen, Rückzug der SED aus den Betrieben, größerer Umweltschutz, die Neugestaltung des Lohnsystems. Als halbherzig, bürokratisch und unannehmbar wurde der Regierungsentwurf für das neue Reisegesetz bezeichnet. Außerdem müsse nun endlich das NF als legale Organisation zugelassen werden. Der anwesende 1. SED-Kreissekretär Franzkowiak erklärte, daß die Regierung die Lage und die Rolle des Volkes für den demokratischen Aufbruch falsch eingeschätzt habe. Er werde Verantwortung übernehmen und sich persönlich bei E. Krenz für Reformen einsetzen. Zur Lösung der Probleme lud der Kreisratvorsitzende Auerswald Vertreter der Bürgerbewegung zu einem gemeinsamen Gespräch ein.[160]

Das NF selbst bildete sich Mitte Oktober in Form einer kleinen losen Gruppe, die sich vor allem um das Ehepaar Warnicki, aber auch H. Pätzold, H. Pink u.a. formierte. Im Verlauf und nach den ersten beiden Protestdemonstrationen wurden die sich nun öffentlich bekennenden NF-Vertreter von mehreren Interessenten angesprochen. Am 2. November kam es dann zur Konstituierung einer Basisgruppe im sogenannten Kulturkeller in der Straße des Friedens, an der ca. 15 Leute teilnahmen. Bestimmte Verantwortlichkeiten wurden jedoch erst im Verlauf der nächsten Wochen verteilt. So wurde K. Naumann zum 1. Sprecher gewählt; M. Kusserow fungierte zunächst als Pressesprecher, wurde dann von M. Kohl abgelöst, bis dieser im Februar 1990 zur SPD wechselte. Sein Nachfolger wurde B. Richter. Als vorstehendes Organ des NF agierte die „Ortsleitung", der acht Personen angehörten (K. Naumann – Ortssprecher, H. Pink und J. Schröter – Kontaktpersonen für Berlin, Cottbus und Gemeinden, K. Warnicki – Kontaktperson für Parteien und Vereinigungen, M. Kohl – Öffentlichkeitsarbeit und Presse, M. Kusserow – Öffentlichkeitsarbeit und Gemeindeverbindung, B. Lehmann – Recht, M. Warnicki – Sekretärin). Im Bezirkssprecherrat wurde die Gruppe wechselnd durch H. Pink, J. Schröter, K. Naumann und A. Dankhoff vertreten. Ca. 200 Personen hatten sich nach kurzer Zeit als Mitglieder auf den NF-Listen eingetragen, die Zahl der Aktiven – gerade nach dem Mauerfall – betrug aber nur ein Zehntel. Das Gros der Leute war zwischen 30-45 Jahre alt und als Ingenieure oder Arbeiter in den großen heimischen Betrieben angestellt. Treffpunkt für die anfänglich fast täglichen Zusammenkünfte der Gruppe war entweder das Luther-King-Haus oder der bereits erwähnte Kulturkeller. Die Finanzierung wurde hauptsächlich selbst bestritten bzw. man rief zu Spenden aus der Bevölkerung auf, wofür eigens ein Konto eingerichtet wurde. Im Januar bezog das NF ein Büro im Bethesdaheim.

Bis Mitte November hatte man acht Arbeitsgruppen gebildet: Recht, Umwelt/Stadtentwicklung/Verkehr, Wirtschaft, Gesundheitswesen, Schulwesen, Kultur/Sport, Handel/Versorgung und Gewerbe. Öffentliche Kontaktpersonen waren M. Kohl, B. Lehmann, H. Pink und M. und K. Warnicki.[161] Die AG's arbeiteten unterschiedlich produktiv – die meisten bestanden eher formal, das heißt, man war als Sachvertreter des NF auf öffentlichen Veranstaltungen präsent, aber entwickelte kaum eigene Konzepte. Die AG's Recht, Umwelt und Wirtschaft waren dagegen auch in der theoretischen Arbeit aktiv. So unterbreitete A. Dankhoff, Sprecher der AG Wirtschaft, der Öffentlichkeit durch zwei Presseartikel ein relativ detailliertes Diskussionspapier. Hier ging es um eine Leistungslohnreform, eine Neuverteilung von Kompetenzen in der Betriebsleitungshierarchie, die Förderung und Qualifikation von Nachwuchskadern u.a.m. Im Zentrum der Überlegungen standen eine größere Mitbestimmung bei Betriebsentscheidungen aufgrund fachlicher Qualitäten und die Herstellung einer besseren ökonomischen Effizienz bei gleichzeitiger sozialer Absicherung. Mitte November fand eine öffentliche Diskussion statt, zu der der LDPD-Kreisvorstand Vertreter des NF (Warnicki, Beier) und die evangelische Kirche eingeladen hatten. Im Ergebnis wurden übereinstimmend konkrete Vorschläge hinsichtlich der Änderung des Strafgesetzbuches zur Weiterreichung an den Parteizentralvorstand formuliert, die im wesentlichen auf der theoretischen Vorarbeit des NF beruhten. Die AG Umwelt (S. Hoffmann, S. Mägel u.a.) arbeitete eng mit dem kirchlichen Arbeitskreis Umwelt und Frieden und weiteren Umweltgruppen zusammen, besonders in Fragen der Schadstoffreduzierung der um-

liegenden Tagebaue und kohleverarbeitenden Betriebe und des Devastierungs-
stops (Erhalt des Dubringer Moors und des sorbischen Dorfes Spohla). Sie gehör-
te zu den Begründern des Grünen Tisches in der Stadt.[162] Die staatlichen Organe akzeptierten (zwangsläufig) das NF noch vor der landesweiten Legalisierung am 8. November als neue gesellschaftliche Kraft, die es – aus
ihrer Sicht – nicht zuletzt aus Gründen der Protestkanalisierung in die kommunal-
politische Arbeit einzubeziehen galt. Nachdem SED-Sekretär Franzkowiak das NF
wiederholt als „vollwertigen" Gesprächspartner anerkannt hatte und sich als Refor-
mer profilieren wollte (am 14. November mußte er jedoch nach einer Leitungssitzung
zurücktreten), lud auch die als konservativ und dogmatisch geltende Bürgermeisterin Rudolf das NF zu einem informativen Treffen am 8. November ins Rathaus ein,
auf dem ihm u.a. Möglichkeiten zur Mitarbeit angeboten wurde. Drei Tage später
forderte der Rat der Stadt auch in einem Zeitungsartikel die Bürgerbewegung auf, in
den ständigen Kommissionen mitzuwirken. Dieses Angebot nahm man vorerst an.
Jedoch war man voller Skepsis, da man ursprünglich über die eigenen AG's ein politisches Gegengewicht schaffen und sich nicht vorschnell in die alten staatlichen Gremien integrieren lassen wollte. Nach einer Aussprache mit dem Rat des Kreises am
7. Dezember verlagerte das NF seine Aktivitäten auf die Ebene der übergeordneten
Kreiskommissionen, was auch eine Reaktion auf die (noch) starren und festgefah-
renen Strukturen in der Stadtverwaltung war. Der Kreisratsvorsitzende Auerbach sollte sich als weit kooperativer in der Zusammenarbeit herausstellen.[163]

Das NF in Hoyerswerda versuchte wiederholt, die Bürger sowohl über ihre
Ziele zu informieren (z.B. am 13. November im Jugendklub „N. Ostrowski", am
14. November in der Johanniskirche), als auch über Montagsdemonstrationen und
-dialoge zur aktiven Fortsetzung und Überwachung des „Wende"-Prozesses zu mobilisieren. Immerhin erschienen regelmäßig mehrere hundert Teilnehmer zu diesen
Veranstaltungen, auf denen sich die landesweiten Stimmungslagen zu Fragen der
„großen" und „kleinen" Politik widerspiegelten. Nochmalige Höhepunkte waren
hierbei die Demonstrationen am 4. Dezember und 15. Januar, in denen es um Bestrafung des Amtsmißbrauchs von Staats- und Parteifunktionären, die Auflösung der
SED und der Stasi-Nachfolgeorganisation (AfNS) ging. Auslöser waren die landesweiten Enthüllungen in den Medien und Ängste vor einer Restauration der alten
Verhältnisse. Dazu hatte das NF Anfang Januar einen Protestbrief an den Ministerpräsidenten Modrow verfaßt, in dem die endgültige Auflösung des Geheimdienst-
apparates gefordert wurde. Zum 18. Dezember rief das NF unter dem Motto „Ein
Licht für unser Land" auf, Kerzen in den Fenstern „als Zeichen des Protestes gegen
Machtmißbrauch und Korruption, als Willensausdruck des Aufbruchs zu Demokratie und sozialer Gerechtigkeit" zu entzünden. Ende Dezember wurde eine Unterschriftensammlung gegen den Einsatz von Waffen in Rumänien initiiert.[164]

Die Bürgerbewegung war auch auf sehr vielen Gesprächsforen anwesend, die
nun von Blockparteien, den Räten des Kreises und der Stadt (zumindest im November fast täglich) organisiert wurden, z.B. die thematischen, sogenannten 'Hoyers-

werdaer Gespräche', die allein vom 4.-16. November fünfmal stattfanden. Man versuchte, in den Betrieben sowohl für das NF als solches, als auch für Strukturen stärkerer Kontrolle und Mitbestimmung (Betriebsräte) bei der Belegschaft zu werben, was zwar Interesse, aber letztlich keine aktive Resonanz in den Belegschaften erweckte.[165]

Auf Einladung der NDPD konstituierte sich am 2. Januar der Untersuchungsausschuß gegen Amtsmißbrauch und Korruption, in dem B. Anders als Vertreter des NF mitarbeitete. An die Tätigkeit in der Kommission erinnert sich heute Anders mit gemischten Gefühlen: Einerseits sei er häufig der einzige gewesen, der Initiativen einbrachte – die meisten Untersuchungen und Überprüfungen hätte er allein organisiert und sein damaliger Betrieb hätte oft versucht, ihn zu behindern –, andererseits habe er eine umfangreiche und im Sinne der Bürgerbewegung erfolgreiche Arbeit absolviert. Viele Aufträge seien direkt vom NF an ihn herangetragen worden, wobei der Gruppe regelmäßig Rechenschaft abgelegt wurde. Neben den Kontrollen bezüglich persönlicher Bereicherung bzw. Amtsmißbrauch lag dem NF vor allem die Klärung von Eigentumsverhältnissen der SED-Besitztümer bzw. deren Entstehung am Herzen (stellvertretend sei hier nur die Untersuchung zur Baufinanzierung des Gebäudes der SED-Kreisleitung durch Anders Ende Januar genannt).[166]

Auf Initiative der LDPD fand am 20. Dezember im Luther-King-Haus der 1. Runde Tisch statt. Moderator des Gremiums war der Superintendent F. Vogel. Außer den Parteien der Nationalen Front gehörten die evangelische und katholische Kirche und die SDP zur Kommission. Als Vertreter des NF nahmen zuerst H. Pink und K. Warnicki, ab dem 3. RT am 24. Januar K. Naumann, W. Franke u.a. teil. Der wichtigste Aspekt des Engagements des NF, die Auflösung des alten Machtapparates, wurde von der Bürgerbewegung inhaltlich in die Arbeit des RT übertragen. Die neue Nutzung der MfS-Kreisdienststelle für das Gesundheitswesen wurde bereits auf dem 2. RT (10.01.) beschlossen. Das Objekt war nach Hinweisen besorgter Bürger am 5. Dezember von zwölf Vertretern des NF, von Blockparteien, der Kriminalpolizei und Kreisstaatsanwalt Teschner begangen und versiegelt worden. Der 3. RT war eine außerordentliche Tagung, auf der es vor allem um die Zukunft der GST, die künftige Arbeit der Volks- und Kriminalpolizei, die Verteilung der freigewordenen Stasi-Telefonanschlüsse und -Bestände ging. Weiterhin wurde die Neuwahl des Kreisschulrates und Trennung von FDJ und Jugendweihe von der Schule beschlossen. Am 4. und 5. RT (14.02. und 28.02.) wurden u.a. Probleme des Gesundheitswesens, der Altstadtsanierung einschließlich des Generalbebauungsplans und die Neuvergabe des Gebäudes des Wehrkreiskommandos diskutiert. Zum Charakter der insgesamt zehn Sitzungen des RT erklärte Vogel später: „Wir hatten recht bald eine unheimliche Machtbefugnis: Post, GST, Liegenschaften, Personalentscheidungen – nichts ging mehr beim Rat des Kreises ohne unsere Unterschrift."[167]

Das NF Hoyerswerda war kaum mit eigenen programmatischen Überlegungen in der Presse oder Öffentlichkeit aufgetreten. Man hatte sich anfänglich voll mit den Forderungen und der Analyse der landesweiten NF-Spitze identifiziert. Man betrachtete als seine wichtigste Aufgabe die Initiierung und Überwachung des „Wende"-Prozesses im eigenen Kreis. Von Beginn an gab es ein starkes kommunales Selbstverständnis in der Gruppe, das heißt, man definierte sich als autonome Ortsgruppe der Bürgerbewegung. „ Das NF Hoyerswerda versteht sich weiterhin als Bürgerinitiative unabhängig von Entscheidungen des Landessprecherrats und der Landesdelegiertenkonferenz", hieß es in einer der Festlegungen auf der Vollversammlung am 23. Januar. In der Frage zur Organisationsform des NF hatte man sich mehrheitlich für die Bewegungs- bzw. gegen die Parteistruktur entschieden. Noch lange Zeit wurde auch unter den Mitgliedern die Möglichkeit eines dritten Weges für die Entwicklung der DDR diskutiert. Als es dann spätestens im Vorfeld der anstehenden Volkskammerwahlen im März zu perspektivischen Aussagen kommen mußte, war schnell klar, daß die Ansichten zur politischen Zukunft sehr heterogen waren. K. Naumann zehn Jahre später: „Es hat immer daran gekrankt, daß es ein Sammelsurium von Leuten war, die einerseits gegen die DDR in der bisherigen Form waren, andererseits sich aber für konstruktive Neuerungen auch nicht entscheiden konnten. Das Ganze war halt eine Revolution nach Feierabend."[168]

Spätestens ab Januar machte sich unter vielen Mitgliedern der Bürgerbewegung Enttäuschung über verschiedene Entwicklungen breit. Die öffentliche Resonanz auf NF-Aktivitäten hatte in ihren Augen stark nachgelassen, was sich auch im Engagement der AG's widerspiegelte. (Einige Mitglieder empfanden bereits nach dem Fall der Mauer, daß „der Dampf raus" war.) Manche existierten nur noch formal, andere arbeiteten immer stärker losgelöst für sich. Außerdem waren, wie zum Beispiel zum Thema Altstadt, weitere unabhängige Bürgerinitiativen in der Stadt entstanden, die „konkurrierende" Aktionsradien entwickelten. Zum Leidwesen des NF artikulierten sich in seinem Namen immer wieder Personen auf Demonstrationen oder in öffentlichen Einrichtungen (als „Volkskontrolleure"), die weder der Bewegung angehörten, noch ihre Ziele und Ansichten adäquat vertraten und von denen man sich in aller Form distanzieren mußte.[169]

Auch die immer unmißverständlicher und lauter werdenden Bekenntnisse zu sofortiger Wiedervereinigung auf den Montagsdemonstrationen teilten nicht alle NF-Mitglieder. In der Frage der politischen Alternativkonzepte zerstreuten sich die Ansichten, zumal erklärtermaßen der einende „Kitt" der Hoyerswerdaer Bürgerbewegung in der Initiierung der „Wende", der Zerschlagung des alten Machtapparates (SED und MfS) und der Einleitung einer gesellschaftlichen Demokratisierung (Wahlen und Parlamentarismus) bestand. Auf der Vollversammlung des NF am 23. Januar wurde in einer Rede von Naumann eine Standortbestimmung vorgenommen, die ein vorläufiges Resümee beinhaltete. Jener konstatierte vor 60 (von 126 eingeladenen) Mitgliedern, daß nur noch drei AG's tätig seien und die Initiative den Abgang etlicher Mitglieder zu verzeichnen habe. Gleichzeitig seien wesentliche Ziele ganz oder partiell erreicht worden, wobei er neben Demonstrationen und Dialogen besonders die Rücktritte der SED-Funktionäre Franzkowiak und Beck, die Auflösung der MfS-Kreisämter und BPO's und den Beginn der Arbeit des

RT und des Korruptionsuntersuchungsausschusses hervorhob. Damit sei man aber auch, so Naumann, in eine Identitätskrise gefallen, was die Zukunft anbelangen würde, da der Sprecherrat von der Beibehaltung des Charakters einer Bewegung ausgehe, jedoch für die Übernahme künftiger politischer Verantwortung das Engagement in Parteien empfehle. Von vier zur Diskussion gestellten Alternativen, die vom Eintritt in die DFP bis zur sofortigen Auflösung reichten, entschied sich die Versammlung nach dem Grundsatz „Erhaltung der Regierbarkeit der Stadt und des Kreises bis zu den Wahlen am 6. Mai" für die Fortsetzung der begonnenen Arbeit als Bürgerinitiative in administrativen Gremien bis zum Wahltag und für die Unterstützung von Oppositionsparteien, vorzugsweise der SPD, im Wahlkampf. In einem Zeitungsinterview hatte allerdings bereits Mitte Dezember ein Vertreter erklärt, daß die Mehrheit der Mitglieder zu diesem Zeitpunkt dafür sei, sich nach den ersten freien Wahlen aufzulösen und die „Kontrollfunktion" den Parteien zu übergeben.[170]

Angesichts der als mangelhaft angesehenen landesweiten „Infrastruktur" des NF und dem Willen etlicher Mitglieder zur kommunalpolitischen Betätigung (kontra gesunkener Bevölkerungsresonanz auf das NF) beschloß die Bürgerbewegung jedoch schon Anfang Februar ihre Auflösung zum 19. März 1990 bzw. den partiellen Übertritt in die SPD. Diesen Schritt sei man vor allem aus pragmatischen bzw. organisationstechnischen Gründen im Sinne politischen Engagements gegangen, erinnert sich K. Naumann. Es sollte für alle, NF-Mitglieder und Bevölkerung, Klarheit geschaffen werden. Das Datum war zustande gekommen, nachdem am 28. Januar vom Zentralen Runden Tisch in Berlin die Vorverlegung der Volkskammerwahlen vom 6. Mai auf den 18. März festgelegt wurde. In der Presseerklärung vom 3. Februar hieß es dann in der „LR": „Da die SPD eine traditionsreiche politische Kraft mit erkennbaren und berechenbaren Programmen ist, für die Rechte der arbeitenden Menschen eintritt, einen vernünftigen Weg zur Einheit Deutschlands weist, für eine ökologisch orientierte Marktwirtschaft eintritt und für die Bildung starker Gewerkschaften als Interessenvertreter der Werktätigen ist, können sich die Mitglieder des Neuen Forums Hoyerswerda ausgehend von ihren Zielen mit der SPD identifizieren."[171]

Bei den Volkskammerwahlen im März 1990 erhielt das Bündnis 90 im Kreis Hoyerswerda 2,20%.

8. Luckau

Im Kreis Luckau begann die „Wende" erst relativ spät durch Veranstaltungen von „oben". Auf der Kreisseite der „Lausitzer Rundschau" waren im September und Oktober kaum kritische Töne oder Artikel über kontroverse Gespräche zwischen Vertretern von Partei und Staat und der Bevölkerung zu finden. Jedoch am 27. Oktober wurde ein Interview mit E. Müller, Vorsitzender des Rat des Kreises, abgedruckt, in dem nun unvermittelt ein dialogbereiter und reformfreudiger Funktionär dem Leser gegenübertrat. Gleichzeitig wurden die Termine für außerordentliche Stadtverordnetenversammlungen in Dahme (1.11), Luckau und Golßen (beide 2.11.) bekanntgegeben.[172] Vier Tage später beeilte sich auch die Lokalredaktion, mit ihren Lesern in den Dialog zu treten bzw. ihnen ein Leserpost-Forum anzubieten.

Auf den öffentlichen Veranstaltungen entlud sich der angestaute Zorn über kommunale Mißstände. Wohnungspolitik, Handels- und Versorgungslücken waren dominierende Themen in Dahme. Die kreiseigene Nutzung der erwirtschafteten Mittel wurde u.a. auch von etlichen Stadtverordneten gefordert. Der Pfarrer M. Koopmann stellte noch weitergehend den Artikel 1 der Verfassung in Frage, da das Vertrauensverhältnis zwischen der SED und dem Volk grundsätzlich gestört sei, wie er resümierte. Diese Feststellung wurde ebenfalls im Kino „Capitol" in Luckau getroffen, wo sich in einem vierstündigen Meinungsaustausch R. Ehegötz, 1. Sekretär der SED-Kreisleitung, Bürgermeister H. Zimmermann, Kreisbaudirektor J. Voigt u.a. Ratsmitglieder den Bürgern stellten. Ersterer gab zu, daß die Veränderungen in der DDR auf Fehler der Partei und die aktive Rolle des Volkes zurückzuführen seien. Es wurde hier ebenfalls deutlich gefordert, daß kreisliche Baukapazitäten aus Berlin in die eigene Region gehören sollten. Problemzonen wie die verkehrsbelastete Lindenstraße, die schlecht verwaltete Mülldeponie oder mangelnde hygienische Bedingungen im Kreiskrankenhaus wurden aufgeworfen und diskutiert. Ein besonderes, wiederholt genanntes Ärgernis der anwesenden Bürger waren vermeintliche Fleischsonderlieferungen an SED-Funktionäre am Ende jeder Woche. Im Zentrum der Kritik in Golßen stand die Umweltbelastung bzw. -verschmutzung durch die dortige Stärkefabrik. Der Vorsitzende der Kreisplanungskommission A. Neubert erntete mit seiner Version von der Unlösbarkeit des Abwasserproblems heftigen Protest. Fehlende Telefonanschlüsse, der schlechte Zustand des Radweges Bahnhofstraße, ungenügende Essenversorgung der Werktätigen u.a. wurden lautstark moniert. Insgesamt erstreckten sich die Proteste und Diskussionen fast ausschließlich auf wirtschaftliche Defizite. Wirklicher Druck von der Straße entfaltete sich vorerst nicht. So konnte man noch am 7. November im Haus der SED-Kreisleitung ungestört den 72. Jahrestag der Oktoberrevolution feiern.[173]

Die erste Demonstration im Kreis fand am 4. November mit 1500 Teilnehmern in Dahme statt, wo besonders die SDP aktiv wurde. Wieder waren die zentralen Themen Umweltschutz, Bauwesen und Führungsrolle der SED. E. Müller wurde mit einem Pfeifkonzert bedacht, nachdem er eine Überprüfung der letzten Kommunalwahlen im Mai für überflüssig befand, da sie seiner Meinung nach inzwischen „Geschichte" seien. In Luckau selbst dauerte es noch bis zum 13. November, bevor ca. 4000 Einwohner ihre Unterstützung von Reformen auf dem Marktplatz kundtaten. Zu den Organisatoren gehörten neben den Mitgliedern der Nationalen Front auch die Bürgerbewegungen Demokratie Jetzt und NF. Die Redner der SED, allen voran der Kreisratsvorsitzende Müller, aber auch der CDU und LDPD standen z.T. sehr heftigem Unmut über ihre bisherige Rolle im Kreis und Staat gegenüber. Gefeiert wurde dagegen P. Schonert, ein rehabilitierter Kritiker aus der NDPD, der sich engagiert zum Thema Umweltschutz äußerte. L. Maraszek von DJ forderte freie Neuwahlen und informierte über eine Unterschriftensammlung für einen Volksentscheid gegen Artikel 1 der Verfassung. K. Müller vom NF sprach sich für die konsequente Durchsetzung von Reformen aus und stellte die Bürgerinitiative vor.[174]

Das NF Luckau formierte sich als loser Gesprächskreis etwa Mitte Oktober. Das Ehepaar Lange aus Waldrehna hatte Kontakt mit B. Bohley aus Berlin aufgenommen, die sie weiter zu S. Bürger bzw. Ch. Polster aus Cottbus-Stadt vermittelte. In der Bezirkshauptstadt trafen sich dann die Langes mit dortigen NF-Aktivisten, um Verbindungen herzustellen, organisatorische Anregungen und programmatisches Material der Bürgerbewegung zu erhalten. Zu den Gründungsmitgliedern gehörten neben dem Ehepaar Lange auch K. Müller aus Gehren. Nach Gesprächen in Bekanntenkreisen traten vor allem in der ersten Novemberhälfte weitere Interessierte der Gruppe bei, wobei sich früh ein Kern von rund 7 - 9 Aktiven herauskristallisierte, der sich in der Folgezeit nicht mehr vergrößern sollte.[175] Weitere Bürger schlossen sich nur partiell und eher spontan einzelnen Aktionen an. Die endgültige Konstituierung des NF fand am 19. November in Waldrehna statt. Die meisten Mitglieder waren Angehörige der technischen Intelligenz (Ingenieure, Mediziner). Der Gruppe gehörten auch frustrierte Mitglieder aus Blockparteien, wie H. Poller (LDPD) oder G. Wagenknecht (NDPD) an. Die Altersspanne der Teilnehmer betrug 30 - 50 Jahre.

In Luckau verzichtete man auf bestimmte organisatorische Strukturen, die man bei der „kleinen Schar" für überflüssig hielt. Für wichtiger befand man ein relativ geschlossenes und überlegtes Auftreten nach außen.[176] Die Aufgaben und Funktionen wurden je nach persönlichem Interesse und zeitlicher Verfügbarkeit verteilt. In der Öffentlichkeitsarbeit, besonders Presse, engagierten sich vornehmlich Müller und H. Wagner. Ersterer übernahm, nachdem H. Poller ab Ende Januar 1990 als Vertreter des Kreises auch den Bezirk Cottbus im Landessprecherrat des NF vertrat, stärker die Tätigkeit eines Geschäftsführers. Im Bezirkssprecherrat wurde Luckau wechselnd durch H. Lange, Wagner und Poller vertreten. Arbeitsgruppen wurden nicht gebildet, da eine zahlenmäßige Relevanz nicht erreicht wurde. Aber es gab thematische Zuordnungen, z.B. Wirtschaft und Bauwesen (Lange), Gesundheit (Wagner), Umwelt (Müller). In die Problematik der Staatssicherheit und ihrer Auflösung waren alle Mitglieder involviert. Im Dezember erhielt man von der Stadtverwaltung ein Büro in der Karl-Marx-Straße, das dann, nicht zuletzt aufgrund einer Sachspende eines westdeutschen Förderers, mit einer relativ guten Ausstattung versehen werden konnte. Davor hatte die Gruppe auf Privatinitiative hin in der Calauer Straße einen Schaukasten aufgestellt, um sich optisch in die Öffentlichkeit einbringen zu können. Sie finanzierte sich zu einem großen Teil aus eigenem Aufkommen, der geringere Rest ergab sich aus Spenden nach den ersten Demonstrationen.

Innerhalb der Basisgruppe fanden kaum programmatische Diskussionen statt, da einerseits nur geringe Differenzen bestanden, andererseits in dem allgemein freundschaftlichen Klima schnell ein Konsens gefunden wurde („man verstand sich halt").[177] Allen war der Aufruf des NF „Aufbruch 89" bekannt und man verfolgte die theoretischen Auseinandersetzungen. Aber man beteiligte sich nicht an ihnen bzw. man betrachtete sich als selbständige Initiative, die sich nicht an Entscheidungen aus Berlin gebunden fühlt. Der Name der Bewegung stand, vor allem in den ersten Wochen, als Symbol für geforderte Reformen in Luckau, weniger für einen programmatischen Inhalt. Aussagen zum Selbstverständnis fanden sich in der Lokalpresse erstmals am 30. November, wo man sich als verfassungsmäßige, für alle (außer Neonazis) offene „Diskussionsplattform für tatsächliche Erneuerung unterhalb der bestehenden Parteien" definierte. Mittels konkreter basisdemokratischer Vorschläge und Mitbestimmung sollte aus der DDR „ein echtes demokratisches und sozialistisches Land" entwickelt werden (das vom NF anfänglich sorgsam vermiedene Adjektiv „sozialistisch" wurde von der Luckauer Gruppe dann nicht mehr verwendet). Die lokale Orientierung wurde betont, denn „wir dürfen nicht warten, was aus Berlin kommt, sondern müssen uns selber Gedanken machen zu den Dingen, die in den Territorien, in unserem Kreis wichtig sind. So zum Beispiel die Bergbauproblematik, endgültige und verbindliche Entscheidungen für Schlabendorf und andere Gemeinden". Vor der Entwicklung der DDR zum Billiglohnland bzw. vor ihrem Ausverkauf bei der Öffnung nach Westen hin wurde gewarnt.[178] Bereits hier, aber auch verstärkt im Dezember/Januar sprach man sich für die Beibehaltung des Status einer Bürgerbewegung aus. Neben der Befürwortung von Basisdemokratie spielte auch die zumindest vorläufige, erklärte Abneigung der Mitglieder gegen Parteistrukturen in das Bekenntnis hinein.

Anfang Januar wurde ein programmatischer Text veröffentlicht, in dem sich das NF stärker als alternativ-ökologische Bewegung innerhalb eines neuen Europa darstellte. Man befand die DDR für mitschuldig am drohenden ökologischen Zusammenbruch der Menschheit, an maßloser Aufrüstung und am schwelenden Nord-Süd-Konflikt. Man plädierte für radikale Abrüstung, eine „solidarische Weltwirtschaftsordnung", einen verantwortungsbewußten Umgang mit Natur und Technik und für alltäglich praktizierte Demokratie. Wiederholt setzte man den Akzent auf eine Politik von „unten" und erklärte die Verhinderung von absoluten Mehrheiten einzelner Parteien (speziell der SED-PDS) in den Volksvertretungen zum notwendigen Ziel der kommenden Wahlen.[179] Der letzte größere Artikel im Februar stand ganz im Zeichen der anstehenden Wahlen und stellte ein umfassendes Wirtschaftsprogramm vor. Nach einer deutlichen Ablehnung der SED-PDS legte man ein Konzept der demokratisierten und kontrollierten Marktwirtschaft vor, in der staatliche, genossenschaftliche und private Eigentumsformen parallel existieren sollten. Durch ökologisch-solidarische Prinzipien und unabhängige Gewerkschaften sollte nach der Abschaffung der dirigistischen Planwirtschaft ein Umschlag in eine „Marktdiktatur" verhindert werden. „Wirtschaftliche Rationalität darf nicht durch Arbeitslosigkeit erzwungen werden", hieß es. In der Landwirtschaft seien ökologische Bodenbearbeitung und Anbaumethoden einzuführen. Die Betriebe sollten auf eine angemessene Größe reduziert, die Einheit von Pflanzen- und Tierproduktion hergestellt und „Erzeuger-Verbraucher-Gemeinschaften" geschaffen werden. Staatliche Subventionen dürften nur streng kontrolliert vergeben werden. Identitätsverwirklichung, Selbstwertgefühl und ein hoher Lebensstandard eines jeden einzelnen seien letztendlich das große Fernziel.[180] Nach der ersten Demonstration traten R. Ehegötz, R. Miethe, S. Schenk, E. Müller und A. Neubert von ihren Funktionen in der SED-Kreisleitung zurück. Wenige Tage später, am 16. November, folgte der komplette Rat des Kreises mit E. Müller an der Spitze, nachdem ein öffentlicher außerordentlicher Kreistag einberufen worden war. Daß der alte Rat aber dennoch bis zur Neuwahl mit der Geschäftsführung beauftragt wurde, stieß auf heftige Kritik. Auf der kontroversen Sitzung wurde u.a. die Bildung von Untersuchungskommissionen zur Finanzierung und Abrechnung des Kreis-Trinkwasserbauprogramms, zur Überprüfung der Wahlergebnisse vom Mai 1989 und zum Privilegienmißbrauch von Staatsfunktionären beschlossen, an denen auch Vertreter des NF mitarbeiteten, deren Vorsitze jedoch immer Abgeordnete der Blockparteien innehatten. Die zweite Kommission konnte im März 1990 Wahlfälschungen im Kreis nachweisen, verbunden mit einer gleichzeitigen Strafanzeige gegen E. Müller und Wahlleiterin B. Matting. Dennoch sprach Kreisstaatsanwalt M. Zeh noch im gleichen Monat alle lokalen Verantwortlichen vom Fälschungsverdacht wieder frei.[181] In Dahme war der Rat der Stadt per Beschluß vom 15. November ebenfalls der allgemeinen Forderung nach Bildung einer Kommission Umweltschutz nachgekommen, die daraufhin sehr umtriebig in Erscheinung trat.

Viele Menschen empfanden aber den bürokratischen Formalismus der Kommissionsbildungen und Verwaltungsreformen in dieser „schnellen Zeit" als zu zähflüssig. Vertreter aller Parteien, des Kulturbundes, des NF und von DJ riefen zu einer Demonstration mit anschließender Kundgebung zum 11. Dezember auf dem Marktplatz auf, auf der für einen Volksentscheid über eine neue Verfassung im Frühjahr 1990, allgemeine freie, gleiche und geheime Wahlen im Mai 1990, Bürgerkontrolle der Räte bis zur Neuwahl, gegen eine Verschleppung des gesellschaftlichen Erneuerungsprozesses und gegen einen Ausverkauf des Landes eingetreten werden sollte. Bereits am 3. Dezember beteiligten sich viele Luckauer auf der Straße F 96 an der landesweiten Menschenkette für Reformen. Die Teilnehmerzahl acht Tage später blieb aber weit unter den Erwartungen. Die meisten Redner rechneten hart mit der SED und der alten Administration ab, wobei die Blockparteien kaum ihre eigene Verantwortung thematisierten. H. Dieckman vom DBD warnte vor Illusionen bei einer Wiedervereinigung. L. Maraszek von DJ sprach sich für die Kontrolle des RT über den Rat des Kreises aus. Die Verbreitung der Fähigkeit zur Demokratieausübung hätte sich das NF zur Aufgabe gemacht, wofür H. Wagner alle Bürger zu einer Diskussionsrunde einlud. Obwohl sich die neue Kreissekretärin der SED R. Brandt erschüttert über die internen Fälle von Amtsmißbrauch zeigte und die Schuld der Partei an der allgemeinen Misere zugab, entlud sich an ihr der volle Unmut der Versammelten. Die Veranstaltung endete mit der Aufstellung von Kerzen vor dem Gebäude des Rates des Kreises, für dessen „Verschmutzung" sich Tage später das Organisationskomitee in der Presse mit dem Titel „Für Demos, aber gegen Gewalt!" nachdrücklich entschuldigte ...[182]

Die vorerst letzte Demonstration in Form einer Kundgebung mit anschließendem Schweigemarsch fand am 15. Januar statt und wurde im Rahmen der vom NF landesweit aufgerufenen Proteste gegen die Restaurationspolitik der SED-PDS und des Sicherheitsapparates durchgeführt. In Luckau schlossen sich die SDP, Grüne Partei, DJ und Demokratischer Aufbruch der Aktion an. Vor mehreren hundert Teilnehmern kritisierte u.a. H. Wagner in scharfen Worten das „aggressive Beharren" der SED-PDS und der Stasi auf ihren vorhandenen Machtpositionen sowohl im Land, als auch im Kreis. Diese Aussagen bezogen sich auch auf unerfüllte Erwartungen bei der Kreistagssitzung vom 21. Dezember, auf der E. Müller und vier Ratsmitglieder zwar endgültig zurücktraten, aber die Gäste vom NF die Abgeordneten als schlecht motiviert, eingefahren, schematisch und abweisend gegenüber Reformvorschlägen bezüglich einer Verbesserung des Öffentlichkeitscharakters der Beratungen und der Einbeziehung der neuen Parteien und Bürgerinitiativen erlebten.[183]

Bereits zum 6. Dezember war auf Druck der Bürgerbewegungen vom Kreistag der RT einberufen worden. In Golßen wurde für zwei Wochen darauf durch die Bürgermeisterin und in Dahme erst zum 29. Januar durch die SDP und der dortigen Umweltkommission zu einem solchen Gremium eingeladen. In Luckau waren die erste und zweite Sitzung, am 13. Dezember, durch heftiges Ringen um Stimmrecht, Kompetenzen und Vertrauen innerhalb des Gremiums und der gebildeten Untersuchungskommissionen gekennzeichnet. Besonders E. Müller zweifelte die moralische und rechtliche Legitimation der Vertreter der Bürgerinitiativen an und bezeichnete deren Auftreten als anmaßend. Neben den Parteien des Nationalen Blocks erhielten die SDP, DJ, Grüne Partei, Demokratischer Aufbruch und NF schließlich beim 3. RT (3.01.1990) jeweils eine Stimme. Die Gesprächsleitung übernahm Pfarrer Schenk. Für das NF waren abwechselnd Müller, Poller, Lange und Wagner anwesend. Eine der ersten Amtshandlungen war die Veröffentlichung einer Rehabilitationserklärung des 3. RT gegenüber den Opfern der „stalinistischen Parteiführung" im Kreis Luckau. Ein Thema, mit dem sich auch das NF profilieren konnte, war der Vorschlag der Bildung eines Umweltamtes für die Kreise Calau, Finsterwalde und Luckau am 5. RT (31.01.). Unterstützt wurde der Antrag u.a. von der Grünen Partei, die sich vor allem aus Mitgliedern des Biologischen Arbeitskreises „A. Arndt" und der bereits lange vor der „Wende" aktiven Kreisorganisation der Gesellschaft für Natur und Umwelt des Kulturbundes zusammensetzte. Beim 8. RT (28.02.) wurde leicht modifiziert die Umsetzung des Planes beschlossen. Die zukünftige Gestaltung der Landwirtschaft und das vorläufige Stoppen des Schicksals von Schlabendorf, das einem Tagebau weichen sollte, waren weitere, auch emotional belegte Diskussionspunkte zur Ökologie vom NF, die aber letztlich vom RT nicht endgültig entschieden werden konnten. Der 9. RT (14.03.) stand hauptsächlich unter dem von den Grünen eingeforderten Bericht des Rates des Kreises zum Zustand von Natur und Umwelt im Kreis bzw. ihre Zerstörung durch Bergbau- und landwirtschaftliche Verschmutzung. Ein weiteres wichtiges Anliegen, für das sich erfolgreich das NF einsetzte, war die Wiedereröffnung der Luckauer Oberschule, die beim 5. RT beschlossen wurde. Wiederholt forderte man Berichte der Kommissionen für Amtsmißbrauch und Privilegien an, lud zu einem außerordentlichen RT Vertreter der lokalen Sicherheitsorgane ein (mit denen man Ende November eine Sicherheitspartnerschaft eingegangen war), erkundigte sich nach den neuen Beschäftigungen der ehemaligen MfS-Mitarbeiter (die Begehung der Kreisdienststelle erfolgte am 6. Dezember), fragte nach dem Verlauf der Strafanzeige gegen E. Müller u.a. oder stellte einen Antrag auf Offenlegung aller IM's in staatlichen Organen, der aber vom 6. RT (7.02.) abgelehnt wurde.[184]

Die Beurteilung des damaligen Wirkungskreises fällt heute von ehemaligen NF-Aktiven unterschiedlich aus. Während H. Lange und H. Poller die Resonanz auf die Bürgerbewegung in Luckau und seiner ländlichen Umgebung gerade für die Anfangszeit eher verhaltener einschätzen, was letzterer auch auf die politische Herkunft einzelner Mitglieder zurückführt (Poller z.b. war als LDPD-Mitglied in der Stadtverwaltung tätig, G. Wagenknecht war in der NDPD aktiv), sieht K. Müller gerade ab dem Jahresbeginn 1990 größere Sympathien in der Bevölkerung. Man hätte mit den wenigen Leuten relativ effektiv und präsent gewirkt und besonders über die Arbeit am RT sichtbare Erfolge vorweisen können. Der Kern der Gruppe sei öffentlich bereit gewesen, nicht nur Kontrolle, sondern auch konkrete Verantwortung bzw. Posten zu übernehmen.[185]

Obwohl bei den Volkskammerwahlen am 18. März 1990 im Kreis nur 2,1% für Bündnis 90 stimmten, zogen bei den folgenden Kommunalwahlen immerhin drei Bündnis 90-Kandidaten in den Kreistag (L. Maraszek/DJ, G. Wagenknecht und A. Seidler/beide NF) und zwei weitere in die Stadtverordnetenversammlung (H. Wagner und G. Novaczyk/beide NF) im Mai 1990. In die Gemeindevertretungen von Gehren und Waldrehna wurden die NF-Mitglieder K. Müller und H. Lange gewählt.

Bezirksverwaltung   C o t t b u s

| Streng vertraulich! | Cottbus , 25.10.89 |
| Um Rückgabe wird gebeten! | |

6 ___ Blatt

Nr. 327 / 89

_____ Exemplar

Sozialistische Einheitspartei Deutschlands
Bezirksleitung Cottbus

Eingang: 2 5 OKT. 1989

Tageb. Nr. 1355 / 89 / 8

INFORMATION
über

durchgeführte und beabsichtigte Veranstaltungen durch
Vertreter und im Zusammenhang mit Vertretern des
"Neuen Forums"

Informationsbericht des MfS vom 25. Oktober 1989 über geplante und durchgeführte
Veranstaltungen im Bezirk Cottbus durch oder in Zusammenhang mit Vertretern des
Neuen Forums.
Quelle: BStU, CAKG 1736, S. 1-6.

MINISTERIUM FÜR STAATSSICHERHEIT

Durchgeführte bzw. ursprünglich geplante Veranstaltungen
im Zusammenhang mit der oppositionellen Bewegung "Neues
Forum":

- Am 23. 20. 2989 wurde in der Nicolai-Kirche Forst ein
  Bittgottesdienst durchgeführt. Im Anschluß daran
  demonstrierten einige, besonders jugendliche, Personen
  mit Kerzen durch die Stadt (Information 326/89).
  Am 23. 10. 1989 war durch die "Neue Forum"-Gruppen des
  Bezirkskrankenhauses und des Theaters der Stadt Cottbus
  unter Teilnahme von Studenten der Technischen Hochschule
  Cottbus eine Demonstration, ausgehend vom Theater,
  beabsichtigt. Da nur 15 bis 20 Personen erschienen, wurde
  diese Demonstration nicht durchgeführt und auf den
  30. 10. 1989, 17.00 Uhr wahrscheinlich neu eingeschoben.
  Sie soll mittels Flüsterpropaganda bekanntgemacht werden.

- In Lübben gab es am 24. 10. 1989 in der Zeit von 19.30
  bis 21.45 Uhr in der Kirche Steinkirchen, an der ca.
  200 Personen - alle Altersgruppen, besonders viele
  Jugendliche - teilnahmen, eine Zusammenkunft, die durch
  Vertreter vom "Neuen Forum" bestimmt war. Anreise
  erfolgte teilweise aus Dresden. Gefordert wurde ein
  Dialog auf der Ebene des Kreises mit Funktionären. Es
  wurde die Absicht geäußert, erforderlichenfalls zu
  demonstrieren, falls keine Dialogbereitschaft zu verzeichnen sei.

- Am 24. 10. 1989 fanden sich ca. 50 Personen im Pfarrhaus
  Döbern, Kirchstraße 14, in der Zeit von 19.00 bis
  21.00 Uhr zusammen. Ca. 80 % der Personen waren im
  Alter von 25 bis 40 Jahren.

MINISTERIUM FÜR STAATSSICHERHEIT

Es war feststellbar, daß sich der Personenkreis betont konspirativ verhielt und durch das Pfarrhaus das Umfeld kontrolliert wurde.

Teilnehmer waren auch aus dem Kreis Spremberg und der Bezirksstadt Cottbus mittels PKW angereist. Aus Cottbus nahm u. a. der Arzt aus dem Bezirkskrankenhaus ▬▬▬▬ teil.

<u>Beabsichtigte</u> Veranstaltungen/Aktivitäten von Vertretern des "Neuen Forums":

1./ - 25. 10. 89   Demonstration in Cottbus, vermutlich im
                    Zusammenhang mit Vertretern von "Demokratie
                    jetzt"
                    Exakte Informationen liegen dazu noch nicht

2./ - 25. 10. 89   Katholische Kirche Altdöbern, "Informations-
     19.30 Uhr   veranstaltung des "Neuen Forums"
                    Als Initiatorin hat eine Frau ▬▬▬▬
                    ▬▬▬▬ der ▬▬▬klinik ▬▬▬▬ einge-
                    laden. Die Teilnehmer werden vermutlich das
                    medizinische und medizinisch-technische
                    Personal der Frauenklinik sein. Teilnehmen
                    soll ein führendes Mitglied des "Neuen
                    Forums" aus Berlin. Ein Hinweis, daß es sich
                    dabei um Bärbel BOHLEY handeln soll, muß
                    als Vermutung oder Spekulation gewertet werden.

3./ - 26. 10. 89   19.00 Uhr Marienkirche Cottbus
                    "Plenum der Umweltgruppe"
                    vermutet wird die Beratung eines sogenannten
                    Initiativprogramms für Gespräche mit Funktio-
                    nären des Bezirkes in der Bezirksstadt Cottbus

MINISTERIUM FÜR STAATSSICHERHEIT

4.| - 27. 10. 89   Treffen der sogenannten Betriebsgruppe "Neues Forum" des Bezirkskrankenhauses Cottbus, möglicherweise wird eine Aussprache mit der Parteileitung angestrebt.

5.| - 27. 10. 89   Demonstration in Lauchhammer
Am 24. 10. 89 gab es im Bereich der Bushaltestelle Lauchhammer, W.-Pieck-Straße - Krankenhaus zwei Aufsteller mit den Aufschriften:

- "Reisefreiheit, Meinungsfreiheit, 27. 10., 18.00 Uhr, Pieckplatz"

- "Neues Forum - komm zur Demo - 27.10. Pieckplatz, 18.00 Uhr"

6.| - 30. 10. 89   Demonstration im Anschluß an das "Friedensgebet" in Cottbus, ausgehend von der Oberkirche oder der Schloßkirche durch die Spremberger Straße zum Thälmannplatz

7.| - 31. 10. 89   Marienkirche Cottbus, vorbereitet wird ein "Initiativgruppentreffen Neues Forum"

8.| - 08. 11. 89   Finsterwalde, Schweigemarsch;
Kreisjugendpfarrer ███████ beantragte bei Erlaubniswesen, daß im Anschluß an den Gottesdienst ein Schweigemarsch durchgeführt werden kann. Er rechnet mit der Teilnahme von ca. 1500 Personen, mitgeführt werden soll ein Transparent
"Für Erneuerung des Sozialismus"
Beantragte Wegstrecke: Trinitatiskirche - Wilhelm-Külz-Straße - Wasserturm - Wilhelm-Liebknecht-Straße - Bahnhofstraße - Thälmann-Straße - Trinitatiskirche

MINISTERIUM FÜR STAATSSICHERHEIT

Vom Leiter VPKA erhielt ▮ die Auskunft,
daß ihm Mitteilung gegeben wird.

Beabsichtigte Veranstaltungen in Kirchen im Zusammenhang
mit "Neues Forum", über die bereits informiertwurde:

- 25. 10. 89   "Fürbittgottesdienst" in Finsterwalde,
              dieser soll wöchentlich durchgeführt werden

- 25. 10. 89   "Fürbittgottesdienst" in Döbern-lug-Kirchhain
              und in Sallgast

- 30. 10. 89   "Fürbittgottesdienst in Forst, Nicolai-Kirche,
              der analog den Veranstaltungen inLeipzig
              künftig immer montags durchgeführt werden
              soll

- 30. 10. 89   Daubitz
              Verantaltung von Pfarrer ▮▮▮▮▮▮▮▮ zur
              Verbreitung von Gedankengut des "Neuen Forums".
              ▮. beabsichtigt, diese Veranstaltung jeweils
              am letzten Montag eines Monats durchzuführen.

Veranstaltungen, die von Vertretern des "Neuen Forums"
mißbraucht werden könnten:

- 26. 10. 89   20.00 Uhr, Oberkirche Cottbus, Studentenge-
              meinde zum Thema "Das Selbstwertgefühl von
              Studenten in der DDR" (Referent ▮▮▮▮▮▮▮▮▮▮
              aus Leipzig)

MINISTERIUM FÜR STAATSSICHERHEIT

- 27. 10. 89   19.00 Uhr in der Klosterkirche Cottbus
  Treffen "junge Eheleute" bzw.
  "Junge Gemeinde"

- 27. 10. 89   17.00 Uhr zum Thema: "Musik und Vespern" in
  der Oberkirche Cottbus

- 30. 10. 89   Aufführung durch das Theater der
  Bergarbeiter Senftenberg in der
  Aula der ████████████ des Stückes
  "Nachdenken über unser Land",
  gewidmet zum 40. Jahrestag der DDR;
  durch die Intendantin wird in den
  Schaukästen des Theaters darauf
  hingewiesen, daß anschließend eine
  "Gesprächsrunde zum Stück" statt-
  findet. Anfragen können telefonisch
  bereits übermittelt werden.

Zu den insgesamt genannten Veranstaltungen wird bei Vor-
liegen weiterer bedeutsamer Erkenntnisse informiert.

9. Lübben

In Lübben hatten sich die staatlichen Organe, die SED und Blockparteien in relativ kurzer Zeit auf den staatlich verordneten „Wende"-Kurs des neuen Staats- und Parteichefs E. Krenz umgestellt und versucht, offensiv mit der entstandenen Situation umzugehen.[186] Der allgemeinen Forderung nach Dialogbereitschaft wurde nicht nur nachgegangen, sondern man war auch bemühte, sich durch zahlreiche öffentliche Gesprächsangebote an die Spitze dieser Bewegung zu setzen. In diesen Prozeß wurde die Kreisredaktion der „Lausitzer Rundschau" einbezogen, so daß das vermeintliche Umdenken auch in der Öffentlichkeit publik gemacht wurde. So richtete sie auf der Kreisseite Mitte Oktober ein Forum mit kompetenten Vertretern der Kreisverwaltung ein, an die Leserfragen gestellt werden konnten, z.b. zum Thema Handel und Versorgung (19. Oktober).[187] Am 22. Oktober wurden auf der Leitungssitzung der SED-Kreisleitung neben „schematischer" Kulturarbeit auch gewisse ökonomische Schwierigkeiten angesprochen. Gleichzeitig wurde die Abhaltung regelmäßiger Dialogveranstaltungen im Wappensaal des Lübbener Schloßturms, die sich „an alle Werktätigen und Bürger im Kreis, unabhängig von ihren politischen religiösen und weltanschaulichen Positionen" richteten, unter der Leitung der Bürgermeisterin E. Lowa beschlossen. Auf Bürgeranliegen sollte nun auch durch zusätzliche Sprechstunden der zuständigen Kommissionen und Rathausverwaltung effektiver reagiert werden.[188]

Auf der ersten, z.T. sehr emotional geführten Dialogveranstaltung am 27. Oktober fiel, unter dem Beisein des 1. Sekretärs der SED-Kreisleitung, R. Jakob, zum ersten Mal der Begriff „Wende" in der Lübbener Öffentlichkeit. Neben lokalen Mißständen (Wohnungsmangel, Umweltschäden, Verschwendung von Geldern für die gerade beschlossenen Lübbener Kulturtage u.a.) wurden von den Teilnehmern auch die grundsätzlichen Fragen der Verfassungsänderung bezüglich der bisherigen Staatsdoktrin, der Demonstrationsfreiheit, des Abbaus von Privilegien, der Reduzierung der übertriebenen Präsenz der Sicherheitskräfte und des Verwaltungsapparats sowie der räumlichen Unterstützung alternativer und oppositioneller Gruppen angesprochen.[189]

Trotz der allgemeinen Anerkennung für die Gesprächsbereitschaft von „oben" blieben die Ergebnisse dieser, wie auch der nächsten Veranstaltung drei Tage später in der größeren Gaststätte HOG „Am Hain" für viele enttäuschend, was sich nicht zuletzt durch lautstarke Zwischenrufe und massenweises, demonstratives Verlassen der Lokalität äußerte. Zwar hatte der Vorsitzende des Rates des Kreises, S. Stattaus, begangene Fehler des Partei- und Staatsapparats im Kreis Lübben zugegeben, und man bestätigte die genannten Defizite auf kommunaler Ebene, dagegen weigerte man sich aber, die Ursachen außerhalb organisatorischer Unzulänglichkeiten zu verorten. Über die Atmosphäre der Veranstaltung am 30. Oktober hieß es in einem Stasi-Bericht, daß sich unter den 700 Teilnehmern „organisierte Gruppen oppositioneller Kräfte und zahlreiche Personen [befanden], die von vornherein mit der Zielstellung, 'ihrem angestauten Unmut freien Lauf zu lassen', zur Veranstaltung gingen und in ihren Absichten durch Wortführer der genannten oppositionellen Gruppen 'angestachelt' wurden". Die Anwesenden wurden vom Verfasser des Berichts in drei soziale Gruppen gegliedert: 1. kirchenleitende Kreise der evangelischen Kirche des Kreises und Christen 2. ärztliches und mittleres medizinisches Personal 3. Pädagogen, Angestellte, Arbeiter.[190] Auch die LDPD um ihren Kreisvorsitzenden J. Zedler versuchte engagiert, sich an die Spitze der Opposition zu stellen. Mitte Oktober 1989 hatten bereits Lübbener Mitglieder beim Bezirksvorstand gegen die Medienpolitik und Anschuldigungen von Minister Herrmann gegenüber LDPD-Chef Gerlach protestiert. Auch beim Treffen zwischen dem SED-Kreissekretär Jakob und dem LDPD-Bezirksvorsitzenden Kney am 1. November hatte letzterer deutlich Kritik an der Macht- und Führungsposition der SED und der Rolle des MfS geäußert.[191] Innerhalb der Blockparteien trat die Lübbener LDPD in den folgenden Wochen verbal besonders konfrontativ gegen die SED und „alten Kader" auf, was aber eher den Eindruck hervorrief, daß man durch die versuchte Protestkanalisierung seine eigene frühere Rolle verdecken und von der neuen Situation profitieren wollte. Am 12. November fand die erste große, von der LDPD organisierte Kundgebung auf dem Marktplatz der Stadt statt. Vor über 2000 Teilnehmern entschuldigte sich der SED-Kreissekretär für begangene Fehler seiner Partei und trat für „Erneuerung und echte Demokratie" ein. Neben immer wieder geforderten freien Wahlen legten die Sprecher der Blockparteien und Massenorganisationen Bekenntnisse zur Reform ab und übten Kritik an gesellschaftlichen und lokalen Mißständen. Ein Vertreter der SDP stellte seine Partei vor und protestierte gegen Ämterhäufung in Partei und Staat. Herr Dinter vom Lübbener Ökumenischen Arbeitskreis (ÖAK) rief auf, bei aller Freude über die Ereignisse im Land und den Mauerfall, Realitätssinn und Besinnungsfähigkeit nicht zu verlieren. Auf der allgemein als diszipliniert gelobten Demonstration sprach auch H. Sander als Exponent des NF über die Gründung und Ziele der Bürgerbewegung. Er forderte u.a. den Rat der Stadt auf, der Initiative Räumlichkeiten zur Verfügung zu stellen und lud Interessierte zum Informationsgespräch ein.[192]

Der staatliche Vorstoß in Richtung Dialog muß natürlich in erster Linie als Reaktion auf die seit Sommer 1989 verstärkten halböffentlichen Aktivitäten des ÖAK interpretiert werden. In wöchentlichem Abstand wurden unter dem schützenden Dach der evangelischen Kirche über die politisch-gesellschaftlichen Ereignisse debattiert. Vor allem viele junge Leute kamen zum ÖAK, um sich abseits alltäglicher Ratlosigkeit, Angst und offizieller Sprachlosigkeit mit anderen Menschen auszutauschen.[193] Nach dem Rücktritt Honeckers organisierte der Ökumenische Arbeitskreis für den 24. Oktober in der Steinkirchener Kirche ein öffentliches Treffen unter der Leitung von Pfarrer Höck. Ein Vertreter des NF war aus Berlin eingeladen worden, um über die Ziele und Inhalte der Bewegung zu referieren. Da der Vortragende überraschend verhindert war, entwickelte sich unter den Anwesenden spontan eine allgemeine Aussprache und Diskussion, in deren Verlauf die Bürger sich kritisch über

Mißstände und Ungerechtigkeiten äußerten und Veränderungen in der Politik der Regierenden forderten. Stasi-Berichten zufolge sei die Veranstaltung, an der etwa 200 vor allem junge Leute teilnahmen, durch auswärtige Personen vom NF „bestimmt" worden. Es wurde der Standpunkt geäußert, daß man bei fehlender Dialogbereitschaft der Kreis-Funktionäre demonstrieren werde.[194] Wie berichtet wurde, ließ sich auch die Bürgermeisterin Lowa über die Veranstaltung informieren. Außerdem wurden im nachhinein Teilnehmer, die über notierte PKW-Kennzeichen identifiziert wurden, über ihre Motive der Teilnahme befragt.

Diese Aktivitäten strahlten auch auf die nähere Umgebung aus. So fand am 26. Oktober im Pfarrhaus in Wittmannsdorf eine kirchliche Veranstaltung zu „Fragen unserer Zeit" statt, an der (laut MfS) ca. 20-25 Personen aus Wittmannsdorf, Pretschen und Umgebung teilnahmen. Hierbei wurden Informationen über die Gruppen des NF in der DDR gegeben und, besonders vom katholischen Diakon Klein, zur Mitarbeit in jenen Gruppen und der Teilnahme an den kommenden Dialogveranstaltungen aufgerufen.[195]

Während die SED-Kreisleitung Lübben immer noch über einen Modus verhandelte, in dem eine erste öffentliche Dialogveranstaltung stattfinden sollte, tagte bereits am 24. Oktober der Ökumenische Arbeitskreis zusammen mit Vertretern der SDP, der CDU und der LDPD. In mehreren thematischen Arbeitsgruppen wurde ein erster Meinungsaustausch zu Fragen der Demokratie, der Ökologie und der momentanen gesellschaftlichen Entwicklungen durchgeführt.

Aus dem ÖAK heraus entstand auch das NF Lübben. H. Sander hatte Mitte September das Atelier von Bohley in Berlin aufgesucht und sich dort mit Inhalten und Protagonisten des NF bekannt gemacht. Sein Erlebnis trug er in den Lübbener Kreis und initiierte dort Ende September mit einigen Leuten, denen der ÖAK zu religiös orientiert war, die künftige Bildung der lokalen Bürgerinitiative NF. Diskutiert wurden die Schriften der Bürgerbewegung im gesamten Kirchenkreis. So ist es auch zu erklären, daß die EOS-Schülerin D. Dinter am 5. Oktober und die POS-Schülerin R. Litta am 10. Oktober jeweils den NF-Aufruf „Aufbruch 89" in ihre Lübbener Schulen bzw. Klassen zur Diskussion mitbrachten und so offiziell einen „Zwischenfall" hervorriefen. Die Eltern der beiden Mädchen waren aktiv in der Kirchengemeinde engagiert. (D. Dinter war später im NF tätig.)[196]

Die anfängliche Zahl der NF-Mitglieder überstieg (auch später) nicht die Grenze von etwa 20 Personen. Die Gruppe setzte sich in der Mehrheit aus Handwerkern/Gewerbetreibenden und technischen Intelligenzlern der Altersgruppe von 30-45 Jahren zusammen. H. Sander und der hinzugekommene A. Stabenau waren dagegen jünger. Obwohl das NF Lübben fast ausschließlich eine „Männerrunde" darstellte, beteiligten sich besonders in der Vorbereitungsphase von Veranstaltungen auch etliche Frauen. Anfang Oktober konstituierte sich die Gruppe und wählte zum 1. Sprecher: H. Sander, 2. Sprecher: A. Stabenau, Pressesprecher: Horst Lehmann (später J. Weise und Helmut Lehmann ab 10. Januar 1990) und zur Kassiererin dessen Ehefrau. Im Bezirkssprecherrat vertraten Sander und Stabenau die Lübbener Interessen. Die finanziellen Unkosten wurden ausschließlich durch Eigenanteil der Mitglieder beglichen. Zu westlichen Parteien oder Organisationen bestanden keine Kontakte, d.h. man erhielt auch im Wahlkampf keine externe Unterstützung. Das NF Lübben unterhielt kein Büro, als „Zentrale" fungierte die Wohnung von Sander.[197]

Obwohl man sich in der Gruppe mit NF-Flugblättern und dem Aufruf „Aufbruch 89" beschäftigt hatte, herrschte sowohl politischen Zielen, als auch jeglichen organisatorischen Verpflichtungen gegenüber größte Zurückhaltung. Sander hatte sich aus Abneigung gegen fertige Strukturen oder Listen bewußt nicht als Kontaktperson in Berlin eingetragen. Er und Stabenau waren die einzigen aus Lübben, die sich später als Mitglieder des NF in Cottbus notieren ließen. Sander erklärt das heute aus dem damaligen tiefen Mißtrauen der Leute gegenüber jeder neuen Form zentraler Anweisung oder Vorschrift: „Ein wesentliches Motiv für das Engagement im NF war: Nie wieder Partei!"[198] Selbst innerhalb des Bezirks wollte man sich kaum irgendeiner Generallinie des Sprecherrates anschließen.

Erstmals stellte man sich gemeinsam mit dem ÖAK im Anschluß an einen Schweigemarsch am 10. November in der Paul-Gerhardt-Kirche der Öffentlichkeit vor. Neben bekannten oppositionellen Forderungen machte man bereits hier sein Credo deutlich, kein „Phrasendrescher" sein zu wollen, sondern, orientiert an der unmittelbaren Realität, den lokalen Sachfragen gegenüber den Fragen der „großen" Politik den Vorzug zu geben. Man definierte sich als kommunale Bürgerinitiative, die sich außerhalb politischer Anschauungen für die Durchsetzung der „Wende" in der Stadt, maximal im Kreis, einsetze. Dieser Lokalpragmatismus wurde bis zu den Wahlen beibehalten, wobei man sich klar gegen Ansichten aus dem linken Spektrum im landesweiten NF abgrenzte. So waren im Vorfeld der Märzwahlen die Auffassungen und Optionen zu den Parteien innerhalb der Gruppe meist konservativ-liberaler Natur, wie sich Sander erinnert. Deutlich sprach man sich gegen eine „DDR-Souveränität" und für die „westliche Marktwirtschaft" aus: „Sozialparadiese und Träumereien gehören ins Reich der Utopie. Wir wollen kein drittes Experiment", hieß es in der Presse. Mit Blick auf die Kommunalwahlen im Mai 1990 setzte sich das NF in einem anderen Artikel in der „Lausitzer Rundschau" Anfang Februar für die „spreewaldtypische" Stadtgestaltung Lübbens und einen ebensolchen, ökologischen Ausbau des Tourismus im beizubehaltenden Landschaftsschutzgebiet ein. Zu aufgetretenen und noch zu erwartenden Problemen in der Wirtschafts- und Sozialpolitik hieß es lediglich, man müsse die Aufgaben und Kompetenz der Arbeitsämter erweitern, um die sozialen Härtefälle aufzufangen. Das zentrale Wahlprogramm für den 18. März vom Bündnis 90 wurde für Lübben „vereinfacht" und den Anschauungen der Anhänger des NF angepaßt. So bekannte man sich ohne Wenn und Aber zur Wiedervereinigung und zur einheitlichen Währung. Vom Sozialismus solle nur die Erfahrung und „weiter nichts" bleiben: „Lenin und Stalin sind tot!". Dagegen forderte man die deutliche Reduzierung der Rüstung und des Militärsektors. Kurz und prägnant hieß es: „In Deutschland ist kein Platz für Waffenkammern - Schwerter zu Pflugscharen!" Hier spiegelte sich neben persönlichen Auffassungen natürlich auch die frühere gemeinsame Herkunft aus dem ÖAK wieder.[199]

Der Aktionsradius des NF blieb relativ gering, was vor allem den Zeitbegrenzungen der wenigen Mitglieder durch Beruf und Familie geschuldet war. Es wurden keine Arbeitsgruppen gebildet, aber man arbeitete in verschiedenen offiziellen Kommissionen z.b. für Bauwesen (W. Kuhtz, Horst Lehmann), für Bildung und Kultur (Sander) oder für die Untersuchung von Korruption und Amtsmißbrauch (A. Brauer) mit. Am 11. Dezember veranstaltete das NF die zweite große Demonstration mit anschließender Kundgebung vor dem Lübbener Kaufhaus, an der rund 2000 Einwohner teilnahmen. Erst zur Ankündigung derselben trat die Bürgerinitiative öffentlich in der „Lausitzer Rundschau" in Erscheinung. Die schlechten Kontakte zur Kreisredaktion und die insgesamt schwache Präsenz in der Zeitung bis zum März 1990 sind einerseits auf langanhaltende ideologische Vorbehalte seitens der Redaktion, andererseits auf die fortdauernde, ablehnende Haltung des NF gegenüber der „alten" Presse zurückzuführen. Der ÖAK formulierte noch am 20. Dezember einen Protestbrief an die Zeitung, der vom zweiten RT am 4. Januar 1990 gebilligt wurde und in dem die „LR" zur Änderung ihrer bisherigen Berichterstattung aufgefordert wurde. Auf der Kundgebung wurde generell mit dem System abgerechnet: es gab scharfe Kritik zum Machtmißbrauch und zur Korruption, es wurde konstatiert, daß die SED-Führung um Krenz den Rest von Vertrauen in der Bevölkerung verspielt hätte. Als (mit viel Beifall bedachter) Ausweg wurde eine Wiedervereinigung thematisiert, und erneut wurde die vollständige Pressefreiheit nebst Zugang zu den Medien gefordert. E. Lehmann vom NF beklagte den offiziellen Umgang mit Handwerkern und Gewerbetreibenden in der DDR, während J. Grünbaum vom ÖAK sich für eine sinnvolle Wiedereingliederung von Stasi-Mitarbeitern in die Gesellschaft aussprach.[200] Diese erste und letzte vom NF organisierte Demonstration sollte noch länger die Bürger und Presse beschäftigen, da der angestaute Frust der Teilnehmer sich an diesem Tag besonders an zwei Sprechern der SED und des FDGB in Form von massiven und aggressiven Mißfallensbekundungen entlud, was einige Redakteure und Bürger später als politische „Unkultur" deklarierten und den Veranstaltern anlasteten.

Auf dem Kreistag am 11. Dezember wurde von allen anwesenden Parteien die Einberufung eines Runden Tisches, als höchstes Entscheidungsgremium des Kreises, für den 21. Dezember beschlossen. Auch an diesem Tag informierte der Kreisstaatsanwalt über die endgültige Auflösung der MfS-Kreisdienststelle am nächsten Tag, die dann unter Aufsicht von Mitgliedern des Untersuchungsausschusses zu Korruption und Amtsmißbrauch erfolgte. Eine erste Objekt-Begehung hatte bereits am 5. Dezember stattgefunden. Bis zur ersten von der LDPD moderierten Sitzung hatten führende Repräsentanten des Staates bzw. Vertreter der Kommunalverwaltungen im Kreis, überrollt von der Dynamik der „Wende", ihre Abberufungen eingereicht oder einreichen müssen, u.a. die Bürgermeisterin E. Lowa und FDGB-Vorsitzende E. Poszwa.[201] Am Runden Tisch waren vorerst die SED, die Blockparteien, die SDP, der ÖAK und das NF stimmberechtigt. Am 18. Januar 1990 kamen die Grüne Partei und am 1. Februar die F.D.P.-Ost hinzu. Neben den bisherigen Massenorganisationen wurden ein Vertreter der evangelischen Kirchenleitung und der Vorsitzende des Rates des Kreises, S. Stattaus, als beratende Teilnehmer berücksichtigt. Ein „Dauerbrenner" auf den sechs Beratungen des RT bis zu den Märzwahlen war die zukünftige Nutzung der MfS-Dienststelle in der Paul-Gehrhardt-Straße. Eine Neubelegung konnte jedoch nur teilweise, aufgrund administrativer Kompetenzstreitigkeiten und differierenden Vorstellungen, die von Wohnraum- über Parteibüro- zu medizinischer Nutzung reichten, in die Wege geleitet werden. Das NF, vertreten durch Stabenau und Sander, setzte sich besonders mit der geplanten Innenstadtbebauung (1.Sitzung), den Gehaltsüberbrückungen und Ausgleichszahlungen für MfS-Mitarbeiter (2. Sitzung am 4. Januar) und dem Bildungswesen (4. Sitzung am 1. Februar, moderiert vom NF) auseinander. Was letzteres betrifft, wurde dem eingeladenen Kreisschulrat R. Koch das Konzept der Arbeitsgruppe „Demokratisierung der Schule" empfohlen, in dem u.a. vorgeschlagen wurde: kreative Gestaltung des PA-Unterrichts, freie Fremdsprachenwahl, Wahl von Klassensprechern und Schüler- und Lehreraustausch innerhalb der Städtepartnerschaft mit Neunkirchen. Weitere Themen des RT waren: Förderung privater Initiativen in Handwerk und Gewerbe (18.01.), Jugendarbeit (01.02. und 15.02.), Natur- und Umweltschutz (15.02.), Vorbereitung der Volkskammerwahl am 18. März (1.03.), Standortproblematik des Flughafen Brand (15.02. und 15.03.). Ein öffentliches Ärgernis, zu dem die örtliche und bezirkliche Kommission gegen Amtsmißbrauch und Korruption ermittelte, stellten die Jagdmethoden und Verhaltensweisen der Jäger im Jagdgebiet Schuhlen-Wiese (2500 ha) dar. Hier jagten u.a. höhere Mitglieder der SED-Bezirksleitung (Wetzel, Scholz, Winter, Stein), der MfS-Bezirksstellenleiter Fitzner, der Chefredakteur der „LR" Waßmann und der örtliche Bürgermeister Poeser. Neben verantwortungslosem Jagdverhalten konnte hier eine unrechtmäßige Verwendung zusätzlicher Staatsgelder zur Ausstattung des Objektes festgestellt werden.[202]

In der heutigen Reflektion bewertet Sander den Effizienzgrad des RT einschließlich des dort vertretenen NF als gering. „In den Kommissionen wurde viel diskutiert, aber wenig verändert. Die Vertreter des NF konnten und wollten, nicht zuletzt aus familiären und beruflichen Gründen, keine Verantwortung übernehmen, obwohl die Möglichkeit und der Rückhalt der Lübbener durchaus vorhanden waren."[203] Neben zeitlichen und fachlichen Überlastungen kam noch hinzu, daß in Lübben eine Reihe weiterer Gruppen und Foren für bestimmte Sachfragen existierten, die die Energie und den Einfluß der Bürgerinitiative zusätzlich streuten, z.B. der RT der Jugend, der Grüne Tisch oder die Mitte Januar gegründete „Arbeitsgruppe Stadtökologie". Kaum zu überschätzen ist dabei auch der ÖAK mit seinen aktiven Arbeitsgruppen (zu dem das NF auch weiterhin engen Kontakt unterhielt), der durch sein Engagement und vor allem durch seine zahlenmäßig viel höhere Verankerung in der Lübbener Bevölkerung einen größeren Wirkungskreis als die Bürgerbewegung erzielte. Um so erstaunlicher ist die Tatsache, daß es dem NF Lübben gelang, bei den Kommunalwahlen am 6. Mai 1990 durch 6,84% Stimmanteile mit zwei Abgeordneten in die Stadtverordnetenversammlung einzuziehen, während dagegen bei den Volkskammerwahlen am 18. März im Kreis nur 2,32% für das Bündnis 90 votierten.

10. Senftenberg

Der „Wende"-Prozeß setzte sich im Kreis Senftenberg Ende Oktober 1989 an mehreren Orten fast parallel in Gang.[204] Von den staatlichen Organen und Parteien wurde erst ein gewisses Maß an Dialogbereitschaft signalisiert, als die Menschen auf die Straße gingen. In der Lokalpresse verkündete der Kreisverband der NDPD am 25. Oktober ein liberaleres Diskussionsklima für die Mitgliederversammlungen, und am Folgetag wurde ein Offener Brief der Vorsitzenden des Rates des Kreises, H. Wagner, veröffentlicht, in dem der Wille bekundet wurde, zusammen mit den Bürgern anstehende Probleme lösen bzw. seitens der Organe eine größere Bürgernähe praktizieren zu wollen (erweiterte Sprechstunden, öffentliche Gesprächsrunden).[205] Davor wurden von den offiziellen Stellen im Kreis die gesellschaftlichen Entwicklungen im Land ignoriert.

Am 25. Oktober fand am Abend die erste spontane Protestdemonstration statt, von deren Stattfinden die Senftenberger durch Gerüchte und vom „Hörensagen" erfuhren. Ausgangspunkt war die katholische Kirche, wo sich rund 150 Menschen versammelt hatten, um nach einem Friedensgebet und einer kurzen Ansprache vom dortigen Pfarrer Weber mit Kerzen in Richtung Stadtzentrum (Neumarkt) zu marschieren. Auf dem Weg dorthin schlossen sich weitere Einwohner an, so daß der Zug schließlich auf etwa 500 Personen anwuchs. Am Zielpunkt angelangt, traten spontane Redner auf, die sich kritisch zu republikweiten, kommunalen oder persönlichen Belangen äußerten. Danach begannen heftige Diskussionen mit den ebenfalls erschienenen Kreisratsvorsitzenden H. Wagner und Bürgermeister B. Huhle, in denen es u.a. um mehr Demokratie, Durchsetzung des Leistungsprinzips, Versorgungs- und Umweltprobleme ging. Wagner setzte die Aussprache am späten Abend im großen Sitzungssaal des Rathauses fort. Beide Vertreter versprachen, weitere Dialogveranstaltungen durchzuführen und luden dafür zum 28. Oktober auf dem Neumarkt ein. Trotz des konzeptionslosen Ablaufs der Demonstration – bis zu deren Ende gaben sich auch keine Personen oder Gruppen als Veranstalter oder Organisatoren zu erkennen – war nach deren Ende in der Stadt für viele Menschen das Eis des Schweigens gebrochen, obwohl die Angst vor persönlichen Konsequenzen angesichts der allseits bemerkten Anwesenheit von Mitarbeitern der Staatssicherheit noch bestehen blieb.[206]

Zwei Tage nach der ersten Kundgebung gründete sich in der Wohnung von F. und C. Rosanski das NF Senftenberg. Zu den Gründungsmitgliedern gehörten F. und A. Linke, M. Thürich, H.-R. Ospalek, die Ehepaare Geißler und Rosanski, die miteinander durch freundschaftliche Beziehungen verbunden waren. Der eigentliche Grund des Treffens war die Vorbereitung der nächsten Demonstration, speziell die Formulierung von Fragen und Argumenten, die an die staatlichen Vertreter gerichtet werden sollten. Einige der Anwesenden waren bereits mit auswärtigen Mitgliedern des NF in Kontakt getreten und berichteten über ihre Eindrücke. Im kleinen Kreis wurde der NF-Aufruf „Aufbruch 89" gelesen und diskutiert. Da man sich mit der dortigen Analyse identifizierte und man einen „Absender" für den eigenen aufgestellten Frage- und Forderungskatalog brauchte, wurde die Basisgruppenbildung beschlossen. Personelle oder organisatorische Beziehungen zu Kreisen der evangelischen oder katholischen Kirche bestanden bezüglich der Gründung nicht. Es gab auch keine wissentlichen Verbindungen zur bereits gegründeten Senftenberger Initiative von Demokratie Jetzt.

Beide Bürgerbewegungen traten am 28. Oktober namentlich erstmals in Erscheinung. Etwa 3500 Menschen hatten sich auf dem Neumarkt eingefunden, um den öffentlichen Dialog (u.a. mit H. Wagner und B. Huhle) zu verfolgen. In den zahlreichen Reden ging es um freie Wahlen, Umweltschutz, den Zustand der Krankenhäuser, Abschaffung des Wehrkundeunterrichts und Einführung eines zivilen Ersatzdienstes, die Schließung von Sonderverkaufsstellen für SED-Funktionäre. Es traten Redner von DJ und vom NF (Ospalek, Thürich) auf, die ihre Forderungen und programmatischen Aussagen („Aufbruch 89") den Senftenbergern bekannt machten. Speziell für den Kreis forderte das NF Umweltmaßnahmen (Einbau von Entschwefelungsanlagen in die Kohlekraftwerke, Reinhaltung der Schwarzen Elster, volle Funktionstüchtigkeit des Schmutzwasserhebewerkes an der Schule 7, Auskünfte über Produktion und Lagerung von gefährlichen Stoffen im Synthesewerk Schwarzheide), Mitbestimmung in der Stadtbauplanung (Aufklärung der Verantwortlichkeiten bei Fehlinvestitionen für die Gaststätte „Dammhirsch"), Vergrößerung der HO-Kapazitäten, längere Öffnungszeiten für Gaststätten, besseres Kulturangebot (Zukunft des „Kulturhauses der Eisenbahner"), Annullierung der geplanten Arbeiterfestspiele im Kreis, eine unabhängige Lokalpresse, Beseitigung des Notstandes an medizinischem Pflegepersonal.[207] Immer wieder wurde nachdrücklich die Zulassung des NF und der anderen neuen Bürgerinitiativen gefordert. Ebenfalls sprachen Mitglieder des NF aus dem benachbarten Klettwitz (F. Schiefer, Ch. Liebig), die sich als eigene Basisgruppe vorstellten und besonders die Lage im Gesundheitswesen kritisierten. Als die Forderungen und Darlegungen der vielen Redner eine immer persönlichere Färbung annahmen, wurde die Kundgebung durch H.-R. Ospalek vom NF beendet, nachdem die Kreisratsvorsitzende nochmals ihre Dialogbereitschaft bekräftigt hatte und dezentrale Arbeitsgruppengespräche vereinbart wurden.[208]

Ein Tag zuvor hatten sich auch 3500 Bürger in Lauchhammer zu einer Kundgebung versammelt, wo sich SED-Funktionäre, Abgeordnete des Stadtparlaments und Vertreter großer Betriebe (Gaskombinat Schwarze Pumpe und BFG) den massiven Fragen zur gesellschaftlichen Entwicklung, Umweltschutz, Wohnraumvergabe u.a. stellten. Nach Stasi-Berichten wurde in der Stadt auch durch „Aufsteller" vom NF, gesichtet am 24. Oktober, dazu aufgerufen. (Bereits am 10. Oktober waren in Lauchhammer-Mitte Handzettel mit einem kurzen, selbstverfaßten Aufruf vom NF von der Polizei gefunden worden.) Auf dem W.-Pieck-Platz stellten sich u.a. Mitglieder des dortigen NF vor und verlasen eine Resolution. Nach allgemeinem Protest wurde die Stadtverordnetenversammlung als quasi Dialogfortsetzung fünf Tage später in den Stadtpark verlegt, damit die fast 2000 Zuhörer daran teilnehmen konnten. Ein Pfarrer aus Lindenau forderte am Ende der Veranstaltung unter Verwendung eines Bibelwortes die Beseitigung des SED-Staates. In Großräschen wurde ebenfalls ein Aufruf vor 1200 Einwohnern im Beisein des 1. Sekretärs der SED-Kreisleitung K.-H. Wagner, Bürgermeisters J. Kröger und Freienhufener Pfarrers Vogler, bekanntgegeben, der aus einem Gesprächsabend mit über 170 Teilnehmern in der Kirche Freienhufen am 26. Oktober entstand. In ihm wurde u.a. verlangt: gesetzlich festgeschriebene Meinungs-, Presse-, Demonstrations- und Reisefreiheit, ein neues Wahlgesetz, Wirtschafts- und Bildungsreform, Offenlegung der Umweltdaten, unabhängige Untersuchungskommission zur Überprüfung der Übergriffe der Sicherheitskräfte bei den Vorgängen um den 7. Oktober 1989.[209]

In diese Zeit fällt auch die Aufführung des zum 40. Jahrestages der DDR inszenierten Stückes „Nachdenken über unser Land" durch das Bergarbeiter-Theater Senftenberg am 30. Oktober, an deren Anschluß auf Einladung der Intendantin eine Gesprächsrunde zum Stück stattfand. Schonungslos wurden hier die gesellschaftlichen Probleme angesprochen, was die Stasi dann in ihrem Rapport als „aggressiv" übersetzte. Interessanterweise schätzte sie jedoch die anwesenden Gesprächspartner von Partei und Staat, bis auf den Bürgermeister, als absolut „unwirksam" ein. „So mußte unter anderem dem Abteilungsleiter ... beim Rat des Bezirkes, ... , das Wort entzogen werden, da sein Diskussionsbeitrag durch Inkompetenz und Clownerie gekennzeichnet war." Die Vertreter des NF betonten hier nochmals ihren Willen nach Fortsetzung der Demonstrationen, bis kadermäßige Veränderungen auf allen Leitungsebenen des Partei- und Staatsapparates vollzogen seien.[210]

Am 1. November fanden sich erneut ca. 6000 Bürger zu einer Demonstration auf dem Senftenberger Neumarkt ein. Auf Transparenten und in Sprechchören fordern die Teilnehmer mehr Demokratie, freie Wahlen, Meinungs-, Presse- und Reisefreiheit, die Zulassung des NF, die Reduzierung der „Allmacht" der SED und Stasi. H.-R. Ospalek vom NF informierte die Senftenberger Einwohner über ein zuvor stattgefundenes Gespräch von DJ und NF mit der Kreisratsvorsitzenden, zu der letztere ins „Haus der Werktätigen" (HdW) eingeladen hatte. In dem dreistündigem Meinungsaustausch sei es um die Änderung des Artikel 1 der Verfassung (Führungsanspruch der SED), die Offenlegung der Umweltdaten, Abschaffung von Privilegien, Wirtschaftsreform, mehr Transparenz der Arbeit der Volkskammer und des ZK der SED (öffentliche Übertragungen der Tagungen) sowie die unzureichende Abwasserbeseitigung in der Kreisstadt gegangen. Ospalek betonte, daß durch den erfolgten Meinungsaustausch die Bewegungen DJ und NF effektiv als Gesprächspartner und verändernder Faktor im Kreis anerkannt seien. Er rief alle auf, an der Aufdeckung und Änderung von Mißständen mitzuwirken, da nach dem vielen Reden nun Taten folgen müssten. Die Teilnehmer antworteten darauf mit „Hurra-Rufen" und „Wir sind dabei!". In einem Stasi-Bericht dazu heißt es, daß der Redner die Unterredung „mißverstanden" und die Anerkennung des NF als Schlußfolgerung selbst hineininterpretiert hätte. Ziel des Gespräches mit der SED-Kreisleitung, so das MfS, sei vor allem die Aufgabe der Demonstrationen bzw. die Verlagerung des Dialogs von der Straße in „geeignete Räume" gewesen. Jedoch habe sich nach der Mitteilung die Demonstration so schnell aufgelöst, daß man nicht mehr „auf die unrichtige Wiedergabe des Gesprächs" hätte reagieren können.[211]

Einige Tage darauf wurde ein offizieller Brief, als gemeinsames Produkt aus den Gesprächen zwischen Wagner und den Bürgerbewegungen, an den Ministerrat abgeschickt. Nach der Darlegung der Umweltsituation des von der Industrie schwer belasteten Kreises Senftenberg (drei Tagebaue, zehn Brikettfabriken, mehrere kohleverarbeitende und chemische Betriebe) wurden in dem veröffentlichten Brief drei Forderungen erhoben: Erteilung von größeren Befugnissen und Kapazitäten für Verbesserung des Umweltschutzes und der Wasserqualität an den Kreistag und die Räte, deutliche Verbesserung der Ersatzteil- und Zubehörlieferungen zur Verminderung des zunehmenden Ausfalls von Produktion bzw. Arbeitsproduktivität und Optimierung der ungenügenden leistungsorientierten Entlohnung der Werktätigen. Die Verfasser machten deutlich, daß Reformen nötig seien, da im Kreis die Rücktrittsforderungen an die Regierung zugenommen hätten. Dem Brief beigefügt waren (auf Vorschlag von F. Schiefer vom NF) einige separate Standpunkte der einzelnen Bürgerinitiativen, bei denen kein Konsens erreicht wurde.[212]

Kurz nach der Demonstration vom 28. Oktober hatten sich weitere Sympathisanten des NF in der Wohnung des Ehepaares Linke getroffen. Über vierzig Personen waren erschienen, was den Hausherren und den Gründern der Initiative, trotz allgemeiner Freude über die Resonanz, unheimlich erschien, denn unter den Anwesenden waren ihnen einige unbekannt. Die Angst vor der Stasi saß tief, zumal man wußte (und sah), daß sie auf allen Kundgebungen und Veranstaltungen präsent war. Im Anschluß an dieses Treffen bemühte sich das NF um neutrale Versammlungsräume, die ihnen, nachdem die evangelische Kirche ihre Anfrage abschlägig beschied, vom Pfarrer Weber der katholischen Kirche zur Verfügung gestellt wurden. Später wurden viele Zusammenkünfte im „HdW" abgehalten.[213] Beim ersten Treffen wurde eine enge Kooperation zwischen bzw. der künftige Zusammenschluß der NF-Gruppen Senftenberg und Klettwitz vereinbart.

Das Ärzteehepaar Schiefer vom Klettwitzer Bergmannkrankenhaus hatte nach ihrer Teilnahme an den Leipziger Demonstrationen und dem Erhalt des Aufrufs „Aufbruch 89" von Berliner Verwandten Schriften des NF an Arbeitskollegen verteilt bzw. mit diesen darüber diskutiert. Das brachte ihnen, nach eigenen Angaben, vom damaligen Kreisarzt harsche Kritik und den Vorwurf zur Aufwiegelei ein. Dennoch fanden sich etwa zehn Leute Ende Oktober/Anfang November – „von der Illusion ergriffen, den Sozialismus zu reformieren" (so F. Schiefer später) – zusammen, um eine Basisgruppe zu gründen. Die vorläufige Zentrale, in der Redebeiträge, Organisation und Auftreten besprochen wurden, war die Küche in der Wohnung der Schiefers.[214]

In den auf Demonstrationen ausgelegten Unterschriftenlisten, die zur Zulassung des und Mitarbeit im NF aufriefen, hatten sich sehr viele Senftenberger eingetragen. Doch der Informationsdrang und die Neugierde an der Bürgerbewegung ließ nach dem Fall der Mauer spürbar nach. Nach kurzer Zeit schälte sich ein Kern von 15-20 (bis max. 25) Leuten heraus, die bereit waren, sich aktiv einzubringen. Die in einem Zeitungsinterview Mitte Februar 1990 angegebene Zahl von siebzig Mitgliedern für die Basisgruppen in Senftenberg, Lauchhammer und Klettwitz war übertrieben. Im bezirksinternen Fragebogen des NF vom Frühjahr 1990 wurden neunzehn Mitglieder angegeben.[215] Die Altersspanne lag bei etwa 30 - 60 Jahre, wobei der überwiegende Anteil der Aktiven zwischen 30 - 40 Jahre alt war. Die Mitglieder des NF aus Klettwitz kamen zum großen Teil aus dem Gesundheitswesen (die psychiatrische Abteilung des Bergmannkrankenhauses – Arbeitsplatz von Dr. F. Schiefer – war die Keimzelle des NF). In Senftenberg war die soziale Zusammensetzung sehr heterogen: ein Teil der Mitglieder waren Arbeiter, meist in den umliegenden Bergbaukombinaten beschäftigt, ein anderer Teil waren Lehrer, Selbständige, Justizangestellte u.a. Ein förmlicher Sprecherrat wurde nicht gewählt, aber es gab – automatisch – einige Personen, die durch Aktivitäten und/oder ihre Persönlichkeitsstruktur in der Öffentlichkeit ein bestimmtes Führungsprofil erhielten. Dazu gehörten u.a. H.-R. Ospalek, C. Rosanski, M. Thürich, F. Linke, Ch. Liebig, F. Schiefer, D. Busch. Aber auch dieser Kreis war bestimmten Fluktuationen unterworfen, z.B. kam Busch erst später zum NF hinzu, Ospalek dagegen stieg im Januar und Linke im Februar aus. Im Bezirkssprecherrat war Senftenberg wechselnd durch Schiefer, Ospalek und die Rosanskis vertreten. Anfang November wurden vier Arbeitsgruppen gebildet: Wirtschaft und Recht, Bildung und Erziehung, Kultur, Gesundheit und Soziales, Umweltschutz.

Das NF trat in der „Lausitzer Rundschau" erstmals am 9. November mit einem Aufruf in Erscheinung. Hier wie auch sechs Tage später wurde zu einer großen Demonstration unter dem Motto „Für eine unumkehrbare Erneuerung!" (von der Ingenieurschule „E. Thälmann" zum Neumarkt) am 18. November aufgerufen. Es sollte die vorerst letzte große „Wende"-Manifestation sein. Vor über 3000 Teilnehmern plädierte H.-R. Ospalek für freie Wahlen, Chancengleichheit und Zulassung aller demokratischen Gruppen und für einen Volksentscheid über den Artikel 1 der Verfassung. Er rief zu vielfältigen Einzel- und Gruppenaktivitäten auf, denn „die Umgestaltung muß im Kleinen beginnen!". Dann legten Mitglieder der Arbeitsgruppen ihre Gedanken und Absichten zur Umgestaltung dar. C. Rosanski von der AG Kultur

H.-R. Ospalek vom Neuen Forum verliest einen Text auf der letzten großen Herbstde-
monstration in Senftenberg am 18. November 1989, zu der die Bürgerbewegung unter
dem Motto „Für eine unumkehrbare Erneuerung" aufgerufen hatte. Hinter dem Redner
stehen weitere Gründer und Mitglieder des Neuen Forums.
Quelle: „Lausitzer Rundschau" vom 21.11.1989.

wünschte sich die termingerechte Fertigstellung des Theaters der Bergarbeiter und ein breites Kulturangebot, das viele Bürger ansprache. Gleichzeitig wandte sie sich gegen die Ausrichtung der kostenintensiven Arbeiterfestspiele 1990 im Bezirk Cottbus. Die baldige Einberufung eines neuen Pädagogischen Kongresses, die Entlastung der Lehrer von „bildungsfremden" Aufgaben und einen freiwilligen Fremdsprachenunterricht an Oberschulen forderte M. Thürich von der AG Bildung. Der schlechten Situation in der Psychiatrischen Pflegeanstalt in Großkmehren und der Pflegestation in Annaberg wollte sich die AG Gesundheitswesen annehmen. Ch. Liebig forderte den Kreisarzt auf, zu den angesprochenen Problemen Stellung zu beziehen. Die unmittelbare Verbesserung der Versorgung mit Lebensmitteln und Ersatzteilen und eine sinnvolle Preisgestaltung waren zwei der von der AG Wirtschaft (F. Linke) aufgestellten Forderungen. Interessierte Bürger wurden aufgerufen, sich mit Listeneintrag an den Aktivitäten der einzelnen Gruppen zu beteiligen. Für die Bürgerbewegung DJ sprachen G. Paulisch, B. Winkler und F. Gottschalk.[216]

Die Zusammenarbeit mit der „Lausitzer Rundschau" gestaltete sich lange Zeit als schwierig. Das NF beklagte wiederholt die verkürzte und/oder verspätete Wiedergabe von Gesagtem bzw. von verfaßten Artikeln (Höhepunkt: Die Stellungnahmen von NF und DJ zur Pressearbeit am 10.1.1990).[217] Nach einer Resolution des 1. RT (08.01.) zur gleichberechtigten Darstellung aller Parteien und Bewegungen in der Lokalpresse verbesserte sich das gespannte Verhältnis etwas.

Das NF trat weniger mit programmatischen Beiträgen, als in der Auseinandersetzung mit kommunalen Sachfragen in der Bevölkerung und Presse auf. Besonders in der Anfangszeit betonte man neben den vielen inhaltlichen Gemeinsamkeiten mit den Berliner Vertretern um Bohley und Reich die Eigenständigkeit der Senftenberger Gruppe (z.B. distanzierte man sich von den abwertende Äußerungen von Bohley zur Öffnung der Mauer), was aber im Rahmen von Meinungspluralität auch als Qualität der Bürgerbewegung herausgestellt wurde.[218]

Innerhalb der gesamtgesellschaftlichen Auffassungen vollzog sich in der Gruppe im Verlauf der Monate ein Wandel, der auch zu klaren Meinungsverschiedenheiten führte. So ging es vielen im Oktober/November noch um eine Erneuerung der DDR, eine Reform des Sozialismus. Trotz der freudig begrüßten Reisefreiheit standen nicht wenige einer schnellen Vereinigung skeptisch gegenüber. Die eine Hälfte der Mitglieder bevorzugten den dritten Weg bzw. ein schrittweises Zusammenwachsen (Einführung der Marktwirtschaft bei gleichzeitiger Beibehaltung sozialer Errungenschaften der DDR), die andere sprach sich für die vorbehaltlose Einheit aus. Spätestens nach dem Jahreswechsel war allen klar, daß eine Reformierung des Sozialismus an den Realitäten und Wünschen der Bürger vorbeigehen und das westdeutsche Wirtschaftssystem Einzug halten würde. Als eine wesentliche Aufgabe benannte das NF im Zuge des Wahlkampfes im Februar/März die soziale Abfederung der Menschen bei der Einführung der Marktwirtschaft, da man große Probleme für die Kombinate, wie die gesamte Wirtschaftsstruktur der Bergbauregion voraussah. Die republikweite Diskussion über den Organisationsstatus des NF (Bewegung oder Partei) trug man in Senftenberg ab Anfang Dezember aus, wobei die Kontroverse sehr heftig ausfiel. Die Mehrheit entschied sich im Sinne propagierter Basisdemokratie für die Bewegung (Motto: „Nie wieder Partei!").[219] Der Aktionsradius und die Wirksamkeit der AG's des NF waren unterschiedlich. In einigen wurden sehr konkrete Forderungskataloge erstellt und ihre Umsetzung versucht (u.a. am RT), andere wirkten mehr als öffentliche Moderatoren und Organisatoren von thematischen Diskussionen, zu denen staatliche Vertreter und Spezialisten eingeladen wurden. Innerhalb der Gruppe war man bestrebt, durch regelmäßige vierzehntägige Zusammenkünfte die Verbindungen unter den selbständigen AG's zu halten, Arbeitsergebnisse und -entwicklungen auszutauschen bzw. Absprachen zu treffen. Am auffälligsten (auch in der Lokalpresse) agierten sicherlich die gemeinsame AG Bildung und Erziehung des NF und von DJ um M. Thürich und G. Paulich und die AG Gesundheits- und Sozialwesen um F. Schiefer. Letztere setzte sich erfolgreich ein für größere Entscheidungsautonomie von Mitarbeitern des Gesundheitswesens gegenüber staatlichen Beschlußorganen, für Sofortmaßnahmen zur Verbesserung der materiell-technischen Ausstattung in den Krankenhäusern und der miserablen Bedingungen in den Pflegeheimen in Großkmehren, Hohenbocka und der psychiatrischen Abteilung im Bergmannkrankenhaus Klettwitz. Man organisierte die Gründung einer Behinderten-Selbsthilfegruppe.[220]

Auf Drängen der AG faßt der 2. RT am 8. Januar den Beschluß, das ehemalige Stasi-Gebäude in ein Rehabilitationszentrum zu verwandeln. Das Gebäude war am 6. Dezember in Anwesenheit von zwei Staatsanwälten, des Leiters der Kriminalpolizei und des AfNS-Kreisamtes und NF- (u.a. M. Hertel, F. Linke, R. Handschak) und DJ-Vertretern versiegelt worden.[221] Die AG Bildung und Erziehung erarbeitete den Entwurf für eine Schulreform und erreichte beim 6. RT (6.03.) den einstweiligen Einstellungsstop von ehemaligen Stasi-Mitarbeitern in der Volksbildung. Sie setzte sich öffentlich für die Mitsprache bei wichtigen Entscheidungen des Kreistags ein, z.B. die auf der Sondersitzung am 22. November beschlossene Ernennung des Kreisschulinspektors E. Hille zum neuen Kreisschulrat (abgelöst: I. Mittag). Hierbei ging es vor allem um die Beschneidung der vom Kreistag polemisch verteidigten umfassenden Entscheidungskompetenzen.[222] Das NF arbeitete aktiv in den staatlichen Kommissionen und Gremien des RT mit, dagegen verweigerte man aber dem Kreistag die angebotene Mitarbeit als eigene Fraktion mit dem Hinweis auf dessen fehlende Legitimierung durch freie Wahlen.

In der Konsequenz des DDR-Delegiertentreffens des NF am 9./10. Dezember bildeten einige Tage darauf H.-R. Ospalek und M. Hertel im Braunkohlekombinat Senftenberg (BKK) eine AG, die die Gründung von Betriebsräten als Macht- und Kontrollorgane der Belegschaften zum Ziel hatte. Gleichzeitig wandte man sich in Anbetracht der kritischen Versorgungslage gegen jeden Streikaufruf (das NF Karl-Marx-Stadt hatte für den 6. Dezember zu einem Generalstreik aufgerufen).[223] Die Senftenberger Basisgruppe gehörte auch zu den leitenden Organisatoren der landesweiten Lichterkette am 3. Dezember und arbeitete in der gebildeten Kommission gegen Amtsmißbrauch und Korruption mit.

Ein erstes RT-ähnliches Gespräch zwischen H. Wagner, Vertretern der Sicherheitsorgane und Bürgerbewegungen fand am 9. Dezember statt. Hier wurde die Fortsetzung der Gewaltlosigkeit und der Sicherheitspartnerschaft thematisiert, nachdem eine spontane Demonstration vor dem Stasi-Gebäude am Schwarzen Weg durch mehrere Teilnehmer in einer Eskalation mündete, die nur durch beherztes Auftreten anderer Demonstranten (darunter NF-Mitglieder) gestoppt werden konnte.[224] Nach einem weiteren vorbereitenden Gespräch am 13. Dezember fand der 1. RT (mit „Empfehlungs- und Kontrollcharakter") sechs Tage später statt. In einer vom NF und DJ organisierten Demonstration am 18. Dezember hatte man dezidiert die Senftenberger aufgerufen, sich per Post mit Hinweisen und Vorschlägen an der Arbeit des RT zu beteiligen. Vertreter des NF waren bis zum April 1990 abwechselnd D. Linke, D. Busch, M. Thürich, F. Schiefer, H. Lintzel und M. Hertel. Als erfolgreiches Engagement am RT sei hier nur der Umweltschutz genannt, der fast das größte Problem für die Lebensqualität in der Region darstellte. Durch den überzeugenden Einsatz von H. Lintzel und Herrn Kilian von der AG Umweltschutz (und natürlich auch anderer Umweltschutzgruppen) am 3. RT (22.01.) und 4. RT (12.2) konnte eine schonungslose Lageanalyse dargelegt und präventive Maßnahmen erreicht werden: z.B. Staubverringerung der Brikettanlage Brieske, Verhinderung der Abbaggerung von Drochnow, Stillegung der Feuergasanlage Brieske.[225]

Die Einschätzung der Wirksamkeit des NF ist schwierig. Einerseits arbeitete es in vielen offiziellen Gremien und mit Erfolg. Bei den Kommunalwahlen im Mai 1990 wurde diese Arbeit positiv honoriert. Andererseits sorgten die Mitgliederfluktuationen – nach internen Struktur- und Inhaltsdiskussionen traten etliche, auch stadtbekannte Anhänger aus bzw. manche wechselten in die CDU o.a. Parteien – für Verunsicherung bei den Einheimischen. Plötzlich traten „komische" Leute, die früher nie eine Verbindung zur Bürgerbewegung hatten, als deren Vertreter auf, wie sich ein ehemaliger Sympathisant erinnert. Das Problem der „Wendehälse" zeigte sich auch innerhalb des NF. Ein weiterer hemmender Punkt war das Fehlen einer prominenten Führungs- bzw. Identifikationsfigur, sowohl für den Zusammenhalt, als auch für das spätere repräsentative Auftreten des NF. Viele Bürger konnten sich nach der Einleitung der „Wende" nicht mehr mit der Konstellation einer Gruppe (und nicht einer Person) als Identifikationspunkt anfreunden.[226] So blieben die fortgesetzten Aufrufe zur Mitarbeit der Basisgruppen aus Senftenberg, Lauchhammer und Klettwitz weitgehend unbeachtet.

Bei den Volkskammerwahlen am 18. März stimmten 2,64% für Bündnis 90. Am 6. Mai 1990 erreichte das Bündnis 90 für den Kreistag 6,24%, d.h. sechs Mandate (C. Rosanski, Ch. Liebig, M. Hertel, Ch. Hänsel, H. Schmitz, Ch. Schmeißer). In den Kommunalvertretungen wurden in Senftenberg fünf Abgeordnete (11,5%) und in Sedlitz ein Vertreter (7,36%) vom Bündnis 90 gewählt. In Lauchhammer errangen zwei (4,05%), in Klettwitz vier Kandidaten (22,93%) vom NF Mandatssitze.

11. Spremberg

Während man noch am 27. Oktober 1989 in der „Lausitzer Rundschau" über den neuen (schein-)demokratischen Wind und den „freimütigen Dialog" im Kreistag über die Ergebnissen des IX. Pädagogischen Kongresses nachlesen konnte, begann bereits am nächsten Tag die „Wende" in der Kreisstadt Spremberg durch Druck von der Straße. Ausgangspunkt war hierbei eine Friedensandacht des Pfarrers J.-J. Werdins in der Spremberger Michaeliskirche, an deren Anschluß – laut stadtweiter Gerüchte – eine Demonstration stattfinden sollte. Am Vormittag war im Gemeindehaus der Kreuzkirche die Kreissynode der Evangelischen Kirchen abgehalten worden, an der auch Konsistorialpräsident M. Stolpe teilnahm. Während sich Superintendent Alpermann intern gegen die politische Nutzung von Kirchenräumen aussprach, konnten andere Pfarrer Stolpe erfolgreich von der Notwendigkeit überzeugen, so daß schließlich die Kirchen für solche Aktivitäten geöffnet blieben. Gegen 18.00 Uhr setzte sich nach Beendigung des Gebetes ein Demonstrationszug aus mehreren hundert Menschen mit brennenden Kerzen in Richtung Innenstadt in Bewegung, der im Verlauf des Marsches auf ca. 2-3000 Teilnehmer anschwoll. Die Demonstranten skandierten nach ersten ermutigenden Parolen wie „Schließt euch an!" oder „Wir sind das Volk" Sprechchöre für besseren Umweltschutz, Zulassung des Neuen Forums, Meinungs- und Reisefreiheit und vor allem gegen die Staatssicherheit, deren verdunkeltes Gebäude in der Drebkauer Straße passiert und mit brennenden Kerzen bedeckt wurde. Nachdem der Weg durch verschiedene Wohnviertel führte, endete schließlich die Demonstration (ohne Kundgebung) friedlich auf dem Marktplatz.[227]

Auf diese Manifestation reagierte sofort der Rat der Stadt und lud zu mehreren Gesprächsveranstaltungen in Kulturhäuser, Jugendklubs und Betrieben ein, u.a. am 1. November zu einem Einwohnerforum am Kino „Deutsches Theater" unter Beteiligung von K. Winkler, 1. SED-Kreissekretär, K. Kupke, Kreisratsvorsitzender, und K. Pikelke, stellvertretender Bürgermeister. Einer stenografierten Mitschrift der Veranstaltung ist zu entnehmen, daß insbesondere der katastrophale Umweltzustand der Region, bedingt durch die zahlreichen Tagebaue, kohleverarbeitenden u.a. Betriebe, heftigen Unmut und Protest unter den Demonstranten auslöste. Es ging um die Staub- und Geruchsbelastung durch das Gaskombinat Schwarze Pumpe (GKSP), um die erst für 1997 geplante Entschlackungsanlage der Brikettfabrik, die Existenz von vielen Mülldeponien um Spremberg, die erst 1993 möglich gewordene Umweltsanierung des Sprela-Werkes und die bislang fehlende Veröffentlichung von Umweltdaten. Ein weiteres kontroverses Thema war die geringe Auslastung sowie der prunkartige Stil des neuen SED-Schulungsgebäudes und die geplante Innenstadtbebauung, nach der der Marktplatz mit Plattenneubauten „rekonstruiert" werden sollte. Außerdem wurden Wohnungs- und Versorgungsprobleme und massive Demokratiedefizite angesprochen, wie unfreie, gefälschte Wahlen, der verfassungsmäßige Führungsanspruch der SED, die Stasi-Überwachung u.a.m. Mehrere Sprecher verlangten die Zulassung des NF und korrekte Informationen über die Bürgerbewegung in den Medien. Die Antworten und Stellungnahmen der offiziellen Vertreter in den drei Stunden befriedigten kaum den Erklärungsbedarf der rund 3000 Teilnehmer, die wiederholt durch Pfiffe und Sprechchöre den Rücktritt der „alten Kader" forderten.[228]

Am 4. und 8. November fanden weitere große Dialogveranstaltungen dieser Art mit 1000 bzw. 3000 Teilnehmern statt, die jetzt verstärkt thematisch strukturiert und von Mitgliedern der Gemeinde der Michaeliskirche (bzw. des NF) organisiert und moderiert wurden. Schon hier konnten erste Erfolge aus den vorangegangenen Demonstrationen bekanntgegeben werden, z.B. die Veröffentlichung der Umweltdaten, sofortige Umweltinvestitionen in das Sprela-Werk durch den Minister für chemische Industrie oder die offizielle Unterstützung der Zulassung des NF durch die SED-Kreisleitung. Vom Rat der Stadt und der Nationalen Front wurde nun ebenfalls zu vielen Gesprächsforen eingeladen, die den Reformwillen demonstrieren und die widerständigen Kräfte in die Arbeit der bereits bestehenden Kommissionen integrieren (kanalisieren) sollte. Kurze Zeit nach dem Fall der Mauer nahm allerdings das Interesse der Spremberger an den „Wende"-Meetings sprunghaft ab. Für den 11. November konnte das Spremberger NF noch einmal mehrere hundert Bürger unter dem Motto „Änderung des Art. 1 der Verfassung" (Führungsanspruch der SED) zu einer Demonstration mit Unterschriftensammlung für eine Verfassungsänderung mobilisieren.[229]

Die Keimzelle des NF befand sich im Umkreis der Gemeinde der Michaeliskirche und des Friedenskreises Frieden, Gerechtigkeit und Bewahrung der Schöpfung, in deren Rahmen regelmäßige Treffen von Ausreisewilligen und oppositionell denkenden Menschen stattfanden. Unter dem Dach der Kirche formierte sich lose ein Kreis von 8 - 10 Leuten, die bereits Ende September durch das Pastorenehepaar Kl. und M. Sorge Kontakt zu B. Bohley bzw. zum NF in Berlin gefunden hatten (M. Sorge nahm auch am ersten republikweiten, noch konspirativen Treffen des NF am 14. Oktober in Berlin teil). Erstes Ziel war die Beschaffung von Informationsmaterial und die Kommunikationsherstellung, vor allem innerhalb des Bezirkes. Den Zeitpunkt, aktiv in die Öffentlichkeit zu treten, hielt man allerdings noch nicht für gekommen. Mitte Oktober erhielt die Spremberger Gruppe ein NF-Rundbrief aus Berlin, in dem die Adressen von sechzehn Kontaktpersonen aus der Bezirkshauptstadt weitergeleitet wurden, an die man sich dann auch zum Zweck einer (solidarischen) regionalen Vernetzung wandte.[230] Es dauerte aber noch bis zum 28. Oktober, bis man in Zusammenarbeit mit der Kirchenleitung den Schritt in die Öffentlichkeit wagte. Dabei empfand man sich vor allem als Initiator der „Wende", weniger als Vertreter des NF, deren formale Gründung auch bis dato intern nicht durchgeführt wurde. Die Gerüchte, die zur ersten Demonstration aufriefen, wurden von diesem Kreis in der Stadt und vor allem in den Betrieben – der NF-Gründer H. Scholz hatte z.B. im Sprela-Werk eine Gruppe von Leute aktiviert – verbreitet. Nach der ersten Demonstration änderte sich diese Haltung und man trat als Bürgerbewegung nun auch in Reden, mit Plakaten und organisatorisch hör- und sichtbar in Erscheinung. Anfang November bildeten sich dann festere Strukturen in der Gruppe, deren Kern 15 - 20 Personen ausmachte.[231] Im Umkreis dieses Kerns beteiligten sich jedoch gerade in der Anfangsphase noch manchmal bis zu 100 Leute. Der Altersdurchschnitt lag ungefähr bei 25 - 40 Jahren. Der übergroße Teil der Mitglieder war in den großen umliegenden Betrieben (GKSP, Sprela-Werk, Spremag, BUS Welzow u.a.) als Ingenieure, Techniker und mehrheitlich Arbeiter angestellt. Ein geheimes Treffen erfolgte zwischen dem 1. und 4. November, wobei die Angst vor Stasi-Spitzeln für einen „vorsichtigen" Umgang auch untereinander sorgte, in dem es neben Fragen zur Gruppenbildung vor allem um die Vorbereitung der Demonstrationen ging. Noch am 15. November erschienen die Leute zu einer Zusammenkunft in der Sakristei der Kreuzkirche zu Fuß oder mit dem Fahrrad, damit „im Falle eines Falles" die Stasi keine Autonummern registrieren konnte.[232] H. Scholz wurde zum 1. Sprecher, J. Paschke zum 2. benannt, S. Planitzer bewältigte vor allem die Pressearbeit. Allgemeiner Treffpunkt waren häufig das Gemeindehaus der Kreuzkirche, aber auch Privatwohnungen. Auf der ersten offiziellen Beratung des NF am 16. November wurde von den 45 Anwesenden die Bildung von sieben Arbeitsgruppen beschlossen: Bildung (B. Hein-rich, später J. Mocksch), Demokratie (K. Bartels), Umwelt/Ökologie (R. Noack), Soziales (C. Kardasch), Wirtschaft (H. Scholz), Innenstadtbebauung (J. Paschke) und Kultur (Manfred Stroyny). An den Sitzungen des Bezirkssprecherrats nahmen M. Stroyny, M. Illing und H. Hömberg teil. Mit Berlin blieb man durch M. Sorge in Verbindung, die anfänglich an zentralen Sitzungen des NF teilnahm und von dort Programm- und Statutentwürfe zur Diskussion mitbrachte. Auf der ersten Sitzung wurde auch versucht, die Mobilisierungskraft der Bürgerbewegung schwerpunktartig zu beziffern: Kreuzgemeinde/Michaelisgemeinde – 250 Personen, Spremag – 25, Forstwirtschaft – 15 und Sprelawerk – 50. Am 28. November trat die Basisgruppe bei einem Podiumsgespräch im Kreiskulturhaus erstmals als konstituierte Vereinigung auf. Die erste öffentliche Versammlung des NF, auf der man seinen politischen Standpunkt, Statut- und Programmentwürfe darlegte, fand jedoch erst am 9. Januar statt, wobei das Fehlen eines fertigen Programms bei einigen Besuchern auf Enttäuschung stieß.[233]

Etwa zeitgleich gründete sich eine Initiativgruppe des NF in der Nachbarstadt Welzow. Hier hatte sich am 3. November spontan ein Protestmarsch von mehreren hundert Welzowern formiert, der jedoch völlig unorganisiert weder ein Ziel, noch einen Ablaufplan oder Veranstalter besaß. In die konzeptionelle Lücke sprang der Ingenieur H. Hömberg aus dem einheimischen Braunkohlebohr- und Schachtbaubetrieb (BUS Welzow), der in einer Rede die Verbesserung der angespannten Versorgungslage in der Stadt, die Reduzierung des Fluglärms vom anliegenden sowjetischen Militärflughafen, größere Meinungsfreiheit und Demokratie im Land forderte. Hömberg hatte seinen Forderungskatalog bereits im Betrieb mit Kollegen erstellt und bestimmte Punkte daraus in der Stadtverordnetenversammlung

Neues Forum war im Kreuzverhör

Das Neue Forum in Spremberg hatte zur 1. öffentlichen Versammlung am 9. Januar aufgerufen. Der kleine Saal des Kreiskulturhauses reichte nicht aus, um allen Interessenten einen Stehplatz (!) zu geben. Wir bitten um Verständnis und werden dies beim nächsten Treffen berücksichtigen. In einem vielschichtigen Fragenkomplex wurden insbesondere der politische Standort des Neuen Forums dargelegt. Bei sehr guter Disziplin meldeten sich Mitbürgerinnen und -bürger verschiedenster Berufe konstruktiv und zum Teil ungeduldig zu Wort.

Die Erwartung vieler, ein fertiges Programm in die Hand zu bekommen, konnte nicht erfüllt werden. Inhaltlich wurden die Entwürfe von Statut und Programm vorgestellt. Heftiger Diskussionsschwerpunkt war die Lokalzeitung „LR", deren Unabhängigkeit schon vor einem Mediengesetz praktiziert werden sollte. Hier ist ein Meßpunkt für das neue Demokratieverständnis. Weiterhin standen Fragen der Basisarbeit zur Diskussion.

Abschließend möchten wir noch alle Mitglieder des Neuen Forums Spremberg und auch solche, die es werden wollen, zu unserer nächsten Mitgliederversammlung einladen. Sie findet am 17. Januar 1990, 18 Uhr, im Gemeindehaus der Kreuzkirche statt. Es stehen Strukturarbeit sowie Ergänzungen zum Programmentwurf zur Diskussion.

Joachim Paschke

Wofür das NF auf die Straße gehen will

Für den 15. Januar hat das Neue Forum Spremberg aufgerufen, sich an einer Montag an einer landesweiten Demonstration zu beteiligen (siehe LR von gestern). Dazu gab deren 1. Sprecher **Hubert Scholz** in der LR-Lokalredaktion folgende Erklärung ab. Wir, das Neue Forum Spremberg, demonstrieren an diesem Tag

für die tatsächliche Auflösung und kontrollierbare Entwaffnung aller Dienststellen des ehemaligen Ministeriums für Staatssicherheit und aller seiner Nachfolgeorganisationen, die Entbindung der Mitglieder von der Schweigepflicht

und gegen eine Neubildung vor Neuwahlen;

für die Bekämpfung von Terrorismus sowie von rechts- und linksradikaler Kriminalität durch dafür vorhandene Organe der VP;

für die sofortige Aufhebung der Geheimhaltungsgrade aller Dokumente und Befehle, die als Staatsgeheimnis eingestuft und in Vorständen der SED-PDS vorhanden sind;

für die Offenlegung der SED-Finanzen;

für die Eröffnung der Verfahren gegen ehemalige Mitglieder der SED-Führung.

Zeitungsbericht von J. Paschke, 2. Sprecher des Neuen Forums Spremberg, über die erste öffentliche Versammlung der Bürgerbewegung im Spremberger Kreiskulturhaus am 9. Januar 1990. Darunter: Erklärung des Neuen Forums bezüglich des Aufrufs zu landesweiten Demonstrationen gegen die SED-PDS und den DDR-Geheimdienst am 15. Januar.
Quelle: „Lausitzer Rundschau" vom 12.01.1990.

127

am 2. November vorgetragen. Er verlangte einen öffentlichen Dialog mit den örtlichen Staatsvertretern bzw. dessen organisatorische Vorbereitung durch einen der drei großen Welzower Betriebe. Der Dialog kam drei Tage später schon technisch kaum zustande, da keine Tonanlage installiert worden war. Den anwesenden ca. 1-2000 Welzowern stellten sich W. Bohne von der SED-Kreisleitung, H. Presser, SED-Ortssekretär, Bürgermeisterin K. Haase und die Betriebsvorsitzenden der ansässigen Bohr- und Schachtbau-, Baumaschinen- und Glaswerke. Die Veranstaltung verlief aufgrund schlechter Vorbereitung seitens der Funktionäre und permanenter aufgebrachter Zwischenrufe aus der Bevölkerung so chaotisch, daß Hömberg die Moderation übernahm und letztlich ein erneuter Anlauf für den 9. November beschlossen wurde.[234]

In Vorbereitung auf diese kommende Kundgebung wurde in Welzow auf Initiative von Hömberg zusammen mit fünf von ihm angesprochenen Personen am 7. November das NF gegründet. Es war eine bewußt getroffene Entscheidung für diese Bürgerinitiative, die allen Gründungsmitgliedern durch die Medien bekannt und am sympathischsten erschien. Da man bis dahin kein programmatisches Schriftgut bzw. keine Berliner „Vorlage" besaß, erarbeitete man sich selbständig seine Forderungen, die neben generellen Aussagen (freie Wahlen, Reise- und Meinungsfreiheit etc.) stark an lokalen Belangen orientiert waren, wie die Beseitigung des Fluglärms und der instabilen Versorgung durch die örtlichen HO-Geschäfte, die Verbesserung der medizinischen Versorgung und Jugendarbeit in der Stadt u.a.m. Diese Punkte wurden vor den über 2000 Demonstranten am 9. November vorgestellt. Hier wurde durch die Bürgermeisterin auch ein Protestbrief an E. Krenz gegen die andauernden Tiefflüge der sowjetischen Garnison verlesen, an dem NF-Vertreter mitgewirkt hatten. Das NF hatte Unterschriftenlisten zur Zulassung und Mitarbeit in der Bürgerbewegung ausgelegt, die etwa 700 Teilnehmer unterzeichneten.[235]

Den Kern des Welzower NF machten rund 15 Leute aus, die sich in einem Altersspektrum von Ende 25-50 Jahre befanden. Fast alle kamen aus den drei heimischen VEB's, wo sie etwa zu gleichen Teilen als Ingenieure und Arbeiter angestellt waren. Am 12. Dezember wählte die Gruppe auf ihrer offiziellen Gründungsveranstaltung im Kulturhaus des BUS H. Hömberg zum 1. und H. Dorn zum 2. Sprecher. Es wurden mehrere Arbeitsgruppen gebildet, in denen Hinweise, Vorschläge und Eingaben von Bürgern angenommen und durch das NF als Interessenvertreter in den Stadtkommissionen bearbeitet wurden. Ab Januar bot das NF regelmäßige Konsultationen in Form von Bürgersprechstunden an. Besonders wichtig waren die AG's, die sich um die Verringerung des Fluglärms und Verbesserung der Versorgung kümmerten (letztere stellte erfolgreich ein Sofortprogramm für kundengerechtere Öffnungszeiten und verbesserte Handelskoordinierung mit Spremberg vor).[236] Später gingen die AG's mit ihrer Arbeit in den staatlichen Kommissionen auf, die nach anfänglichem Mißtrauen schnell die NF-Vertreter als Motor in den Ausschüssen akzeptierten. In den ansässigen Betrieben spielte sich ähnliches ab. Mitglieder der Bürgerbewegung übernahmen hier Gewerkschaftsfunktionen, in dem sie als Mittler zwischen Betriebsleitung und Werktätigen agierten. Die Arbeiter kamen mit persönlichen, kollektiven oder betriebsweiten Problemen zu ihnen – der FDGB, der nur auf Anweisungen von „oben" reagierte, hatte jegliches Vertrauen bei den Arbeitern verloren. Die VEB-Leitungen beobachteten die Entwicklung zunächst sehr skeptisch oder sogar feindselig. Nach einer Weile erkannte man aber die betriebsstabilisierenden Wirkungen des NF, über die notwendigerweise das Protestpotential kanalisiert wurde. Zeitig wurden der Ende November durch das NF gebildete Runde Tisch im BUS als Gremium bzw. die dortigen NF-Exponenten Hömberg und Dorn akzeptiert. Im Speisesaal des Betriebes fanden auch die meisten Versammlungen der Bewegung statt, zu der auch staatliche Vertreter zur Rechenschaftslegung eingeladen wurden und die sich häufig in thematische Bürgerversammlungen verwandelten. Themen auf Gesprächsforen am 18. Januar, 8. Februar und 1. März waren z.B. der Stop des Tagebaus vor dem Welzower Wohnbezirk 5, der Erhalt von Schulspeisung, Kindergarten und -krippe, soziale Sicherheit und die Erhöhung der Lebensqualität für Rentner, die Wahlen 1990 oder die Verringerung des Fluglärms. Nach Demonstrationen, einem Gespräch mit dem sowjetischen Garnisonschef am 9. Februar und einer Diskussion mit Vertretern des Verteidigungsministeriums am 14. März konnte die Welzower Bürgerinitiative maßgeblich zur Einschränkung der Flugzeiten beitragen.[237] Dies gehörte neben der unmittelbaren Verbesserung der Handelsversorgung in der Stadt zu den frühzeitig sichtbaren Erfolgen der Gruppe.

Eine Verbindung zwischen den NF-Gruppen Welzow und Spremberg stellte sich erst Ende November her, nachdem Hömberg Kontakt zu den Sprembergern aufgenommen hatte und rasch zur führenden NF-Persönlichkeit im Kreis avancierte bzw. dann auch als Kreisvertreter im Bezirkssprecherrat saß. Er wurde als pragmatische, konstruktive Person mit Entschlußkraft beschrieben, die die Strukturen in der Gruppe zugunsten von Effizienz und „Schlagkräftigkeit" zu straffen versuchte. Beide Gruppen agierten bei gewissen Unternehmungen zwar gemeinsam, arbeiteten aber letztlich unabhängig voneinander vor Ort. Überregional betrachtete man sich als kommunale Initiative, die dennoch in bezirkliche und landesweite Strukturen des NF ein- und untergeordnet sei. In Folge der auch in Spremberg heftig diskutierten Frage „Partei oder Bewegung", spaltete sich die Bürgerbewegung im Januar, wobei Welzow mit Hömberg komplett der Forumpartei (DFP) beitrat und in der Kreisstadt die Mehrheit im NF verblieb. Auf der Demonstration am 15. Januar, eine Woche nach der Leipziger Landesdelegiertenkonferenz des NF, sprach sich Hömberg vor 5000 Teilnehmern für die Gründung der DFP aus. Er wandte sich gegen „weitere Experimente irgendeiner Art Sozialismus in der DDR" und sprach sich für einen klaren, zeitlich fixierten Vereinigungsplan aus.[238]

Der Wechsel zur DFP hatte aber für die meisten weniger programmatische, sondern strukturelle Gründe, da man angesichts des Einzugs westdeutscher Parteien in die DDR und eines allgemeinen abnehmenden Interesses an den Bürgerbewegungen glaubte, durch Parteistrukturen wirksamer präsent zu bleiben. Diese Kontroverse, wie auch die über die Wiedervereinigung, führte im Kreis Spremberg zu einer Trennung der Gruppe. Dennoch blieben untereinander alte Verbindungen weiterhin bestehen bzw. es ergaben sich Kooperationen. Am Runden Tisch erhielten die neuen Kräfte dadurch eine Stimme zusätzlich.[239] Aus Protest gegen die massive Umweltbelastung organisierte das NF am 2. Dezember eine Fahrraddemonstation vom Sprelawerk über das Ferrolegierungswerk zum GKSP, wobei es zu konzeptionellen Gesprächen mit allen Betriebsleitungen kam. Auf dem 1. Umweltforum fünf Tage später in der SED-Kreisleitung brachten NF-Vertreter der AG Umwelt (die später mit der AG Wirtschaft fusionierte) vor 150 - 200 Teilnehmern ihre Vorstellungen zur Reduzierung ein, die schließlich in die Überlegungen und Aktionen der stadtweiten Umweltinitiative in Zusammenarbeit von Kirche und Nationaler Front mündeten. Es ging um die Reinhaltung der Spree, eine Smogvereinbarung, Senkung der Stickstoff- und Phenolwerte (z.T. 70-fache Überschreitung), objektive Umweltdaten, Stop der Siebkohleverarbeitung bei der Brikettherstellung, Abberufung des Ministers für Umweltschutz und Wasserwirtschaft u.a. Bis Mitte Dezember wurden weit über 5000 Unterschriften zur sofortigen Ergreifung umweltschützender Maßnahmen gesammelt und per Eingabe nach Berlin an die Regierung geschickt. Zum Runden Tisch am 21. Februar wurden vom NF Anregungen zur Reduzierung der Umweltbelastungen durch den GSP-Stammbetrieb vorgelegt und die Erarbeitung eines entsprechenden Konzeptes von der Kombinatsleitung beantragt.[240]

Die AG's Umwelt/Wirtschaft, Innenstadtbebauung und Bildung hatten innerhalb des NF bzw. der Stadt einen Aktionsradius, dessen besonderer Umfang vor allem durch die sichtbaren Probleme vor Ort begründet lag. Alle gebildeten AG's schalteten sich aber in die öffentliche Diskussion ein, wobei weniger alternative Veranstaltungen organisiert, sondern die vom Rat der Stadt initiierten thematischen Bürgerforen als Austragungsorte der Konflikte genutzt wurden. Die Zusammenarbeit mit anderen, in der Stadt gebildeten Bürgerinitiativen (z.B. „Umweltschutz" und „Innenstadt") war natürlich sehr eng. Ein schneller Erfolg war auf jeden Fall der erreichte Stop der geplanten Innenstadtbebauung sowie des Generalbebauungsplans für Spremberg. Bereits zum 13. Dezember wurde dem (außerordentlichen) Kreistag ein Gegenentwurf zur Diskussion vorgelegt, der schließlich einstimmig angenommen wurde. Hier ging es in erster Linie um den weitmöglichen Erhalt von Altbausubstanz, die Anpassung von Neubau und Rekonstruktion in der Architektur und Höhe entsprechend dem Altstadtcharakter (Marktplatz, Schloßplatz u.a.), den Anschluß der Altstadt an Fernwärmekapazitäten, die Ausschreibung eines Ideenwettbewerbs für den weiteren Städtebau u.a.m.[241] Im Frühjahr kamen verstärkt Vorschläge aus der AG Soziales, die sich vor allem der Behindertenproblematik und den Rentnern widmete. So wurde der Bau eines Rehabilitationszentrums und von Beratungs- und Kontaktstellen vorgeschlagen sowie die verbesserte Anbindung älterer und behinderter Menschen an Serviceleistungen (Telefon, Versorgung etc.) gefordert.[242]

Wichtige Demonstrationen fanden am Abend des 24. Dezember (Motto: Solidarität mit den Opfern in Rumänien) und am 15. Januar (Forderungen: Auflösung der AfNS, Offenlegung der SED-Finanzen und aller SED-Dokumente, Bekämpfung des Rechts- und Linksradikalismus, strafrechtliche Verfolgung der SED-Führung) statt, zu der einige hundert bzw. noch einmal 5000 Spremberger mobilisiert werden konnten. Die Begehung und Versiegelung der Stasi-Kreisdienststelle fand im Zusammenhang mit mehreren Kontrollen am 6., 12. und 13. Dezember statt, wobei die erste Besichtigung ohne das NF, nur in Anwesenheit staatlicher Vertreter, erfolgte. Am 20. Januar wurde das Objekt nochmals durch eine Gruppe von NF-Leuten begangen und dabei wiederholt ergebnislos ein ominöser Räucherkeller ohne Schornsteinabzug in einem Hinterhaus untersucht („Wurden hier Leute beräuchert?", wurde in der Presse gefragt).[243]

Ab Januar ließ das öffentliche Interesse der Bevölkerung am NF spürbar nach. Die Spaltung der Bewegung war für viele nicht nachvollziehbar, und die nur zäh verlaufende Programmerarbeitung nach basisdemokratischer Manier konnte den Wunsch der meisten nach schnellen und unkomplizierten Politrezepten nicht befriedigen, zumal das NF keinen westdeutschen Partner aufweisen konnte. Zudem wechselten einige der Aktiven aus der Bürgerbewegung, außer in die DFP, auch in andere Parteien (CDU, SPD).

In die Betriebe hinein wirkte das NF kaum als namentliche Bewegung, obwohl anfänglich die Bürgerbewegung in ihnen durchaus über aktive Sympathisantenkreise verfügte. Dafür engagierten sich aber einzelne Personen, die der Belegschaft als NF-Mitglieder bekannt waren, wirksam für interne Belange. Stellvertretend für mehrere sei hier nur M. Stroyny vom Abschnitt Pumpenbau im GKSP genannt, der frühzeitig und radikal den „Wende"-Prozeß in seinem Betrieb zu initiieren versuchte. Ihm gelang es durch großen persönlichen Einsatz, mehrere Kollektive (bis Dezember 55 Kollektive) im Kampf gegen alte Gewerkschaftskader zu mobilisieren bzw. die Neubesetzung der BGL ohne SED-Vertreter zu erreichen. Am 4. Dezember wurden unter Streikandrohung für den 6. Dezember 9 Uhr (in Anlehnung an den Generalstreikaufruf vom NF Karl-Marx-Stadt) für den Bereich Zentrale Werkstätten mehrere Forderungen erhoben: Auflösung der GO der SED und der Betriebskampfgruppen, Einstellung der Betriebsaktivitäten von GST, DSF und FDJ, Anerkennung der neugewählten Gewerkschaftsvertreter. Genau zum Zeitpunkt des Ultimatums konnte auf der Vertrauensleutevollversammlung die erfolgreiche Durchsetzung der Forderungen verkündet werden. Durch diese Aktivitäten fand eine der frühesten Kampfgruppenauflösungen in der DDR statt.[244]

Der zunehmende Machtverlust der SED zeigte sich auch im Ringen um Inhalte und Kompetenzen am Runden Tisch. Zum 1. RT am 11. Dezember hatte die SED-Kreisleitung eingeladen, wobei es zu einem Schlagabtausch zwischen der Mehrheit der Parteien der Nationalen Front und der staatlichen Organisationen und der Minderheit der Bürgerbewegung (für das NF: H. Hömberg, S. Planitzer, J. Paschke) kam. Während die „alten Kader" auf ihre angeblich bereits reformierten Strukturen für die weitere Gestaltung der „Wende" hinwiesen, machte das NF die herausragende Stellung der Straßenbewegung in dem angeschobenen Prozeß bzw. das Versagen der SED und Nationalen Front deutlich. In der Diskussion wurde vom NF der anwesende Redakteur H. Daßler von der „Lausitzer Rundschau" wegen seiner anhaltenden Parteinahme für die SED und fehlenden objektiven Berichterstattung als Korrespondent abgelehnt. Weiterhin wurde auch die vorgeschlagene Quotenregelung für die Teilnahme am RT zurückgewiesen, da schon allein die Bürgermeisterin und die Vertreter von DSF, FDGB, Konsum, DFD und der Nationalen Front Mitglieder der SED waren und das alte Ungleichgewicht weiterzuexistieren drohte. In den Modalitäten erzielte man aber keinen Kompromiß. Da das festgefahrene Gesprächsergebnis für das NF inakzeptabel war und ein weiteres Treffen sinnlos erschien, ergriff das NF, allen voran Hömberg, Anfang Januar die Initiative für eine Neuauflage des RT unter veränderten Bedingungen.

In einem quasi konspirativen Treffen gelang es, die Blockparteien zu einem gemeinsamen Vorgehen gegen die SED zu bewegen. Durch einheitliches Abstimmen gegen die SED sollte deren Machteinfluß am RT „wegvotiert" werden. Dafür wurde sogar, wie ein Zeitzeuge berichtete, eine Art geheime Zeichensprache erfunden, um sich während der Sitzungen miteinander abzustimmen. In einem proklamatischen Artikel erläuterte Hömberg am 13. Januar die nun geltenden Regeln für den RT. Darin hieß es u.a.: Nur Parteien und Bürgerbewegungen sind mit jeweils einer Stimme stimmberechtigt, dem RT sind alle Vorlagen für Kreistagsbeschlüsse vorzulegen, der RT besitzt Einspruchsrecht. Der Demokratisierungsprozeß müsse unumkehrbar gemacht und faire Wahlvorbereitungen gewährleistet werden, so Hömberg. Der eigentliche 1. RT fand, nachdem die SED diesen Vorgang nur schwer akzeptiert hatte, am 25. Januar unter der Leitung des NF statt. Zu den Stimmberechtigten gehörten ab dem 2. RT am 7. Februar, unter der Moderation von Superintendent Alpermann: DBD, NDPD, SED-PDS, CDU, LDPD, SPD, Domowina, NF und DFP. In den beiden weiteren Tagungen am 21. Februar und 7. März vor den Volkskammerwahlen (letzter RT am 2. Mai) wurde die SED-PDS bei kontroversen Themen nun regelmäßig überstimmt. Zu den wichtigen Themen des RT gehörten u.a. der Stop der Blockbauweise in der Innenstadt, Erarbeitung eines neuen Umwelt- und Energiekonzeptes, die Zukunft der umliegenden Betriebe, die Errichtung einer neuen EOS-Schule.[245]

Bei der Volkskammerwahl am 18. März stimmten 2,82% für das Bündnis 90 und 4,56% für den Bund Freier Demokraten. Nach den Kommunalwahlen am 6. Mai saßen ein Vertreter der DFP (1,59%) und drei Vertreter des NF (3,4%) im Kreistag. Für die Stadtverordnetenversammlung erhielt das NF zwei Mandate (4,89%). In Welzow waren drei Abgeordnete (17,22%) für die DFP im Stadtparlament vertreten. Hömberg wurde kurz darauf zum Bürgermeister von Welzow gewählt. In Greinstein erreichte das NF 17,56% bzw. zwei Mandate.

12. Weißwasser

Die Darstellung der Aktivitäten des NF im Kreis Weißwasser erweist sich in diesem Rahmen als schwierig, da die Bürgerinitiative hier nicht nur eine führende Rolle bei der Entstehung der lokalen „Wende" spielte, sondern auch, wie sonst kaum im Bezirk, in vielen Orten eine wirkliche Massenbewegung war. Im Dezember 1989 hatte das NF rund 2000 Mitglieder, von denen sich mehrere hundert aktiv engagierten. Gleichzeitig ist zehn Jahre später die Informationslage über die „Wende"-Monate bzw. das NF im Kreis so ungleich, daß hier nur versucht werden kann, den Umfang des Wirkungsbereichs der Bürgerbewegung exemplarisch anzudeuten.

Die Gründung der Bürgerbewegung ist vor allem mit einem Namen verbunden: H. Havenstein. Der seit 1957 in der evangelischen Gemeinde Daubitz tätige Pfarrer hatte sich seit frühester Zeit, ausgelöst durch prägende biographische Erlebnisse, als äußerst systemkritischer Theologe und Regimegegner bekannt und engagiert. Daubitz bzw. Havenstein, der jahrzehntelang unter Stasi-Beobachtung und -Repression stand, war eine überregionale Anlaufstelle für Ausreisewillige, Wehrdienstverweigerer, in Bedrängnis geratende Oppositionelle u.a., denn der Pfarrer galt als hilfsbereit und zugleich harter Vertreter ihrer Rechte und Belange gegenüber dem SED-Machtapparat.[246]

Auf einem Generalkonvent der Pfarrer am 27. September 1989 erfuhr Havenstein von einem Kollegen die Telefonnummer von B. Bohley, mit der er sich noch am selben Abend in Verbindung setzte. Havenstein, der über seine Arbeit bereits Kontakte zur polnischen Solidarnosc-Bewegung besaß, vom NF aber nur im Radio gehört hatte, erklärte seinen Wunsch, Mitglied im NF werden zu wollen. Auf Bohleys Frage, ob er nicht als Bezirksverbindungsmann bzw. -sprecher fungieren wolle – landesweit gab es für Cottbus noch keinen festen Vertreter in der Bürgerbewegung –, antwortete er nach einigen Sekunden „Bedenkzeit" mit einer spontanen Zusage.[247]

Sofort nach seinem Eintritt begann Havenstein in seiner Umgebung für das NF zu werben, wobei er bewußt die autonomen Räume der Kirche für oppositionelles Wirken „mißbrauchte", was ihm wiederholt Ärger (angedrohtes Disziplinarverfahren) mit der Kirchenleitung einbrachte. Beim sonntäglichen Gottesdienst am 1. Oktober rief er, nachdem er die Ziele des NF erläutert, die Partei- und Staatsführung als unglaubwürdig angeprangert und die Massenflucht aus der DDR als keine Lösung für den Reformstau bezeichnet hatte, die anwesenden 150 Personen auf, sich als Mitglieder des NF in die ausliegenden Listen einzutragen. Am 15. Oktober berichtete Havenstein auf dem kirchlichen Kreismännertreffen in Daubitz über das erste DDR-weite, noch konspirative Koordinierungstreffen des NF in der Berliner Elisabethgemeinde einen Tag zuvor, an dem er, trotz massiver Einschüchterungsversuche durch die Stasi und Kirchenleitung, teilgenommen hatte. Hier wurde er in den engeren Führungskreis der Bewegung gewählt. Er erklärte, daß bei der Zusammenkunft der etwa 130 Vertreter deutlich geworden sei, daß sich die Formierung und Wirkungskraft der Bürgerbewegung in Cottbus im Vergleich zu anderen Bezirken erst im Anfangsstadium befände. Erneut forderte er zur Mitgliedschaft im NF auf und fügte hinzu, daß sich bereits 140 Personen auf Listen eingetragen hätten. Das nächste Friedensgebet würde am 30. Oktober in Daubitz stattfinden. Nach Einschätzung der Staatssicherheit erreichten Havensteins fast zweistündige Ausführungen eine „offenkundige Zustimmung" unter den Teilnehmern.[248] Bis zu der ersten Demonstration im Kreis am 30. Oktober formierte sich während des ganzen Monats das NF sowohl lose organisatorisch, als auch durch hunderte solidarische Unterschriften aus der Bevölkerung (laut Havenstein unterschrieben bis Anfang November fast nur Männer, damit im Falle kommender Repressalien die anderen Familienmitglieder unbetroffen blieben). Die zentrale Anlauf- und Koordinierungsperson war weiterhin Havenstein in Daubitz, wobei sich in anderen Orten nun ebenfalls kirchliche u.a. Kräfte ermutigt fühlten, sich für lokale (NF-)Zusammenschlüsse zu engagieren. Im benachbarten Rietschen beispielsweise lud am 23. Oktober der dortige Pfarrer U. Wollstadt für den 27. Oktober interessierte Bürger bzw. bereits eingetragene NF-Mitglieder zu einer Absprache bezüglich einer künftigen Gruppenarbeit im Ort und des gemeinsamen Auftretens auf der kommenden Daubitzer Montagsdemonstration ein. Außerdem wurde ein vierköpfiger Sprecherrat (B. Weidtlandt, M. Kotrc, E. Meier, U. Wollstadt) gewählt. In dem darüber verfaßten Bericht, der auf dieser Demonstration verlesen wurde, heißt es, daß die anwesenden dreißig „Unterzeichner" und zwanzig Interessenten sowohl gesamtgesellschaftliche, als auch kommunale Probleme und Forderungen erörtert hätten. Aufgaben des NF sollten u.a. die Auflösung der „versteinerten politischen Struktur", die Beschleunigung der Machtreduzierung des SED-Monopols und des Eintritts der SED in einen politisch-demokratischen Wettbewerb, die Erhöhung der politischen Bildung der Bürger und die Fortsetzung der Umwandlung in der DDR sein. Freie Wahlen, öffentliche Diskussion von Gesetzesvorlagen, Abrüstung der NVA, sofortiger Wegfall des Staatsbürgerkundeunterrichts und vormilitärischer Übungen seien dringend erforderlich. Speziell für Rietschen forderte man die aktive Teilnahme an den Gemeindevertretersitzungen, eine öffentliche Konzeption für den Ort und die Umgebung angesichts fortschreitender Tagebau-Devastierungen in der Region, die Aufhebung der wochenlangen Sperrzeiten der Fernverkehrsstraße 115 bei umliegenden Militärübungen, die Bildung eines Ökologie-Ausschusses und öffentliche Untersuchungen zur Wasserqualität (Kiesloch Niederprauske).[249] Noch am 29. Oktober referierte der Daubitzer Pfarrer im Rietschener Jugendkreis „Tee-Time" vor über vierzig Leuten zur politischen Lage und zum NF.

Beim Friedensgebet einschließlich Demonstration in und um der Daubitzer Kirche am 30. Oktober wurden durch den Veranstalter Havenstein u.a. nochmals die Ziele des NF vorgestellt bzw. deren gesellschaftliche Notwendigkeit begründet. Neben der Anprangerung demokratischer und ökonomischer Defizite wurden durch mehrere Sprecher auch die allgemeine Angst, das Aufbringen von Zivilcourage und (repressive) Folgen letzterer thematisiert. M. Kotrc, Ingenieur im Rietschener Feuerfestwerk und seit dem 3. Oktober Mitglied im NF, berichtete von Disziplinarmaßnahmen und angedrohtem Berufsverbot seitens des Betriebssekretärs und der Kreisleitung der SED, weil er seine Kollegen über die Gründung und Ziele der Bürgerbewegung offen informierte. Durch die Darstellung von Mißständen bzw. die öffentliche Empörung darüber sollte nicht zuletzt auch die Furcht vor Konsequenzen überwunden werden. Die Rietschener Basisgruppe rief vor den mehreren tausend Teilnehmern aus dem ganzen Kreis dazu auf, innerhalb der nächsten zwei Wochen viele Ortsgruppen bzw. bestimmte Gruppenstrukturen zu bilden, damit man dann eine organisatorische Koordinierung auf Kreisebene vornehmen könne. Die Veranstaltung endete mit einem Marsch durch die Ortschaft.

Spätestens an jenem Montag schien das NF seinen Durchbruch in der Öffentlichkeit erzielt zu haben. Die Staatsmacht versuchte, durch öffentliche Dialogangebote der Bürgermeister aus Weißwasser (O. Bräsigk) und Bad Muskau (H. Knoop) am 30. und 31. Oktober die Dynamik der Entwicklungen unter Kontrolle zu behalten bzw. gegenzusteuern. Diese Bemühungen endeten als Fehlschläge, da einerseits die Veranstaltungen große organisatorisch-technische Mängel aufwiesen, andererseits die Funktionäre politisch und fachlich unvorbereitet, unmotiviert und dogmatisch auftraten und systemkritische Grundsatzfragen ausklammern wollten. In Weißwasser wurde offiziell die Bildung von zwölf Arbeitsgruppen beschlossen, um Bürger in sachbezogene Kommissionsarbeit einzubeziehen. Im Anschluß an die öffentliche Aussprache am Kulturhaus der Glasarbeiter in Weißwasser fand ein Gottesdienst in der überfüllten evangelisch-lutherischen Kirche statt, in der die vorangegangene Dialogveranstaltung von mehreren Rednern als inakzeptabel kritisiert wurde. Die Anwesenden ließen hier ihren Frust heraus, wobei Amtsmißbrauch und Privilegien von SED-Funktionären, das ignorante Verhalten der kommunalen Organe angesichts landesweiter Entwicklungen, die schlechte Rentenpolitik u.a. Probleme angeprangert wurden.[250]

Da das nächste Friedensgebet einschließlich Demonstration des NF für den 6. November in Weißwasser geplant war, versuchte man, durch einen Meinungsaustausch die beiderseitige Spannung zu entschärfen. Am 3. November trafen R. Plathner, 2. SED-Kreissekretär, G. Stamm, amtierender Kreisratsvorsitzender, und E. Beer, Vorsitzender der Kreisplanungskommission, mit zehn kreisweiten Vertretern des NF (R. Noack, F. Noack, U. Wollstadt, H. Havenstein, D. Ruhland, P. Schmitz, A. Kaulfuß, P. Zuchold, A. Kara, E. Tillack) zusammen. Letztere trugen ihre Vorstellungen, Ziele und Vorschläge zum Erneuerungsprozeß vor. Obwohl beide Seiten ihren Wunsch nach Reformen betonten, stellten sich naturgemäß die Inhalte als sehr unterschiedlich und kontrovers heraus. Letztendlich fand man nur im Willen zur sachlichen Fortsetzung des Dialogs eine Übereinkunft.[251]

Drei Tage später fand dann in der Kreisstadt das Friedensgebet, organisiert von Mitgliedern von Demokratie Jetzt und des NF, und die erste (unangemeldete) Demonstration mit ca. 4 - 5000 Teilnehmern statt. Zahlreiche Redner, u.a. des NF, äußerten sich mit den bekannten Forderungen, wobei nun auch energisch die Abschaffung des verfassungsmäßigen Führungsanspruchs der SED gefordert wurde. Der eingeladene 2. SED-Kreissekretär Plathner war zur Kundgebung nicht erschienen. Der anschließende Marsch mit Transparenten und Kerzen erreichte kurz vor dem Passieren des Stasi-Gebäudes ein kritisches Moment, da die Stimmung unter den Demonstranten gegen den Sicherheitsdienst äußerst feindselig war, das Objekt aber von sichtbar bewaffneten Kräften bewacht wurde. Im letzten Augenblick jedoch ließ das NF mit Havenstein an der Spitze den Zug vor dem Gebäude abdrehen. In Bad Muskau hatte am 4. November eine weitere Dialogveranstaltung im städtischen Kino stattgefunden, der eine Demonstration vom NF vorausging. E. Tillack erläuterte den Teilnehmern die Ziele und den Organisationsstand der Bewegung. Im Dialog ging es u.a. sehr kontrovers um die Vertrauens- und Machtfrage der SED, Privilegien, freie Gewerkschaften und Wahlen, die Zulassung des NF, die Funktion der Stasi, aber auch um Muskauer Handelsöffnungszeiten, Straßenzustände, Bausanierungen, Fernwärmeversorgungen.[252]

Die in der „Lausitzer Rundschau" suggerierte massive Tätigkeit und Reformierung der Partei- und Staatsorgane in den ersten Novemberwochen (außerordentliche Versammlungen des Kreistages und der Stadtverordnetenversammlung, Beratungen der gebildeten zwölf AG's, ein Aktionsprogramm für Weißwasser, Rücktritte der 1. Kreissekretäre der SED, K. Frey, der FDJ, U. Vogt und des FDGB, J. Pflug u.a.m.) konnte aber nicht darüber hinwegtäuschen, daß die Bürger dieser plötzlichen „Betriebsamkeit" mißtrauisch bzw. ablehnend gegenüber standen und die Aufrufe zur Mitarbeit kaum Resonanz fanden. Das wurde besonders bei der von der Stadt Weißwasser organisierten Dialogveranstaltung auf dem Platz der Roten Armee am 13. November bei dem parallel stattfindenden Friedensgebet und Protestmarsch und bei der Demonstration des NF mit über 4000 Teilnehmern fünf Tage später (Motto: „ Aufbruch 89 - Was wird aus unserem Land") deutlich. Der öffentliche Ton der Bürger bzw. des NF gegenüber den Staatsfunktionären war, auch wegen des großen Rückhalts in der Bevölkerung, zwar bemüht sachlich, aber insgesamt relativ konfrontativ und kompromißlos. Mit anhaltendem Eifer forderte man die unmittelbare Umsetzung der radikalen Forderungen des NF.[253]

Der Aufforderung zur Gruppenbildung durch U. Wollstadt in Daubitz waren viele Menschen aus Städten und Gemeinden gefolgt. Bis Ende November gab es u.a. in Reichwalde, Schleife, Gablenz, Kreba, Krauschwitz, Daubitz, Boxberg, Weißkeißel, Bad Muskau, Weißwasser und Rietschen NF-Gruppen von unterschiedlicher Stärke, wobei der Aktionsradius in den letzten vier Orten besonders groß war. Die genaue Mitgliederzahl läßt sich für diese Zeit nur schwer bestimmen. Allerdings waren noch allein Anfang 1990 in Weißwasser 100 und in Rietschen 82 Mitglieder (davon über 30 aktiv in AG's) eingetragen.[254] Nach der Bildung einzelner Sprecherräte wurde Anfang November eine „Kreisinitiative" zur gegenseitigen Koordinierung gebildet, die sich im Laufe der Zeit vergrößerte. Bei einer gemeinsamen Beratung am 12. November wurden P. Zuchold (Weißwasser) und M. Kotrc (Rietschen) zu Kreisvertretern für die Bezirkssprecherratssitzung in der Cottbuser Marienkirche am 21. des Monats gewählt. Von dem landesweiten Koordinierungstreffen des NF in Berlin, an dem Kotrc, Havenstein und A. Kaulfuß (Weißwasser) ein Tag zuvor teilgenommen hatten, wurde u.a. berichtet, daß ersterer in die Programmkommission unter Vorsitz von K. Wolfram berufen worden sei.[255] Die Kreistreffen fanden in etwa vierzehntätigem Rhythmus statt. Im Bezirkssprecherrat wurde der Kreis Weißwasser meist durch G. Walter, aber auch M. Kotrc, E. Meier oder H. Meister repräsentiert. In den beiden Monaten November und Dezember überschlugen sich dann förmlich die Ereignisse und Aktivitäten für die NF-Aktiven durch die landes-, bezirks-, kreis- und ortsweite Verflechtung und Überlagerung ihrer (nebenberuflichen) Arbeit in der Bewegung.

In Bad Muskau lud das NF, beginnend mit dem 15. November, im Zwei-Wochen-Abstand zu öffentlichen programmatischen bzw. thematischen Diskussionsabenden in die Jakobskirche ein, die meist mit einem Gebet (Pfarrer Benning) begannen und mit einer Demonstration endeten. Immer wieder wurde hier die Auflösung der SED bzw. des alten zivilen und militärischen Machtapparates gefordert und die grundlegende Änderung der gesellschaftlichen Strukturen angemahnt, „bevor der Dampf raus" sei. Diese Gedanken resultierten auch aus dem Aktionsprogramm der „NF-Kreisinitiative" vom 27. November, in dem zu einer großen Demonstration in Weißwasser am 2. Dezember unter dem Motto „Fakten zählen - nehmen wir endlich unser Schicksal in die eigenen Hände!" eingeladen wurde. In Bad Muskau hatte sich übrigens auch die stellvertretende Bürgermeisterin R. Thomaschk (CDU) als Mitglied des NF bekannt. Auf der NF-Kreissitzung am 23. November wurde neben dem besagten Aktionsprogramm auch beschlossen, Volksvertreter für die Räte der Gemeinden zu stellen, schnelle Neuwahlen und personelle Veränderungen in der SED-Kreisleitung zu fordern. Man definierte sich nicht als eigenständige Gruppe, sondern wollte sich landesweiten Strukturen unterordnen. In der Diskussion um die Organisationsform entschied man sich gegen eine Parteigründung. Diese Entscheidung wurde kreisweit auch in den nächsten Monaten beibehalten. Im Vorfeld der Landesdelegiertenkonferenz in Leipzig Anfang Januar stimmten z.B. bei einer Abstimmung in Rietschen am 15. Dezember 33 der 34 Teilnehmern, bei einer Enthaltung, für die Bewegung. Andererseits sei dies ein Thema gewesen, so erinnert sich M. Kotrc (der nach eigenen Angaben für Parteistrukturen plädiert hatte), das die Leute in dieser Zeit für weniger wichtig erachtet hätten.[256]

Der dagegen heiß diskutierten Frage zur Wiedervereinigung stand man in Weißwasser von Anfang an grundsätzlich positiv gegenüber. H. Havenstein hatte sich sehr früh für eine baldmögliche Einheit ausgesprochen – eine Meinung, der sich ab Ende November immer mehr NF-Mitglieder anschlossen. Der Pfarrer betonte ausdrücklich auf der Demonstration in Weißwasser am 15. Januar, daß nur die schnelle Einheit der einzige Ausweg aus der Krise der DDR sei. Ein anderer Teil der Bewegung, im Dezember noch die Mehrheit, wollte eine stufenweise Vereinigung. In einer Abstimmung in Rietschen am 15. Dezember entschieden sich von

34 anwesenden Mitgliedern neun für „eine sofortige Vereinigung mit allen Konsequenzen", zwanzig für „eine Vereinigung nach Stufenplan" und drei „generell gegen Wiedervereinigung" (zwei Stimmenthaltungen). Im Januar/Februar sprachen sich dann, entsprechend dem Landestrend, fast alle NF-Mitglieder für die sofortige Einheit und Einführung der Marktwirtschaft aus. Die bedächtigere Haltung des Landessprecherrats in dieser Frage bzw. ein Vertrauenswechsel zu H. Kohl veranlaßte in dieser Zeit einen Großteil der Leute, aus dem NF aus- oder in andere Parteien (vor allem in die CDU) einzutreten.

Die Umsetzung der Forderung nach Machtaufgabe und -abgabe der SED in den kommunalen Organen war nur partiell realisierbar. Das hing natürlich einerseits vom Unwillen der Funktionäre ab, Macht zu teilen, andererseits setzte aber auch die momentane Gesetzeslage Grenzen. Während in Weißwasser die Staatsmacht durch parallele Initiativen zu reagieren versuchte, wurde das NF in Bad Muskau oder Rietschen frühzeitig integriert, was bei letzterem sicherlich auch auf die große Mitgliederzahl in der Gemeinde zurückzuführen war. In Rietschen fand in der Turnhalle das erste Bürgergespräch am 1. November statt, und bereits am übernächsten Tag erhielt das dortige NF eine Einladung zu einer erweiterten Ratssitzung am 9. November. Hier wurden im besonderen die lokalen Forderungen, die auf der ersten Daubitzer Demonstration genannt wurden, erläutert und der Wille zur Mitarbeit geäußert. Einen Tag nach der Sitzung gab es eine Diskussion mit dem örtlichen Schuldirektor über Lehrplanfragen etc. Von den nach dem zweiten Bürgerforum am 29. November gegründeten Arbeitsgruppen arbeitete die AG Ökologie besonders rege (weitere AG's: Ortsgestaltung, Kultur, Handel und Versorgung, Schule). Das (vielleicht wichtigste kommunale) Problem der drohenden Tagebaudevastierungen von Rietschen, Niederprauske, Werda und Neuhammer erforderte Gegenmaßnahmen. In Beratung mit einem zuständigen Funktionär (Worreschk) erarbeiteten die AG's Ökologie und Ortsgestaltung eine neue Konzeption und überzeugten Vertreter der Gemeinde und Parteien, Protestschreiben gegen das beschlossene alte Ortskonzept an den Ministerrat, den Rat des Kreises u.a. zu schicken. Die geplanten Zerstörungen konnten auch durch dieses Engagement verhindert werden.

Während die AG Handel und Versorgung eher entmutigende Erfahrungen („festgefahrene Gleise") mit der entsprechenden Kommission der Gemeinde machte, wurden die beiden oben genannten AG's fest in die Gemeindearbeit eingebunden. Auch der Schuldirektor Büttner hatte seine Mitarbeit in der AG Schule zugesagt. Nach längeren Kompetenzgebahren wuchs der praktische und ideele Einfluß des NF sowohl im Rat, als auch in den einzelnen Kommissionen immer mehr.[257]

Der Kontakt im NF wurde unter Mitgliedern durch wöchentliche Beratungen, meist im Gemeindehaus, aufrechterhalten. Dabei war man stets bemüht, basisdemokratisch zu arbeiten und so den Willen der Rietschener im Kreis und Bezirk zu vertreten. Die „Schlagkräftigkeit" der Gruppe war auch der guten Organisation (vom Kassierer bis zum Protokollanten) geschuldet.

Der erste Runde Tisch des Kreises fand am 4. Dezember auf Initiative der LDPD statt. In einem Diskussionspapier legten die DDR-Liberalen die Gründe für ihre Einladung dar: Vertrauensbruch zwischen Staatsführung und Volk, andauernde Sprachlosigkeit der DDR-Führung bzw. ihr ungenügendes Aktionsprogramm, zu schleppende Aufklärung der Straftaten der SED, anhaltende Ausreisewelle, Verfall von Wirtschaft und Währung, Ruf nach Wiedervereinigung. Als Sofortmaßnahmen schlug die LDPD vor: Einberufung eines Sonderkreistages; Auflösung der Kampfgruppen, der Arbeiter- und Bauerninspektion (dagegen Neubildung eines „Volkskontrollorgans") und der Betriebsparteiorganisationen der SED; Neuverwendung von Gebäuden der SED und Sicherheitsorgane; parteidemokratische Beschlußfassung; Verkleinerung der Verwaltung; Terminfestlegung für allgemeine Neuwahlen; Bildung eines unabhängigen Presseorgans; Unterstützung neuer Parteien und Bewegungen. Das NF (wie auch andere Vertreter) verschärfte die Forderungen noch: Abdankung von E. Krenz, Auflösung der Volkskammer, sofortige Auflösung der Kampfgruppen und BPO bis zum 9. Dezember, Abgabe aller Waffen der Stasi und SED. Die genannten Punkte zeigen exemplarisch den scharfen und konfrontativen Ton – auch der nächsten RT-Sitzungen – gegen die SED und ihre Machtorgane. Angesichts landesweiter Enthüllungen von Machtmißbrauch bzw. Restaurationstendenzen, gegen die das NF immer wieder auf Demonstrationen radikal polemisierte (z.B. am 2. Dezember und 15. Januar in Weißwasser), wollte die Bürgerbewegung die Machtabgabe so schnell wie möglich.

Am 1. RT wurde auch die sofortige Versiegelung der MfS-Kreisdienststelle gefordert, die noch am gleichen Abend durch den Kreisstaatsanwalt und Vertreter der LDPD, des NF und der Polizei durchgeführt wurde. (Der Kreistag vom 21. Dezember folgte der Empfehlung des RT und übergab das Gebäude dem Gesundheitswesen.) Beim 4. RT am 21. Dezember kam es dann zum Bruch – NF und SDP blieben der Sitzung fern. In einem publizierten Schreiben wurde erklärt, daß die Vertreter von DJ, NF, CDU, LDPD und SDP das Gremium neu formieren wollten, da sich das Stimmenverhältnis durch SED-Mitgliedschaften der Vertreter von FDGB, Kulturbund, FDJ und NVA „unerträglich" zugunsten der SED-PDS verschoben hätte. Zwar sei die SED-Führungsrolle gestrichen, „ der alte Machtapparat funktioniert jedoch in vollem Umfang", hieß es. Obwohl demonstrativ am 3. Januar der 5. RT abgehalten wurde (Teilnehmer: SED-PDS, NDPD, DBD, DFD, FDGB, FDJ, Kulturbund, Verband der Berufssoldaten, Katholische Laienbewegung, Räte der Stadt und des Kreises), unterwarfen sich deren Vertreter aus Angst vor Massenprotesten letztlich dem Veto und nahmen mit reduziertem Stimmrecht am neugebildeten RT unter Moderation der Pfarrer R. Müller und H. Seewald in der evangelischen Kirche teil. Am 7. RT (24.01.) bekräftigten der Bürgermeister und der Kreisratsvorsitzende ihr Interesse an einer tieferen Zusammenarbeit, wonach Vertreter des RT regelmäßig an den Sitzungen der Räte teilnahmen. Damit erhielten in der Folgezeit die Beschlüsse des RT schließlich einen verbindlichen Charakter. In den vierzehntägigen Treffen engagierte sich das NF besonders für die Schulreform, die endgültige Auflösung der Geheimdienststellen, die Verteilung der freigewordenen Telefonanschlüsse, die Raumverteilung im Haus der SED-Kreisleitung zugunsten Behinderter, die künftige Nutzung der Kinderkrippe „Drushba" und die Überprüfung der Kandidaten zu den ersten Wahlen auf IM-Tätigkeit.[258] Im Verlauf des Januars wollten sich immer weniger Mitglieder mit dem zentralen NF identifizieren. Auf den Tagungen im Bezirks- und Landessprecherrat, sowie der Leipziger Landesdelegiertenkonferenz am 5.-7. Januar und dem Gründungskongreß des NF in Berlin am 27. Januar machten die Weißwasseraner deutlich, daß sie klar die Wiedervereinigung und Marktwirtschaft anstrebten. Mit Befremden nahm man die Polarisierungen von Links/Rechts, Metropole/Provinz, Konförderation/Einheit, Reformierter Sozialismus/Marktwirtschaft, Partei/Bewegung zur Kenntnis. Man verstand das NF nicht als linke Bewegung, sondern als Ausdruck des breiten Bürgerwillens. Bestimmte Diskussionen empfand man als unnötig angesichts der politischen Lage. H. Havenstein später: „Unsere Bürger rannten in den Westen, die Wirtschaft brach zusammen – und wir sitzen in Berlin und debattieren über die Frauenquote oder den Paragraphen 218. Keiner sah die wirklich wichtigen Probleme." Gerade die Unentschiedenheit in der Einheitsfrage sei die Ursache für den massenweisen Austritt DDR-weit und damit das „Aus" für das NF gewesen, so der Daubitzer Pfarrer. So rief er am 28. Januar B. Bohley an und kündigte seine Mitgliedschaft auf, was er dann auf einer vom NF organisierten Wahlkundgebung in Daubitz am 2. Februar öffentlich darlegte. Nur wenige Tage später wurde der von den Parteien heiß Umworbene zum Kreisvorsitzenden der CDU gewählt.[259]

Dieser Wechsel hatte aufgrund der Persönlichkeit Havensteins Signalwirkung im Kreis, so daß sich viele örtliche Gruppen verkleinerten, auflösten bzw. in andere Parteien eintraten. Während das NF in Rietschen und Bad Muskau weiter aktiv blieben, erlahmte in Weißwasser allmählich die Gruppenarbeit. Allerdings leistete in der Kreisstadt auch eine Gruppe von DJ um E. Opitz und F. Müller, Ende September 1989 gegründet, aktiv bürgerbewegte Arbeit. Die Friedensgebete waren organisatorisch überwiegend von ihr getragen worden. Zwischen beiden Bürgerbewegungen gab es, was die inhaltliche Gestaltung und Absicherung der Veranstaltungen betraf, anfänglich eine enge Kooperation. Erst ab Ende November begannen sich, forciert durch das NF und speziell Havenstein, größere Differenzen zu zeigen, die sich vor allem an der Frage der Wiedervereinigung und ihrer Schrittfolge festmachten. Ab Januar 1990 bzw. in Aussicht auf die kommenden Wahlen versuchte sich dann jede Bewegung in bewußtem Abstand voneinander zu profilieren, so daß sich unter Konkurrenzbedingungen kaum noch eine Zusammenarbeit ergab. In Rietschen und Bad Muskau war Ende Januar das NF mit örtlichen Parteien ein Wahlbündnis gegen die SED-PDS eingegangen. Bezugnehmend auf die landesweite Entwicklung machte die „Kreisinitiative" des NF im Februar in mehreren Presseartikeln deutlich, daß man als basisdemokratische „Bewegung der Mitte" kein linkes Bündnis eingehen werde und deshalb das Bündnis 90 ablehne. Als kommunale Initiative plädierte man für die „schnellstmögliche Einheit", aber ohne Negativfolgen: „Wir sagen, nie wieder ein Sozialismus-Experiment."[260]

Bei der Volkskammerwahl am 18. März 1990 stimmten 2,55% der Bürger im Kreis für das Bündnis 90. Mit insgesamt 2,69% wurden von den sechs Kandidaten bei den ersten Kommunalwahlen am 6. Mai schließlich zwei Vertreter vom NF in den Kreistag gewählt (R. Noack, S. Kositz). Während in die Stadtverordnetenversammlung Weißwasser kein einziger Vertreter des NF gewählt wurde, stellte die Bürgerbewegung in Rietschen mit 52,6% (!) bzw. 10 Abgeordneten sogar den Bürgermeister (E. Meier). In Boxberg und Bad Muskau erhielt das NF mit 4,87% und 5,9% jeweils ein Mandat. In Weißkeißel erhielt der Sprecher der dortigen Basisgruppe, R. Spranger, der sich bei den Kommunalwahlen als Einzelkandidat bewarb, mit Abstand die meisten Stimmen und wurde zum Bürgermeister gewählt.

V. DER BEZIRKSSPRECHERRAT DES NEUEN FORUMS

Am 28. November 1989 kam es zum ersten Bezirkstreffen von Vertretern der NF-Basisgruppen in Cottbus-Stadt. Es waren Abgeordnete aus den Kreisen Hoyerswerda, Cottbus-Land, Cottbus-Stadt, Spremberg, Lübben, Senftenberg, Herzberg, Bad Liebenwerda, Forst, Finsterwalde, Luckau, Weißwasser, Guben und Calau angereist. Zuvor hatten bereits zwei lose Zusammenkünfte (31. Oktober und 21. November) stattgefunden, die jedoch nur vorbereitenden Charakter besaßen. Diese konnten unter Schwierigkeiten zunächst in der Marienkirche abgehalten werden, nachdem der Generalsuperintendent Richter anfänglich jeden Kontakt mit Heinz Petrick, als Vertreter des NF, und seine Bitte um Unterstützung bei der Suche nach Räumlichkeiten für die Bürgerbewegung abwehrte. Als Bezirkssitz wurde das künftige Büro in der Straße der Jugend in Cottbus, gleichzeitig Sitz des NF Cottbus-Stadt, bestimmt und die Einrichtung eines gemeinsamen Bankkontos beschlossen. Grundsätzlich wurde festgelegt, daß man sich als NF in den Ausschüssen der Kreisverwaltungen engagieren, d.h. die staatlichen Angebote zur Mitarbeit nicht boykottieren sollte. Es erfolgten auch die ersten Diskussionen und Abstimmungen zu den Themen Wiedervereinigung, Volksentscheid über die kommende Verfassung und NF als Partei oder Bewegung. Die Meinungen gingen darin sehr auseinander, so daß eine Konsensbildung verschoben wurde. In einer Trendabstimmung zur Wiedervereinigung stimmten bei zwei Vertretern je Kreis 9 dafür und 7 dagegen (Rest: Enthaltung). Gemeinsam wurde festgelegt, aktiv gegen den aufkommenden Neonazismus einzutreten. Den einzelnen Basisgruppen wurde empfohlen, in der BRD Kontakte zu Parteien und politischen Organisationen zu knüpfen, um von dort eine erste materielle Unterstützung zu erhalten.

Am 5. und 12. Dezember wurden weitere organisatorische Fragen geklärt. Heinz Petrick (Calau) wurde zum 1. Sprecher des Bezirkes, Ch. Polster (Cottbus-Stadt) zum Bezirkskoordinator und A. Wolter (Cottbus-Stadt), später dann P. Weißpflog, zum Pressesprecher des Bezirkssprecherrates gewählt. Man unterstützte den nationalen Aufruf zur Bildung von Betriebsräten als Macht- und Kontrollorgane der Belegschaft. Dabei befand man den Karl-Marx-Städter Aufruf zum Generalstreik insgesamt für legitim, aber als letztes politisches Mittel noch für verfrüht eingesetzt. Den NF-Gruppen in den Kreisen wurde die Bildung von bzw. die Teilnahme an Runden Tischen empfohlen, um kommunalpolitisch Einfluß nehmen zu können. Bei den Tagungen des NF auf nationaler Ebene in Berlin oder Leipzig vertrat Petrick die Cottbuser im Landessprecherrat. Nach den offiziellen Gründungskonferenzen des NF und der DFP am 27. Januar wurde H. Poller (Luckau) zum neuen 1. Bezirkssprecher benannt, da Petrick zur DFP übergetreten war und dort nun als Brandenburgischer Landesvorsitzender der Partei arbeitete. Die Bezirkssitzungen fanden jede Woche statt. Hier wurden Informationen vom Landessprecherrat, vom Runden Tisch in Berlin und Cottbus, von den Konferenzen des NF und der DFP, zum Programm oder anstehenden Wahlkampf weitergeleitet bzw. diskutiert. Dabei waren die Gespräche nicht nur von Entscheidungsfindungen, sondern vor allem auch vom gegenseitigen Meinungs- und Erfahrungsaustausch geprägt. Das konnte Organisationsfragen oder aber auch den Umgang mit staatlichen Vertretern oder dem MfS betreffen. Als problematisch für die kurzfristige Arbeit im Bezirkssprecherrat stellte sich heraus, daß etliche Kreise unregelmäßig oder durch ständig wechselnde Personen vertreten waren. Zusätzlich hing der Verlauf der Gespräche oft vom Charakter der Einzelnen bzw. der grundsätzlichen Einstellung zum NF ab –Probleme also, wie sie in jeder Basisgruppe auch auftraten. Einige wollten die Basisdemokratie voll in die Bezirksebene einbringen, andere plädierten für zügige, pragmatisch orientierte Beratungen.

Manche Abstimmung trug stärker der persönlichen Meinung der Anwesenden Rechnung, als jener der jeweiligen Basisgruppe. So plädierten z.b. auf der Sitzung am 28. Dezember (im Vorfeld der Leipziger Landesdelegiertenkonferenz vom 5. - 7. Januar) bei der Strukturfrage „Partei oder Bewegung" sechs Kreise für die Parteibildung und fünf dagegen. Auf der gleichen Tagung wurden auch die zehn stimmberechtigten Delegiertenmandate für Leipzig vergeben: H. Hömberg/Spremberg, H. Poller/Luckau, H. Sander/Lübben, A. Dankhoff/Hoyerswerda, T. Koch/Herzberg, R. Weser/Forst, M. Mittmann/Finsterwalde, Heinz Petrick/Calau, M. Möge/Cottbus-Land und M. Derling/Cottbus-Stadt. Die Leipziger Konferenz trug aber nicht, wie gewünscht, zu einer generellen Klärung des Problems bei. Am 16. Januar positionierten auf einer Bezirkssprecherratssitzung die anwesenden Kreisvertreter die Haltungen und Stimmungen zur Organisationsstruktur wie folgt: Calau - die meisten NF-Sympathisanten sind gegen eine Partei, allerdings gibt es auch harte Parteiverfechter; Cottbus - geteilte Meinung, die meisten Aktiven für Bewegung; Luckau, Lübben und Herzberg - eindeutig Bürgerbewegung; Hoyerswerda - das NF hatte als Bewegung in der Aufbruchzeit seine Berechtigung, als Partei wird es keine Bedeutung erlangen, die Parteianhänger gehen in die SPD; Senftenberg - für Bürgerbewegung, wenn das Wahlgesetz nicht zur Parteigründung zwingt, Spremberg/Stadt - für Partei; Spremberg/Welzow - man arbeitet an der Etablierung einer Partei. Schon zu diesem Zeitpunkt war auch bekannt, daß Bezirkssprecher Petrick zur DFP wechseln würde. Das Thema blieb bis Ende Januar ein Problem, das in den Sitzungen aufgrund der unentschiedenen und wechselnden Positionen in einigen Kreisen „nervte". Aus der Debatte gingen im Bezirk Cottbus schließlich drei DFP-Ortsgruppen in Calau, Finsterwalde und Spremberg/Welzow hervor, wobei in diesen Kreisen allerdings weiterhin NF-Gruppen bestehen blieben.

143

In Gesprächen mit ehemaligen NF-Aktiven für dieses Buch wurde wiederholt deutlich, daß in allgemeinen Grundfragen (Wiedervereinigung, Marktwirtschaft, Partei/Bewegung etc.) in den meisten Basisgruppen ein großes autonomes Bewußtsein herrschte, d.h., man fühlte sich selten an nationale oder Bezirksbeschlüsse gebunden, sondern folgte der abgestimmten Meinung in der Regionalgruppe. Damit war die Repräsentanz einiger Abstimmungen auf Bezirksebene fraglich bzw. entsprach nicht äquivalent den wirklichen Auffassungen.

Als nicht unbedeutend stellte sich die Zu- oder Mitarbeit des Bezirkssprecherrates für die landesweite Programmdebatte des NF dar. Dazu hatte man auf der Sitzung am 2. Januar die Bildung von Arbeitsgruppen beschlossen. Neben den programmatischen Diskussionen, die in allen Kreisen stattfanden, wurden theoretische Eigenarbeiten und Vorschläge für das allgemeine Statut und Programm u.a. in den Kreisen Weißwasser und Cottbus-Stadt geleistet.

Ab Februar standen die Vorbereitungen zur Volkskammerwahl im Mittelpunkt der Beratungen. Je Kreis mußten zwei Vertreter für die Wahlvereinigung Bündnis 90 (NF, DJ, IMF) aufgestellt werden, aus denen dann drei Kandidaten bestimmt werden sollten. Es galt, die Wahlwerbung und ihren Inhalt für die Presse zu organisieren. Dazu wurde beschlossen, dem Wahlprogramm keine besonderen bezirklichen Aspekte hinzuzufügen. Als Grundlage für die NF-Werbung auf den einzelnen Kreisseiten der „LR" wurde ausdrücklich die programmatischen Aussagen und das Logo von Bündnis 90 festgelegt. Einige Kreise hatten wiederholt Bedenken gegenüber dem Bündnis geäußert, denn man bestand darauf, in der Öffentlichkeit nicht als „linkes Wahlbündnis" charakterisiert zu werden. Am 17. Februar wurde dann in einer Bezirksdelegiertenkonferenz des NF im Kulturhaus der Bergarbeiter in Cottbus-Stadt aus 15 Bewerbern die Volkskammerkandidaten ausgewählt und Wahlprogramm und -strategie des Bündnis 90 erörtert. Umstritten blieb unter den 48 Delegierten das zentrale Papier „Bündnis 90", das sich in den Augen einiger Anwesender durch das Festhalten an Marktwirtschaft und das Bestehen auf ein sicheres soziales Netz als widersprüchlich darstellte. Bezüglich der schnellen Erarbeitung des Programms durch die Berliner „Zentrale" kritisierte u.a. M. Köppen aus Guben, daß man damit schon wieder basisdemokratische Prinzipien umgangen hätte. Man einigte sich schließlich darauf, Konkreteres aus dem Material für das eigene Territorium individuell abzuleiten. Die Spitzenkandidaten von Bündnis 90 für den Bezirk waren J. Grützner und H. Poller für das NF und, als Nummer eins, G. Nooke mit dem Mandat von DJ. Nooke und Poller gehörten später, neben M. Platzeck und M. Birthler, auch zu den Bündnis 90-Kandidaten bei den Brandenburger Landtagswahlen im Oktober 1990. Hier sollte das Bündnis sechs Mandate erringen, u.a. für die beiden eben genannten Cottbuser.[261]

VI. BRIEFE AN DAS NEUE FORUM

Die Erwartungen an das NF und die Vorstellungen über seine Rolle in der Gesellschaft stellten sich in den an die Bürgerbewegung eingegangenen Briefen aus Cottbuser Kreisen in vielfältiger Weise dar.[262] Gleichsam geben sie auch etwas von dem „Wende"-Klima wieder, das in jener Zeit in den Städten der Region herrschte. Im folgenden werden vor allem einige Zuschriften kommentiert, die das NF Calau erhielt.

In den ersten Einsendungen im November stand meist der Wunsch nach mehr Informationen oder die Willensbekundung zur Mitarbeit oder Mitgliedschaft im Vordergrund. Die Verfasser traten sowohl als Einzelpersonen als auch als Vertreter größere Personenkreise auf, wobei Alter und Geschlecht völlig unterschiedlich waren. So fragten z.B. auch Schüler einer 8. Klasse in Lübbenau nach Informationsmaterial. Das NF erwies sich nicht nur als Anlaufpunkt für alte und neue Systemkritiker, sondern auch für frustrierte, aber erneuerungswillige SED-Mitglieder: „(...) Bin Lehrerin und seit 1961 Mitglied der SED. Hatte es in den letzten Jahren oft sehr schwer, da Offenheit und Ehrlichkeit zu meinen Grundprinzipien gehören. In unserem Kreis [Lübbenau, Anm.d.V.] ist auch sehr viel zu verändern, nur habe ich etwas Angst bekommen, daß alles nur beredet und zerredet wird. Ich möchte mich bereit erklären mitzuhelfen, daß alle anstehenden Probleme zum Nutzen unserer Menschen gelöst werden."[263]

Im Dezember änderte sich der inhaltliche Charakter der Briefe. Im Kontext der im ganzen Land verbreiteten Empörung über die Enthüllungen der Kommissionen und Journalisten zu Bereicherung, Amtsmißbrauch und Korruption von Staats- und Parteifunktionären und im Rahmen des Ausbruchs einer gewissen Stasi-Hysterie sollte das NF nun die Rolle einer (unbewaffneten) Bürgerpolizei und unabhängigen staatlichen Instanz übernehmen. In den Anfragen und Vorschlägen vermischten sich häufig allgemeine Aussagen zur aktuellen politischen Lage mit regional- oder ortsbezogenen Forderungen oder Behauptungen mit teilweise denunziatorischem Charakter, die beobachtete Mißstände publik machen sollten. So befürchtete ein Angehöriger der Volkspolizei die Infiltration seiner Behörde durch die Stasi und damit die endgültige Schädigung des ohnehin angeschlagenen Rufs der VP; ein anderer forderte, das Kreiskulturkabinett Calau solle endlich – wie in Spremberg – aufgelöst werden; ein nächster wollte, daß der GST-Kreisvorsitzende zum Sinn seiner Organisation Stellung nehme, wobei das mit der namentlichen Benennung eines GST-Angestellten verbunden wurde, welcher seine tägliche Mittagspause überzogen hätte; oder es wurde die Höhe einer Geldsumme beanstandet, die der FDGB-Kreisvorstand für die 50. und 60. Geburtstage seiner Angestellten ausgab (ein Empfang: 200 - 250 Mark, ein Präsent: 150 Mark) bzw. darauf „aufmerksam gemacht", daß dortige Sekretärinnen finanzielle Sonderleistungen erhalten würden („z.B. die Frau des Bürgermeisters").

Das NF sollte sich auch um das allgemein ausstehende Wohnungsproblem kümmern. So sollten die Mieter der von der Stasi erworbenen oder gemieteten Wohnungen und Gebäude überprüft werden, ob sie überhaupt Miete zahlten und welche „Privilegien" sich in den Wohnungen verbergen würden. Auch zum Thema Wohnraumverteilung wurden „nachbarliche Beobachtungen" an die Bürgerbewegung herangetragen, um z.b. vermeintliche unrechtmäßige Wohnflächen zu enttarnen: „Eines meiner Ärgernisse ist: Uns fehlen Wohnungen in unserer Stadt, es fehlen viele! Mit welchem Recht blockiert Herr ... noch immer seine Neubauwohnung in der ... Straße? Ihr Haus (Villa) ist lange bezugsfertig. Oder sorgt diese Familie schon für ihre Tochter vor? Ich selbst wäre froh, wenn sich dessen mal das Neue Forum annehmen würde. Vom Rat der Stadt ausgehend wird sich da nichts tun. Ihr Anhänger".[265] Die Anonymität vieler Schreiben noch weit bis in den Monat Dezember hinein zeigt auf der einen Seite die tief innewohnende Angst vor Repressalien bei einer eventuellen Umkehrbarkeit der politischen Situation (typisches Briefende: „Ich bedaure, anonym bleiben zu müssen."). Auf der anderen Seite spiegelt sich darin aber auch eine unverkennbare Kleinstadtathmosphäre (man kennt und kontrolliert sich), kombiniert mit einer zum Teil direkt oder indirekt in der DDR anerzogenen Furcht und Feigheit vor Öffentlichkeit wider. Kurzzeilige Briefe mit Namen und Adresse des „Schuldigen", ohne Absender und Poststempel, einfach in den Briefkasten geworfen, offenbarten in der Regel auch jahrelang angestaute Neidgefühle auf wirkliche oder vermutete materielle Besserstellungen anderer.

Ab Dezember/Januar, nachdem die erste emotionale Welle der öffentlichen Beanstandung politischer und ökonomischer Defizite verebbt war, wurde häufiger die Forderung an das NF herangetragen, „nun nicht mehr nur zu reden" und aufzudecken, sondern zu handeln. In den Augen vieler wuchs die Bewegung ganz selbstverständlich von der Rolle des Anklägers in die des Richters bzw. einer gerechtigkeitsstiftenden Instanz. Hintergrund war dabei die reformunfähige und -unwillige Haltung, die weiterhin von den alten nationalen und kommunalen Machtvertretern eingenommen wurden, gepaart mit einer großen Ungeduld der Menschen, die die verlangten Veränderungen meist sofort und unmittelbar umgesetzt zu sehen wünschten. Ende des Jahres verbreitete sich in Teilen der Bevölkerung die Befürchtung, daß sich die SED-PDS nach dem Rücktritt der unbeliebtesten und dogmatischsten Amtsinhaber doch wieder etablieren könnte, zumal auch in der „Provinz" die alten Kader in den Leitungs- und Verwaltungsapparaten sichtbar weiter dominierten. Den befürchteten Restaurationsbemühungen der SED und Stasi sollte durch mehr Aktivitäten des Neuen Forums entgegengetreten werden: „(...) Das Neue Forum in unserem Kreis müßte „tätiger" werden, es ist zu ruhig. Es sieht so aus, als

Stasi-„Kämpfer" im FGC-Untergrund?

Ich hatte, angeregt durch Fragen von Kolleginnen und Kollegen, zwei Aushänge zum FDGB und zu Herrn Schnitzlers jetzigem Verhalten an einer Wandzeitung angebracht.
Niemand hat zu mir gesagt, daß dies unerwünscht oder unzulässig sei.
Den Aushang zu Problemen des FDGB hat jedoch ein "Mutiger" nach einem Tag im Schutze der Dunkelheit abgerissen. Der Aushang zu Herrn Schnitzler wurde kurz darauf entfernt.

Was ist das? Unterdrückung freier Meinungsäußerung, Einschüchterungsversuch und Diebstahl

Wer kann es gewesen sein? Offenbar einer, der "nebenberuflich" für die Stasi arbeitete - und jetzt im gleichen Stil weitermacht

Wozu braucht er wohl die beiden Blätter? Man kann es nur vermuten, z.B.:
Er hebt es auf zur späteren Verwendung - in der Hpffnung, daß die alten Zustände wieder geschaffen werden ...
Er hat die Blätter mit der Bitte um Liquidierung des Verfassers an seine SECURITATE-Kumpane (denen seinesgleichen noch vor kurzem brüderliche Kampfesgrüße und Glückwünsche zur festen Haltung sandten) geschickt ...   Absurd ??? Leider nein !
Denn am 4.1.1990 fand ich diese Morddrohung im Briefkasten:

Wir werden solche wie Dich , die gegen die SED arbeiten , hängen !

Auch hier gilt offenbar das Brecht-Wort: "Der Schoß ist fruchtbar noch, aus dem das kroch !" ...
Deshalb: *Seid wachsam, Bürger!*

Öffentliche Erwiderung eines Calauer Mitglieds des Neuen Forums auf eine anonyme Morddrohung gegen seine Person.
Quelle: Archiv der Verfasser.

würde man nur abwarten, was die „Anderen" machen. Der neue Vorsitzende vom Kreis Calau ist wieder ein Mitglied der neuen SED. Die SED hat doch wieder die Macht und bestimmt wieder über das Leben im Kreis der Bürger. Der stellvertretende Bürgermeister Kossatz ist immer noch im Amt. Es wird in der Bevölkerung viel negatives über ihn geredet. Er ist also nicht vertrauenswürdig. (...)."[266]

Ob die erreichten gesellschaftlichen Veränderungen die kommende, erste freie Volkskammerwahl überdauern würden, gehörte ebenfalls zu oft geäußerten Sorgen vieler Bürger: „Betrifft: Leiterin des Wahlorganisationsbüros Calau, Frau ... Wie kommt man auf diese Frau, mit welcher Begründung? Haben am Runden Tisch die „alten" SED- oder Stasi-Leute das große Sagen? Diese Frau vertritt doch den alten Staatsapparat (SED-PDS). Die neuen Gruppierungen müssen sich mehr durchsetzen am Runden Tisch. Wir haben genug von der letzten Wahl, die eine Fälschung war. (...) Wie will man da Vertauen bei der Bevölkerung gewinnen? Genau das Gegenteil erreicht man, die Leute denken, die „Alten" haben wieder das große Sagen. Sie werden aus Angst vor der Zukunft und um ihre „guten Posten" zu behalten, die SED-PDS am 18. März wählen. (...)"[267]

In vielen Fällen, in denen in besonders scharfer Form Verbesserungen, Anfragen oder persönliche Erklärungen an das Neue Forum gesendet wurden, sind starke biographische Bezüge in den Inhalten erkennbar. Die Ausgangspunkte waren dabei wiederholt Schwierigkeiten oder Verfolgungen durch die Staatssicherheit: „(...) Ich bin persönlich auch gegen die Stasi-Leute. Ich war von Stasi-Leuten verhaftet worden und bekam $3^{1}/_{2}$ Jahre Zuchthaus (Bautzen). Nach meiner Haftentlassung wollte mich noch kaum ein Betrieb haben (einstellen), wegen meiner politischen Einstellung und Vergangenheit. Z.B.: Kraftwerk Lübbenau-Vetschau lehnte mich ab. (...)"[268]

Doch der Postwurf brachte nicht nur zustimmende oder konstruktive Zuschriften. Wut und Frust über das Zusammenbrechen des alten Systems, über verlorene Posten und Privilegien und die Angst, durch das NF als Träger und Profiteur des SED-Staates entlarvt zu werden, trieben, gerade in Dörfern und Kleinstädten, einige Personenkreise zu überaus heftigen, natürlich anonym gehaltenen Reaktionen. So war das Ziel der verbalen Attacken weniger die Bürgerbewegung als einzelne Vertreter, z.B. der Kreis- und spätere Bezirkssprecher des NF, Heinz Petrick, aus Calau: „(...) Sie werden bald mehr Feinde als Freunde haben und auch Ihre Tage werden gezählt sein, wenn Sie nicht endlich aufhören, die Menschen in Ihrem Schaukasten anzuschmieren. (...) Sind sie etwas vorsichtiger mit Ihren ganzen Machenschaften, sonst kann es Ihnen wie Ceausescu ergehen!! (...)" Auf einer Weihnachtskarte, adressiert an den „Ex-NAZIE H. Petrick" [so im Orginal, Anm.d.V.] standen im Anschluß an den Gruß zu Weihnachten und zum Jahreswechsel die Worte „Das sind Deine letzten. EEFC".[269]

Es wurden Ablehnung, Mißtrauen und Gegenanklagen auch ohne solcherlei massive Drohungen geäußert. Oft wurde dabei der Umweg über eine dritte Instanz oder Person („man") gegangen: „(...) Es wird auch „gemunkelt" in der Bevölkerung, im Neuen Forum sind in erster Linie nur Handwerker von Calau, die nur die Interessen ihrer Handwerksbetriebe vertreten und nicht die Interessen der Allgemeinheit. (...)"[270] Oder es wurde nach dem Motto „Jeder soll sich an seine eigene Nase fassen" der Vorwurf an konkret benannte Mitglieder erhoben, daß jene selbst Privilegienempfänger des Staates seien, ungerechtfertigte Zahlungen erhalten würden oder in Korruptions- und Schiebergeschäfte verwickelt seien. Immer wieder stand dabei die Veröffentlichung von Mißständen, die sich dabei auf dafür verantwortliche Personen bezog, im Kreuzfeuer der Kritik. Dazu noch einmal Auszüge aus einem anonymen Brief mit dem Titel „Weihnachtsgedanken" an das NF Calau: „(...) Sie rufen unserer Meinung nach zur Denunziation, zum Anscheißen von Bürgern und Institutionen auf. Unterscheiden Sie sich noch von der ehemaligen Stasi?! Ob die damals immer etwas zustande gebracht hat, wußten wir alle nicht. Klar aber war uns, daß sie ruhiger gearbeitet hat, ohne Klamauk. (...) Meinen Sie, Herr Petrick, daß es im Sinne des Herrn Christus ist, daß Sie weiterhin Stimmung machen gegen ehemalige und jetzige Partei- und Staatsfunktionäre? Sie machen sich doch mitschuldig in Kampagnen gegen Mitglieder und Funktionäre der SED, gegen ehemalige Mitarbeiter des Staatssicherheitsdienstes, gegen Mitarbeiter des FDGB, gegen Lehrer u.a. (...)"[271]

Insgesamt läßt sich hinsichtlich der eingegangenen Protestschreiben hinzufügen, daß ihr Inhalt meist anklagend, aber kaum wirklich beweisend war. Stil und Ausdruck, häufig begleitet von Orthographie- und Grammatikfehlern, blieben meist einfach gehalten, woraus sich eine äußerst geringe Zahl intellektueller oder akademischer Absender ersehen läßt. Menschen mit höherem Bildungsgrad ergriffen über diesen Weg kaum das Wort. Das NF erhielt über den Briefweg fast ausschließlich Hinweise und Aufforderungen für praktische Handlungen, dagegen keine weiteren programmatischen oder theoretischen Anregungen bzw. Reflexionen.

Obwohl die überwiegende Anzahl der Postsendungen ihre Unterstützung und Hoffnungen für diese Bürgerbewegung zum Ausdruck brachten, zeigten sich, neben wenigen völligen Ablehnungen, nicht selten Skepsis, Abwartehaltungen und mißtrauisches Beobachten gegenüber der wirklichen Machtpotenz der „neuen Instanz".

VII. DIE AUFLÖSUNG DER MfS-DIENSTSTELLEN

Das vorerst wichtigste Ziel der Demonstranten bzw. oppositionellen Bürgerbewegungen und neuen Parteien in der „Wende" war zweifellos die Brechung des uneingeschränkten Machtmonopols der SED. Dabei stellte das 1950 gebildete Ministerium für Staatssicherheit (MfS) als Instrument zur Verängstigung, Einschüchterung und Ausübung von Repression für die meisten Bürger das Rückrad des Regimes dar – ein Grund, weshalb der Protest gegen dieses Unterdrückungsorgan zum vielleicht größten gemeinsamen Identifikationspunkt der Bürger bei den Herbst-Demonstrationen wurde (wobei Stasi und SED für viele eine „Sinneinheit" blieb). Offiziell als „Schild und Schwert der Partei" bezeichnet, war das MfS eine Behörde eigener Verantwortung und jeder öffentlichen Kontrolle entzogen. Noch bis Ende Oktober 1989 mußten die Initiatoren und Aktiven oppositioneller Arbeit massive Behinderungen und Verfolgungen erdulden. Dazu gehörten u.a. Kommunikationsstörungen, Telefonsperren, die Brechung des Brief- und Kontengeheimnisses, Hausarrest, Wohnungsabriegelungen, Fahrzeugzerstörungen, unzählige Zuführungen, Verhöre, Drohungen und der Einsatz physischer Gewalt. Im Bezirk Cottbus gab es einige Gründer regionaler NF-Basisgruppen (z.B. Heinz Petrick/Calau oder H. Havenstein/Daubitz-Weißwasser), die aufgrund widerständiger Aktivitäten bereits seit Jahrzehnten unter repressiven Maßnahmen des MfS gelitten hatten.

Über 90 000 hauptamtliche Mitarbeiter, 2200 Offiziere im besonderen Einsatz (OibE) und weit mehr als 170 000 inoffizielle Mitarbeiter (IM) waren im letzten Jahr der DDR auf allen Ebenen der Gesellschaft (und natürlich auch im Ausland) für den Geheimdienst tätig. Zum Schluß mit einem Jahresetat von 3,6 Milliarden Mark (1,3 % des Staatshaushaltes), ca. 2500 offiziellen und geheimen Dienstobjekten und 18 000 genutzten Wohnungen ausgestattet, überwachte das MfS durch 13 Haupt- und 20 selbständige Abteilungen die eigene Bevölkerung und ging gegen jede wirkliche oder vermutete Art von oppositionellem Verhalten vor. Die Stasi war hochtechnisiert ausgerüstet und bewaffnet und hatte zu allen Informations- und Datenbanken des Landes Zugang. Allein für die Bürger der DDR waren über vier Millionen Akten erstellt bzw. entsprechende Vorgänge eingeleitet worden.[272] Der Umgang der SED und staatlichen Behörden mit dem NF und seiner Zulassung wurde, angefangen mit Mielkes genauen Anweisungen zur einheitlichen Zulassungsablehnung vom 22. September über das Fernschreiben von E. Krenz an alle SED-Bezirks- und Kreisleitungen mit der Aufforderung zum „Dialog" bis zur Zulassung am 8. November, stets zentral entschieden bzw. vorgeschrieben.[273]

Zwei Tage, nachdem die Volkskammer am 1. Dezember den Führungsanspruch der SED aus der Verfassung (Art. 1) gestrichen hatte, trat das ZK der SED und das Politbüro einschließlich des Generalsekretärs E. Krenz zurück. Zu diesem Zeitpunkt fanden republikweit Protestkundgebungen vor den Bezirksämtern und Kreisdienststellen des Amtes für Nationale Sicherheit (AfNS) – Ministerpräsident H. Modrow hatte in seiner Regierungserklärung vom 17. November die Umwandlung des MfS in das AfNS bekanntgegeben – statt, die sich gegen die Vernichtung von Aktenmaterial richteten. Auf einem Treffen von Vertretern der Bürgerbewegungen mit dem neuen Leiter des AfNS und Mielke-Nachfolger W. Schwanitz am 4. Dezember in Berlin wurde noch einmal nachdrücklich ein Ende dieser landesweit beobachteten „Entsorgungen" gefordert. Am gleichen Tag begann eine überregionale Welle von Besetzungen von AfNS-Gebäuden bzw. Versiegelungen bestimmter Räume zur Sicherung der Aktenbestände, die mit der Bildung von Bürgerkomitees und -wachen zur Kontrolle einhergingen. Unmittelbarer Auslöser war die Flucht des OibE und Bereichsleiters für Kommerzielle Koordinierung, A. Schalck-Golodkowski, in der Nacht vom 2. zum 3. Dezember, der auf Volkskammerbeschluß hin vor den Untersuchungsausschuß zu Amtsmißbrauch und Korruption geladen worden war. Noch am Abend des 3. Dezember hatten verschiedene Bürgerinitiativen über die Medien aufgerufen, zivile Kontrollgruppen zu bilden, um gegen Sachwertverschiebung, Aktenvernichtung und Flucht von Verantwortlichen der Staatskrise vorzugehen (die erste Besetzung eines AfNS-Bezirksamtes fand in Erfurt am nächsten Vormittag statt). Auf einer Pressekonferenz am 7. Dezember in Berlin erklärte dann Schwanitz auf ausdrückliche Nachfrage, daß er einen Befehl zur Vernichtung von Akten gegeben hätte. Es hätten sich dabei, so der AfNS-Chef, nur um „überholte" Unterlagen und Dokumente aus der Zeit der „veralteten Sicherheitsdoktrin" gehandelt. Der Termin für den Befehl sei „in dieser Situation ... psychologisch sicherlich falsch" gewesen, aber er habe nichts vertuschen wollen.[274]

Ein zusätzlicher Anlaß für Massenproteste war der Ministerratsbeschluß vom 8. Dezember, Überbrückungsgelder für entlassene Staatsangestellte, also auch MfS-Mitarbeiter, zu zahlen. Diese Vereinbarung wurde parallel zum Beschluß der Einleitung von Strafverfahren gegen SED-Spitzenfunktionäre wegen Amtsmißbrauch und Korruption bzw. im Anschluß an vorangegange Enthüllungen in der Presse getroffen, was starke Emotionen in der Bevölkerung gegen die SED und Stasi auslöste. Daß die allgemeine Angst vor einer Machtrestauration nicht unbegründet war, soll in diesem Zusammenhang nur ein internes Fernschreiben vom 9. Dezember mit der Überschrift „Heute wir, morgen ihr" verdeutlichen, in dem Mitarbeiter des AfNS-Bezirksamtes Gera aufriefen, endlich für den Bestand des Geheimdienstes zu kämpfen und wirksame Gegenmaßnahmen gegen oppositionelle Gruppen zu ergreifen. Auch Angestellte des Kreisamtes Spremberg riefen, „auch unter Einsatz des Lebens", zur Rettung des Vaterlandes und zum Erhalt des AfNS und seiner Kreisämter auf. „Wir verweisen auf Lenin - eine Revolution ist nur dann etwas Wert, wenn sie sich zu verteidigen versteht! Es gibt zum Sozialismus keine andere Alternative", hieß es in dem Spremberger Verteiler, der an Volkskammer, Ministerrat, SED, AfNS-Ämter und -Leiter Schwanitz, DDR-Fersehen und ADN adressiert war.

Weniger radikal, aber ebenso „besorgt" über „das gesicherte Weiterbestehen unserer sozialistischen Deutschen Demokratischen Republik" äußerten sich Cottbuser Mitarbeiter aus dem Kreisamt Guben und dem Bezirksamt in einem Fernschreiben an den Präsidenten der Volkskammer und des Ministerrats, an Schwanitz, ADN u.a. Entschieden sprachen sie sich gegen die Vorschläge des 1. Zentralen Runden Tisches (ZRT) und G. Gysis aus, die eine Auflösung des AfNS vorsahen.[275]

Am 14. Dezember beschloß die Regierung schließlich offiziell die Auflösung des AfNS und die Neubildung eines Nachrichtendienstes bzw. eines Verfassungsschutzes. Zu diesem Zeitpunkt notierte man im AfNS Berlin, daß bereits 203 von 209 Kreisdienststellen geschlossen worden seien, wobei jedoch noch fünf Bezirksämter (Cottbus, Gera, Halle, Neubrandenburg, Schwerin) „weitgehend" und zehn „stark eingeschränkt" arbeitsfähig wären.[276] Bereits am 8. Dezember hatte Modrow gegenüber Schwanitz die Auflösung angekündigt. Ein Tag nach dem Ministerratsbeschluß zum AfNS wurde auch die Auflösung der Kampfgruppen verfügt.

Unter der Androhung, den ZRT zu verlassen, forderten die Oppositionsvertreter auf der 5. Sitzung am 3. Januar erneut die Regierung Modrow auf, bis zum 8. Januar alle Sicherheitskräfte zu entwaffnen und auf die Neubildung eines Geheimdienstes zu verzichten. Der ZRT hatte bereits am 27. Dezember gefordert, die Weisung zur Bildung eines solchen Dienstes bis zu den ersten Volkskammerwahlen auszusetzen. Auf der nächsten Sitzung fünf Tage später, erklärte der Regierungsvertreter, P. Koch, daß ca. 25 000 MfS-Mitarbeiter entlassen, alle entwaffnet und alle Kreisdienststellen aufgelöst worden seien. Da er aber auf zusätzliche Anfragen nur sehr vage oder keine Antworten geben konnte, wurde ihm und einem weiteren Staatsvertreter, W. Halbritter, das Mißtrauen wegen Inkompetenz ausgesprochen und eine Neuauflage der Sitzung für den 15. Januar beantragt. Inzwischen fanden in der ganzen DDR Warnstreiks und Demonstrationen gegen Überbrückungsgelder für MfS-Mitarbeiter und für die endgültige Auflösung des Geheimdienstes statt. Modrow beugte sich dem öffentlichen Druck erst in seiner Schlußrede am zweiten Tag der 13. Volkskammertagung vom 11./12. Januar und verkündete, daß über eine Neubildung des Sicherheitsdienstes nach den ersten Volkskammerwahlen entschieden werden würde. Gleichzeitig zog er die Anweisung zur Zahlung von Überbrückungsgeldern wieder zurück. Doch schon am 13. Januar beschloß der Ministerrat die endgültige und vor allem ersatzlose Auflösung des Geheimdienstes. Für Minister Schwanitz war bereits auf der Volkskammertagung eine sofortige Beurlaubung verfügt worden.

Am 15. Januar berichtete der stellvertretende Chef des Sekretariats des Ministerrats, M. Sauer, auf der 7. Sitzung des ZRT teilweise detailliert über den Stand der Auflösung des AfNS, das nun seine Arbeit eingestellt hätte. Dem widersprach ein Vertreter des Bürgerkommitees zur Überwachung der Auflösung, der erklärte, daß die Ost-Berliner Stasi-Zentrale in der Normannenstraße (über 30 000 Mitarbeiter), die über eigene Strukturen in der DDR verfügte, noch voll funktionsfähig und damit eine Reorganisation des ansonsten unter Kontrolle gebrachten Geheimdienstes möglich sei. Am gleichen Abend stürmten im Anschluß einer Demonstration, zu der das NF unter dem Motto „Gegen Stasi und Nasi [=AfNS, Anm.d.V.]" aufgerufen hatte, tausende Berliner das etwa vierzig Gebäude umfassende Nervenzentrum der Repression, wobei gewisse Sachschäden entstanden. Während die Regierung im Fernsehen das Ereignis als „höchste Gefahr für die junge Demokratie" dramatisierte, übernahmen Vertreter des ZRT, des NF und Bürgerkomitees vorläufig die Kontrolle über den Gebäudekomplex bzw. bewegten die Demonstranten zum friedlichen Rückzug. Dennoch führten die Ereignisse zu Diskussionen über mögliche Signalwirkungen und zu anschließenden Aufrufen zur Fortsetzung der Gewaltlosigkeit. Auf der 8. Sitzung des ZRT drei Tage später erhielt die Arbeitsgruppe Sicherheit zusätzliche Kompetenzen, so auch das Kontrollrecht für entsprechende Regierungsgremien. Später tauchten Zweifel an der Authentizität der „Eroberung" auf, da einerseits der Zugang zum Objekt von innen ermöglicht wurde, andererseits der Sturm in eine bestimmte Richtung (Versorgungstrakte) ging (oder „geführt" wurde). Unabhängig davon, inwieweit die Stasi Regie geführt hatte oder nicht, war die „Erstürmung der ostdeutschen Bastille"[277] ein klares Zeichen für die ganze Republik, daß der Eckstein der SED-Herrschaft zerbrochen war und der Machtverlust für diese Partei und damit die „Wende" überhaupt unumkehrbar wurde.

Am 8. Februar beschloß dann der Ministerrat, nach massivem Druck vom ZRT, ein staatliches „Komitee zur Auflösung des ehemaligen Amtes für Nationale Sicherheit" mit nachgeordneten Bezirkseinrichtungen zu bilden, dem u.a. Vertreter der RT angehören sollten. Dieses Gremium stand unter der Führung von G. Eichhorn, vormaliger Abteilungsleiter im Finanzministerium. Auf der ZRT-Tagung am 19. Februar wurde einstimmig die Vernichtung der elektronischen Datenträger der Stasi angeordnet. Zwei Wochen später wurden alle IM's per Regierungsbeschluß von ihrer Aufgabe und Schweigepflicht entbunden, womit jede „konspirative Tätigkeit" strafrechtlich verboten wurde. Die noch verbliebenen hauptamtlichen Mitarbeiter wurde bis Ende März entlassen.[278]

Natürlich war auch in Cottbus die Stasiproblematik ein zentrales Motiv zur Protestfindung. Hier herrschte im Bezirksvergleich Mitte der achtziger Jahre die größte Überwachungsdichte mit einem IM auf 119 Einwohner bzw. mit einem IM, einem IM zur Sicherung einer konspirativen Wohnung (IMK) und einem gesellschaftlichen Mitarbeiter Sicherheit (GMK) zusammen auf 80 Einwohner (DDR-Durchschnitt: 1/186 bzw. 1/120).[279] H. Müller-Enbergs schätzt die Zahl der IM's im Bezirk auf rund 10 000, die von 5 - 600 Führungsoffizieren angeleitet wurden.[280] Diese ungewöhnlich hohe IM-Zahl war u.a. auf die für die DDR überlebenswichtige Absicherung der laufenden Energieproduktion zurückzuführen, denn die Tagebaue waren die entscheidende energetische Quelle für die volkseigene Wirtschaft. Der MfS-Bezirksverwaltung waren vierzehn Kreisdienststellen und eine Objektdienststelle („Schwarze Pumpe") mit insgesamt 683 hauptamtlichen Mitarbeitern – Stand: 1. Oktober 1989 – untergeordnet. In der Cottbuser Zentrale „Am Nordrand", die sich seit 1981 unter der Leitung von Generalmajor H. Fitzner befand, waren 1515 Personen angestellt.

Im Zuge der landesweiten Entwicklung wurden in den hier besprochenen Kreisen am 4. Dezember (Weißwasser), 5. Dezember (Guben, Herzberg, Bad Liebenwerda, Cottbus-Stadt, Lübben, Hoyerswerda), am 6. Dezember (Senftenberg, Luckau, Spremberg) und am 7. Dezember (Finsterwalde, Calau) die MfS-Kreisdienststellen kontrolliert, begangen oder besetzt und teilweise Räume und Aktenschränke versiegelt. Den hierbei agierenden Bürgerkomitees oder Untersuchungsausschüssen gegen Korruption und Amtsmißbrauch gehörten, wenn sie nicht selbst Initiatoren der Besichtigungen waren, in der Regel Vertreter des NF an. Der Rahmen und die Bedeutung dieser Aktionen sei am Beispiel von Bad Liebenwerda exemplarisch Kreise dargestellt.

Am 4. Dezember abends fand im privaten Kreis ein Treffen zur Vorbereitung der Gründungsveranstaltung des SDP-Ortsverbandes statt, erinnert sich der Zeitzeuge und Ortschronist M. Ziehlke. „Völlig unerwartet platzte Herr B. mitten in die Versammlung und berichtete aufgeregt von einem rauchenden Schornstein des Stasi-Gebäudes. Er hatte das einige Zeit beobachtet und die Intensität der Rauchschwaden deuteten seiner Ansicht nach auf das massenhafte Verbrennen von Papier hin. Diese offensichtliche Aktenvernichtung wollte er irgendwie verhindern und wandte sich Hilfe suchend an die ihm bekannten Bürgerrechtler. Alle Anwesenden waren der Meinung, am nächsten Tag aktiv zu werden, da man zu dieser Zeit weder beim Rat des Kreises, noch bei der Polizei Hilfe erwarten konnte. Der folgende Tag war wohl der wichtigste und zugleich aufregendste Tag der Wendezeit für alle aktiven Bürgerrechtler in Bad Liebenwerda. [...] Schon um halb sieben Uhr morgens machte sich Herr Brochwitz [Gründungsmitglied des NF und später der SDP, Anm.d.V.] wegen der Geschehnisse des Vortages zur Lehrerin Frau Jende [1. Sprecherin des NF, Anm.d.V.] auf den Weg, um sie noch vor Beginn der Schule zu sprechen. Er wollte mit ihr die notwendigen Maßnahmen besprechen, um den Machenschaften der Staatssicherheitsangehörigen in ihrem Gebäude Einhalt zu gebieten. Der offizielle Weg war der einzig richtige, und so suchte Herr Brochwitz die Polizei auf. Es gelang ihm, den Leiter des VPKA's, Herrn Richter, zu sprechen, und dieser erwies sich als kooperativ." Auf Drängen von Brochwitz fand dann am Nachmittag ein Treffen zwischen dem Kreisratsvorsitzenden, der Kreisstaatsanwältin, den Leitern der lokalen VP und Stasi sowie Vertretern des NF u.a. Parteien statt. „Nach dreistündigem Drängen und heißen Diskussionen wurde endlich den Forderungen der Volksvertreter nach Begehung des MfS-Gebäudes nachgegeben. Gemeinsam begaben sich alle Beteiligten zu dem besagten Gebäude. Der erste Stellvertreter des Stasi-Leiters Hoffmann verweigerte anfangs zwar den Ein-

Zeitungsmeldung zur Begehung der MfS-Kreisdienststelle in Guben am 5. Dezember 1989.
Quelle: „Lausitzer Rundschau" vom 07.12.1989.

Nur noch leere Panzerschränke

„Es ist festzustellen, hier wurde gründlich aufgeräumt. Trotzdem war die Begehung notwendig. Der Zustand, den wir vorgefunden haben, ist ein Ergebnis, daß zu viele Tage ins Land gingen", sagte Bernd Neugebauer (NDPD). Er gehörte mit Klaus-Dieter Müller, Neues Forum, Egon Janthur (SED), einem Bürgerkomitee an, das Dienstagnachmittag in der ehemaligen Kreisdienststelle des Ministeriums für Staatssicherheit in Sicherheitspartnerschaft mit Kreisstaatsanwalt Dieter Schultz und dem Leiter der Kriminalpolizei des VPKA, Hauptmann Rainer Griebenow, Beweismaterial sichern wollte.

Bereitwillig wurden durch den Leiter der Dienststelle Diensträume, an denen Interesse bestand — das war die übergroße Mehrzahl —, in Augenschein genommen. Es wurde versichert, daß Personen betreffende Unterlagen vernichtet wurden, dafür leere Panzerschränke in fast jedem der Büroräume. Versiegelt wurden durch den Kreisstaatsanwalt ein Karteikasten zu den vernichteten VVS-Unterlagen. Zugleich wurde Schriftgut, das bei notwendigen staatsanwaltlichen Ermittlungen Beweis sein könne, in Panzerschränken versiegelt.

Kreisstaatsanwalt Schultz bedankte sich für die gegenseitige Sachlichkeit und Offenheit gegenüber dem Bürgerkomitee. Er betonte, auf Gewaltandrohung zu verzichten.

S. Werner

tritt, aber um 18.30 Uhr war dann die letzte Hochburg des DDR-Regimes, das von so vielen Bürgern gefürchtete Gebäude in unserer Stadt, dem Volke zugänglich. [...] Die Reaktionen der etwa zwölf anwesenden Mitarbeiter des MfS waren recht unterschiedlich. Einige reagierten unwillig, andere phlegmatisch, eine war verzweifelt und weinte."[281] Auch im Gedächtnisprotokoll von der Begehung in Calau am 7. Dezember wurde erwähnt, daß die männlichen Mitarbeiter im Vergleich zu den weiblichen kaum „Verlegenheit, Scham oder Reue" gezeigt hätten. Die eingeforderten Auskünfte seien widerwillig bis haßerfüllt erteilt bzw. kommentiert worden. Das NF hatte hier Vertreter der Polizei und den Kreisstaatsanwalt telefonisch zur Besichtigung des MfS-Gebäudes „angefordert", nachdem das NF in den Vortagen von Bürgern über eine ungewöhnliche Betriebsamkeit im Objekt informiert worden war. Gleich zu Beginn – rund 100 Bürger hatten sich spontan am Eingang versammelt und lautstark Eintritt verlangt – kam es zum Disput zwischen dem Staatsanwalt und dem NF, da jener alleiniges Fragerecht beanspruchte, was vehement abgelehnt wurde. Kurz darauf gab er an, so das Protokoll, „immer ein Freund des MfS" gewesen zu sein. Was die Bürgervertreter dann vorfanden, war symptomatisch für die meisten Begehungen. Der Bau war mit allem (DDR-)Komfort ausgestattet, die Räume waren in Abteilungen zusammengefasst, die wiederum voneinander isoliert waren (die einzelnen Abteilungen hatten nur zum eigenen Dienstbereich Zugang), es gab modernstes technisches Abhör- und Überwachungsgerät (z.T. aus der BRD), in den Waffenkammern Kisten voller Munition und Handgranaten sowie Ständer mit Maschinenpistolen, Pistolen in Panzerschränken, Zimmer für Verhöre, Bunker ... Aber: Sowohl die meisten Räume, als auch Schränke, Regale und Karteikästen waren leer, ausgeräumt. Auf Anfrage erklärte der Calauer Dienststellenleiter Mosler, daß auf Weisung von AfNS-Chef Schwanitz bis zum 4. Dezember alle Unterlagen abtransportiert worden seien. Den Bestimmungsort der Transporte gab er vor nicht zu kennen. Bereits in mehreren Kreisdienststellen hatten die „Volkskontrolleure" Spuren gefunden, die auf eine kurz zuvor vorgenommene Aktenvernichtung hindeuteten. Vorerst blieb jedoch nur die Versiegelung des vorhandenen Inventars. Diese Arbeit, die in Calau über acht Stunden dauerte, sei äußerst anstrengend und unter großer psychischer Anspannung verlaufen, da sie unter schwerer bewaffneter Bewachung stattfand, und große Unsicherheit über mögliche Reaktionen der Stasi-Mitarbeiter herrschte, erinnert sich einer der drei anwesenden NF-Vertreter („Man fühlte sich wie auf Glatteis.").[282] Den Umfang des Aktenmaterials verdeutlicht folgender Augenzeugenbericht aus Spremberg: „Ich will zuerst die noch vorhandenen Ordner, deren Rücken durch Wegkratzen der Schrift unkenntlich gemacht wurden, zählen. Dies ist aber zu umständlich. So messe ich mit einem Zollstock und komme auf 53 Meter meist A4-Ordner. Daneben ein ca. 1,2 Kubikmeter großer Karteikasten – leer. In einem Erkerzimmer klebt, aus einem Autoatlas zusammengeklebt, eine Deutschland-Karte an der Wand. Im Waffenraum finde ich noch die Namensschilder der Waffenträger, wie peinlich ...!"[283]

Nicht überall nahm man sofort Einsicht in alle Schränke oder Aktenbestände, sondern überließ, nach Versiegelung, diese Arbeit gesonderten lokalen Kommissionen. Bisweilen wurden, wie in Finsterwalde, gleich weitere „Objekte", wie ein konspirativ genutzer Bauernhof in Göllnitz besichtigt. Außerdem fanden häufig noch mehrere Nachkontrollen statt, die z.T. bis in die zweite Januar-Hälfte hineinreichten (fast überall wurde der Ablauf des offiziell letzten Diensttages der Kreisdienststellen, der 12. Dezember, überwacht). Bezirksweit wurde die Sicherung der versiegelten Objekte meist durch die VP in Zusammenarbeit mit Bürgerkomitees gewährleistet.

An fast allen Runden Tischen der Kreise blieb die Stasi-Problematik ein kontroverses und langwieriges Thema und beanspruchte oft außerordentliche Sitzungen. Hauptstreitpunkte waren vor allem die Neuvergabe der Gebäude und deren Inventar, der Umfang der Telefonüberwachung und die Umverteilung der freigewordenen Telefonanschlüsse und die berufliche Zukunft der ehemaligen MfS-Angehörigen. In Finsterwalde drohte der kirchliche Moderator und die ihn unterstützenden Bürgerbewegungen Anfang Januar mit der sofortigen Auflösung des RT, da der Kreistag der Empfehlung des Gremiums zur Vergabe des MfS-Objektes nicht nachgekommen war. Daß der Kreistag und sein Vorsitzender schnell und unter Entschuldigungen der Drohung nachgaben, zeugt einerseits von der Auflösung der alten Machthierarchie auf der kommunalen Ebene, von der Unsicherheit und Angst der SED-Funktionäre vor dem Druck der Straße und andererseits auch von der Befugnisgewalt des RT in der Kommunalpolitik. Das Fehlen zentraler Anweisungen und Verhaltenskodexe verwirrte die Administration, die dadurch oft nicht mehr wußte, ob sie nun „richtig" oder „falsch" reagierte. Manche Basisgruppe des NF profitierte übrigens von der Auflösung der Kreisämter, indem sie Bürogegenstände aus den dortigen Objekten zugesprochen bekam. Nicht selten wurden führende Stasi-Mitarbeiter, wie z.B. im Februar in Luckau, aufgefordert, über ihre Arbeit und die Pläne der ehemaligen Kreiseinsatzleitungen im Rahmen eines ausgelösten Verteidigungsfalls bzw. im Umfeld des 40. Jahrestages der DDR zu berichten. Dabei kam, neben militärischen Maßnahmen, die Sprache auch auf geplante Internierungs-/Isolierungslager im Bezirk.

Die Grundlage für das vorgesehene Lagernetz bildete die 1967 erlassene Direktive 1/67 von MfS-Chef Mielke, wonach die Festnahme- und Isolierungsplanungen durch zentrale Vorgaben bzw. ein Kennziffersystem geregelt wurden. Diese Lager waren in die gesamtgesellschaftliche „Mobilmachungsarbeit" integriert, die vom SED-Regime im Falle eines äußeren Verteidigungszustandes oder inneren Konfliktes („Tag X") geplant war. Seit 1971 lag die letzte Gewalt für einen solchen Befehl beim Vorsitzenden des Nationalen Verteidigungsrates der DDR E. Honecker. Im Ernstfall sollten zur Überführung vorgesehene Personen zuerst in „zeitweilige Isolierungsstützpunkte" (auf Kreisebene) und dann in „zentrale Isolierungsobjekte" (auf Bezirksebene) eingeliefert werden. Die Anzahl und Lage der Stützpunkte ist nicht genau bekannt. Vom MfS waren 1988 DDR-weit im sogenannten „Vorbeugekomplex" 84 572 Personen erfaßt. Sie wurden in die „Kennziffern" Festnahme (2901), Isolierung (10 539), Überwachung unzuverlässiger staatlicher Leiter (887) und Erfassung feindlich-negativer Personen (70 245) unterteilt. Im Bezirk Cottbus waren 2381 Personen gekennzeichnet, von denen 132 verhaftet und 345 isoliert werden sollten. Die restlichen 1904 „Erfaßten" sollten bei geringsten Auffälligkeiten in Lager eingewiesen werden. Folgende Festnahmen/Isolierungen waren in den Cottbuser Kreisen geplant: Cottbus-Stadt - 15/66, Cottbus-Land - 6/26, Bad Liebenwerda - 10/30, Calau - 1/13, Finsterwalde - 12/19, Forst - 6/16, Guben - 13/24, Herzberg - 12/15, Hoyerswerda - 13-24, Jessen - 7/15, Luckau - 5/19, Lübben - 4/29, Senftenberg - 10/20, Spremberg - 6/9, Weißwasser - 10/8, Objekt Schwarze Pumpe - 2/12. Obwohl das Lagersystem nicht zum Einsatz kam, die Bürger bzw. Bürgerbewegungen von dessen geplanten Umfang nichts wußten und die wenigen Erklärungen der MfS-Kreisdienststellenleiter dazu meist nur sehr allgemein und schwammig blieben, war allein das Wissen um einen solchen Internierungsplan ein großer Schock für viele Menschen.

Bei der Auflösung der Stasi-Strukturen spielten für die dabei engagierten Bürger auch das Aufspüren und die Enttarnung der konspirativen Objekte und Wohnungen des MfS eine große Rolle – schienen jene doch für die Beibehaltung oder den Neubeginn geheimdienstlicher Aktivitäten nur zu gut geeignet. Allein die Zahl der konspirativen Objekte (KO) im Bezirk betrug im August 1989 insgesamt 82, wovon zu diesem Zeitpunkt 52 Objekte aktiv genutzt wurden: 31 KO als „Treffobjekte", 14 KO als „Garagen bzw. Lager für technische Ausrüstungen" und 7 KO als „Schulungs- und Ferienobjekte".[285] Allerdings muß hier angefügt werden, daß die meisten konspirativen Objekte und Wohnungen von der Stasi selbst aufgelöst wurden, nachdem man sah, daß im Dezember die Zerstörung der Geheimdienststrukturen durch Bürgerkomitees und Staatsvertreter unvermeidlich wurde. Die Rolle der Bürgerbewegten bestand vor allem in der Aufhebung der Anonymität dieser Orte und der nachstehenden Kontrolle.

Weitere Diskussionen entstanden, z.B. in Herzberg und Calau, im Zusammenhang mit den staatlichen bzw. SED-Jagdgebieten. Die Jäger waren anerkannte Waffenträger (mit politischem Leumund), die eigene Waffenkammern besaßen. Bei landesweit 63 000 Erlaubnissen zum Verkehr mit Schußwaffen, Munition und Schußgeräten im Jahr 1989, bildete die Jagdausübung (40 000) zusammen mit der GST (14 500) den personellen Schwerpunkt.[286] Eine mögliche Gefahr daraus ableitend, gab es wiederholt Bürger (bzw. Vertreter des NF), die, jedoch wirkungslos, am RT oder bei staatlichen Organen auf die Verbindung des MfS mit den Jagdgesellschaften, als auch deren de facto möglichen Zugriff auf die Waffen hinwiesen.

Wie weit sich jedoch das NF in den Kreisen über die Frage der Auflösung bzw. Gebäudevergabe hinaus mit der Stasi befaßte, hing letztlich vom Engagement einzelner Vertreter und deren persönlichen Status als Interessierte oder sogar Betroffene von Repressionen ab. Die Bevölkerung interessierte vorerst nur eines: Wer war IM?, wobei die Forderung nach Beantwortung dieser Frage immer wieder an das

NF und den RT herangetragen wurde. Unter Androhung von Warnstreiks, auf Demonstrationen, in Briefen und Unterschriftensammlungen aus Betrieben wurde besonders Mitte Dezember bis Mitte Februar die Veröffentlichung aller Namen gefordert bzw. „Verdachtshinweise" bezüglich einzelner Personen geäußert. Nicht wenigen der 37 Bombendrohungen, die in den ersten sechs Wochen des Jahres 1990 im Bezirk Cottbus verübt wurden, war die Forderung nach Offenlegung der IM's beigelegt. Dem Regierungsvertreter zur Auflösung des AfNS im Bezirk, E. Neubert, lagen im Dezember und Januar viele Unterschriftslisten, z.b. aus dem VEB Gießereitechnik Finsterwalde, Tiefbaukombinat Cottbus (Betriebsteil Elsterwerda) oder Synthesewerk Schwarzheide, mit oft mehr als 100 Unterzeichnern vor, die die Veröffentlichung der betriebsinternen IM-Namen bei Streikandrohung forderten.[287] In Bad Liebenwerda mündete diese Stimmung in einen nächtlichen, anonymen Anschlag einer Namensliste mit dem Titel „Das sind sie" an der Tür der St.-Nikolai-Kirche am 30. Januar. Hier wurden Bürger konkret mit Namen benannt, die angeblich Zuträger für das MfS waren. In Gröden (Kreis Bad Liebenwerda) waren Ende Januar von Unbekannten an einigen Haustüren von Funktionären und vermuteten IM's Henkerschlingen angebracht worden.

An den RT der Kreise war man sich aber in dieser Frage einig – man verurteilte einstimmig solcherlei Praktiken und versuchte, allen voran die Kirchenvertreter, die Bevölkerung von der folgenden Destabilisierung aller Ebenen der Gesellschaft durch eine solche Offenlegung zu überzeugen. Mancherorts jedoch wurde im Vorfeld der ersten Kommunalwahlen am RT, wie z.B. in Senftenberg und Bad Liebenwerda, die Initiative eingebracht oder die Empfehlung formuliert, daß alle Kandidaten eine eidesstattliche Erklärung unterzeichnen sollten, in der sie erklärten, keine IM-Tätigkeit ausgeführt zu haben. Die Angst vor einer Unterhöhlung der neuen Institutionen beschäftigte nicht nur Bürgerbewegte, sondern auch die Kirche. Im „Aufruf der Lautaer Pfarrer" aus dem Kreis Hoyerswerda wurden alle Kandidaten, die engere Kontakte zum MfS hatten, „um des inneren Friedens willen" gebeten, auf ihre Kandidatur zu verzichten. „Provozieren Sie bitte nicht die Wut der Bürger oder einen Trend, Sie irgendwann ausfindig machen zu müssen. Machen Sie bitte nicht die Kommunalwahlen fragwürdig!", hieß es am 26. April emphatisch auf der Hoyerswerdaer Kreisseite der „Lausitzer Rundschau".

In der Bezirkshauptstadt Cottbus waren am 5. Dezember nach deutlichen Alarmsignalen drei Initiativen durch Bürgerkomitees, NF, DA und SDP unabhängig voneinander ergriffen worden. Erstens war die Bezirkstaatsanwaltschaft über geschäftiges Treiben (Beladen von Fahrzeugen, die entladen zurückkehrten) in mehreren Gebäuden der Stadt informiert bzw. alarmiert worden. Nähere Untersuchungen ergaben dann, daß diese Häuser (besenrein) ausgeräumt worden waren. Zweitens waren aufgrund ähnlichen Treibens Bürger zum Bezirksamt „Nordrand" geeilt und hatten versucht, Autokennzeichen von Fahrzeugen zu notieren, die im Verdacht standen, Akten wegzufahren. Drittens wurde mit Hilfe zweier Staatsanwälte das „Nordrand"-Objekt von einer Gruppe von Arbeitern des RAW,

Mitglieder des NF (Ch. Polster, S. Bürger) und BDVP-Vertretern begangen und eine umfangreiche Versiegelung eingeleitet. Schon am frühen Morgen hatten S. Bürger und Ch. Polster mehrere alarmierende Telefonanrufe erhalten und daraufhin Kontakt zu Staatsanwalt H. Helbig aufgenommen, der eine sofortige Begehung vorschlug. Nach einer Sitzung beim MfS-Bezirksdienststellenleiter H. Fitzner fand der erste Rundgang statt. Wirkliche oder vermutete Tätigkeiten zur Aktenvernichtung wurden auf Anweisung vor Ort abgebrochen. Laut Polster war die Führung durch das Objekt aber relativ unsystematisch und für die außenstehenden Besucher schwer nachvollziehbar gewesen. Die ersten Versiegelungen in diesem Gebäude- und Zimmerlabyrinth wären (z.T. später auch) eher planlos erfolgt und kaum kontrollierbar gewesen.²⁸⁸ Dennoch waren unter den ersten versiegelten Objekten das Zentralarchiv und die Funk- und Chiffrierstellen des Amtes.

Am nächsten Tag wurde in Cottbus im Auftrag des Ministerrats eine Arbeitsgruppe zur Auflösung der Staatssicherheit gebildet, die sich aus Vertretern der oben genannten Bürgerinitiativen und SDP, der Regierung (jeweils ein Vertreter des Ministerpräsidenten, Innenministers und AfNS) und des Bezirkes (Rat des Bezirkes, AfNS und Bezirksdirektion der VP) zusammensetzte. Zu den ersten Forderungen des NF gehörte eine schnelle, staatliche Entscheidungsfindung zur Offenlegung der MfS-Strukturen und die Ausgliederung und Sicherung von Akten über politisch Andersdenkende. Im Gegensatz zu AfNS-Chef Schwanitz, der am 7. Dezember der Presse erklärt hatte, daß das Bezirksamt Cottbus seine Arbeit eingestellt hätte, berichtigte das Bezirksamt auf Drängen der Bürgerinitiativen am nächsten Tag in einer Zeitungsmeldung, daß zwar Versiegelungen einzelner Räume stattgefunden hätten, aber die Dienststelle ansonsten arbeitsfähig geblieben sei. Ebenfalls am 8. Dezember traf sich die besagte Arbeitsgruppe, um eine Sicherheitspartnerschaft zu vereinbaren. Es wurde beschlossen, nunmehr das gesamte Aktenmaterial unter der Kontrolle der Bürgerinitiativen und Staatsorgane zu sichern. „Es gelte, die Papiere herauszuziehen, die vom ehemaligen Ministerium für Staatssicherheit unberechtigt über Bürger angelegt wurden", hieß es in einer Pressemitteilung.²⁸⁹

Eine erneute Sichtung und Sicherung des Objektes, die mit Offizierswohnungen und Bad-, Sport- und Freizeitanlagen ausgestattet war, fand am 12. Dezember in Anwesenheit von Staatsanwalt Helbig statt. In der Erinnerung eines anwesenden NF-Vertreters glich die AfNS-Bezirksdienststelle einem „Irrenhaus". Unzählige Stapel von Akten aus den Kreisdienststellen wären zu großen Papierhaufen aufgeschüttet worden, die Beschäftigten hätten „chaotisch und kopflos" auf dem Gelände agiert und es hätten massive Kompetenzunklarheiten unter den Angestellten bestanden. Drei Tage später gaben Helbig und der Regierungsbeauftragte E. Neubert den „Abschluß der Auflösung der Kreisämter für Nationale Sicherheit" und die endgültige Lagerung bzw. anschließende Sichtung der dortigen Akten im Bezirksamt Cottbus bekannt. In den Tagesinformationen vom 13. und 14. Dezember von Neubert an den Operativstab in Berlin hieß es u.a.: „Alle 15 Dienststellen sind in der Verwaltung der örtlichen Organe übergeben. Die

Arbeitsfähigkeit des Bezirksamtes ist gewährleistet, jedoch dadurch eingeschränkt, weil immer mehr Mitarbeiter demoralisiert sind, kündigen und Existenzangst um sich greift ...", aber auch: „... Die Verkollerungsanlage und die Büroaktenreißer sind für die tägliche Arbeit wieder freigegeben ..."[290]

In einem Zwischenbericht zur Stasi-Auflösung im Informationsblatt Nr. 1 des NF Cottbus vom 31.12.1989 berichtete Ch. Polster von grundsätzlichen Schwierigkeiten der Arbeitsgruppe: „Das Problem in der Arbeitsgruppe stellt sich – aus der Sicht der Bürgerinitiativen – darin, daß die Überprüfbarkeit der vereinbarten Schritte, wie auch der Aussagen der Stasi-Vertreter sich als schwierig erweist. Ein zweites Problem besteht in der Tatsache, daß es bei aller Auflösung legitime Sicherheitsaufgaben gibt, wie sie für jeden Staat bestehen. Um die Geheimhaltung des – auch von Bürgerinitiativ-Seite – anerkannten Sicherheitsaspektes zu gewährleisten, wurde ein „Staatsanwalt des Vertrauens" in die Arbeit einbezogen. Dieser hat die Aufgabe, alle gesicherten Akten der Stasi zu kontrollieren und die Dossiers sicherzustellen und die Vernichtung zu gewährleisten. Man kann sich leicht vorstellen, daß dies in der Praxis eine kaum zu bewältigende Aufgabe ist." Außerdem würden aus den Kreisdienststellen Waffenarsenale, funktechnische Anlagen und eine „irre Flut von Büromaterialien und Akten" in den „Nordrand" transportiert werden, die ihrer Begutachtung und Sortierung harren bzw. dazu „eine ganze Hundertschaft von Mitarbeitern" erfordern würden. Das ohnehin große Mißtrauen gegenüber Stasi-Mitarbeitern und ihren Aussagen sei aufgrund permanenter Anzeigen und gegenteiliger Hinweise aus der Bevölkerung nicht abzubauen, so Polster.

Am 4. Januar wurde dann im sogenannten „Arbeitsgremium Sicherheitspartnerschaft" die teilweise Einlagerung von MfS-Akten ins Staatsarchiv beschlossen. Hier wurde auch in Anwesenheit des Regierungsbeauftragten und der Bürgervertreter die Vereinbarung vom 8. bzw. 21. Dezember bekräftigt, wonach über die „Vernichtung von operativem Schriftgut, welches nicht mehr für die neuen Dienste benötigt wird" Übereinstimmung hergestellt wurde. Nach Einschätzung des Arbeitsgremiums betraf das 80% des gesamten Materials.[291] Die Sichtung und Sortierung der Akten verlief unter Leitung des Staats- und Militärstaatsanwaltes bzw. unter Mitwirkung von Archivmitarbeitern. Die Kontrolle hinsichtlich des Abtransports und der Vernichtung der Akten fand durch Kräfte der Kriminalpolizei und Vertreter des NF, die jedoch in der Regel nicht bei der Durchsicht anwesend waren, statt. Damit gehörte Cottbus, neben Potsdam, Magdeburg und eingeschränkt Schwerin, zu den wenigen Bezirken, in dem die Regierungstaktik – zumindest bis zu diesem Zeitpunkt – fruchtete, durch Überzeugungsarbeit das Einverständnis der Bürgerkomitees und Runden Tische für die Vernichtung von MfS-Unterlagen zu erhalten. Das heißt, daß noch Wochen nach der Besetzung des Bezirksamtes offiziell Unterlagen beseitigt wurden. Die passive Haltung der Bürgervertreter bezüglich der Vernichtung hing u.a. mit ihrer Forderung nach einer einheitlichen Regelung zum Schriftgut zusammen, die jedoch von Regierungs- und Sicherheitsvertretern am ZRT hinausgezögert wurde. Weiterhin waren diese Bür-

Meldung des Genossen Neubert aus Cottbus, 04.01.1990, 17.20 Uhr

1. In der heutigen Beratung des Arbeitsgremiums "Sicherheitspartnerschaft" mit Bürgervertretern ist unter Leitung des Regierungsbeauftragten die Übereinstimmung zur Verfahrensweise mit dem Schrift-
material des Amtes erneut bekräftigt:

- Akten, die weiter benötigt werden, werden aussortiert und aufbe-
  wahrt
- die anderen Papiere werden vernichtet bzw. dazu vorbereitet
- die bereits vorher aussortierten OPK-Akten werden sofort vernichtet (bisher nur ein Teil aussortiert)

Der Stand der Arbeiten wurde zur Kenntnis genommen.

- Zwei Lkw-Ladungen mit zerissenen Materialien der ehemaligen KD-
  MfS wurden zur Papiermühle Lübben gefahren mit entsprechenden Be-
  scheinigungen des Staatsanwaltes.
  Auch bei der Annahme und Vernichtung des Papiers ist ein Staatsanwalt zugegen.

- Im Archiv der BV wird in dieser Woche die Aussortierung der Straf-
  und Sachakten abgeschlossen und zur Bezirksstaatsanwaltschaft
  überführt.

2. In dieser Beratung wurden folgende Fragen und Forderungen von
Bürgervertretern gestellt:

- Offenlegung der Finanzstruktur, Arbeitsstruktur (welche Bereiche,
  welche Aufgaben) des ehemaligen Ministeriums für Staatssicherheit
  ("Neues Forum")

- Aus welchem Topf kommen die Ausgleichzahlungen für ehemalige Mitarbeiter und wie stützt die Regierung dieses Etat ("Neues Forum")

- die Arbeiter im Bahnbetriebswerk Cottbus wollen streiken, wenn
  das mit der hohen Bezahlung der ehemaligen Mitarbeiter stimmt
  (Gewerkschaftsvertreter des Reichsbahnausbesserungswerkes Cottbus)

- Was und wieviel bekommen die ehemaligen Mitarbeiter an Zahlungen
  (Gewerkschaftsvertreter)

- Aberkennung der Qualifikation und der Dienstgrade von Mitarbeitern, die Bürger bespitzelt haben ("Neues Forum")

- Einen Verfassungsschutz drf es nicht geben, daß muß die Polizei
  mit übernehmen ("Neues Forum")

Tagesbericht des offiziellen Regierungsbeauftragten zur Auflösung der Staatssicherheit
für den Bezirk Cottbus, E. Neubert, an den zentralen Operativstab in Berlin über die Beratung des „Arbeitsgremiums Sicherheitspartnerschaft" mit Bürgervertretern am 4. Januar
1990 in Cottbus-Stadt. Dabei wird die fortgesetzte Aussortierung und Vernichtung von
MfS-Aktenmaterial gemeldet.
Quelle: BArch DC 20 11349, S.632.

ger zahlenmäßig zu wenige und zu sehr Laien, um in diesem Aktenberg aus allen Kreisämtern die Übersicht zu behalten bzw. nicht von AfNS-Mitarbeitern getäuscht zu werden. Außerdem befürchteten sie damals vor allem, bei gleichzeitiger vorläufiger Akzeptanz des staatlichen „Sicherheitsbedürfnisses", die Entstehung bürgerkriegsartiger Zustände (Lynchjustiz) nach einer unbegrenzten Offenlegung der IM-Namen. Erst Anfang Januar wurde, jetzt aber in aller Entschiedenheit, der unmittelbare Stop der Aktenvernichtung bis zu einer endgültigen zentralen Entscheidung verlangt. Das hing mit der zusätzlichen Gründung eines parallelen Bürgerkomitees zur Auflösung am 5. Januar zusammen, nachdem es innerhalb des offiziellen Arbeitsgremiums zu Spannungen wegen der beobachteten zentralen und bezirklichen Verzögerungen seitens des alten Machtapparates gekommen war. Zusätzlich war das alte Gremium nach RT-Beschluß um Mitglieder der LDPD, CDU, NDPD, SED-PDS und DJ erweitert worden, die ebenfalls eine unverzügliche und vollständige AfNS-Auflösung forderten.

Die landesweit aufgebrachte Stimmung gegen die SED und Stasi im Januar führte auch in der Stadt Cottbus zu einer gereizteren Stimmung der Demonstranten. Am 8. Januar versammelten sich mehrere tausend Cottbuser unter dem Motto „Rumänien mahnt" (Veranstalter: NF) und forderten nachhaltig „Nieder mit der SED" und „Stasi in die Produktion ohne Übergangsgelder". Eine Woche später zogen erneut 10 000 Teilnehmer im Zuge der Demonstrationswelle gegen eine Restaurationspolitik durch die Innenstadt in Richtung „Nordrand". Nach zahlreichen Sprechchören gegen den Geheimdienst erklärte G. Pflug, 1. Sprecher des Bürgerkomitees, daß sich in dem Amt nur noch er und vier VP-Angehörige zur Sicherung und Kontrolle befänden. Dennoch ließen einige Demonstranten ihrer angestauten Wut durch Steinwürfe freien Lauf, wobei letztlich nur einige Scheiben zerstört wurden. Auf der anschließenden Kundgebung vor der Oberkirche distanzierten sich die Redner von diesen Vorfällen. Das Bürgerkomitee informierte, daß es die Garantie dafür übernehme, daß kein Mitarbeiter der Stasi mehr Zugang zum Objekt bekäme.[292]

Ausgangspunkt der großen Empörung war auch der veröffentlichte Zwischenbericht des Regierungsvertreters zum Stand der Auflösung des AfNS-Bezirksamtes vom 11. Januar, wo in Phrasen und altbekanntem Vokabular die inländische Tätigkeit des Geheimdienstes verharmlost wurde. Außerdem wurde darin bekanntgegeben, daß das Objekt und versiegelte Räume von den MfS-Mitarbeitern selbst „bewacht" wurden, und daß alle „der zu Bürgern entsprechend der alten, falschen Sicherheitspolitik durch breite Kontrolle und Überprüfungen der Bevölkerung angelegten Akten" vernichtet wurden und werden, „damit in Zukunft jeder Bürger ohne Angst und psychischen Druck leben und arbeiten kann". Dazu gehörte auch die Zerstörung der Karteien bzw. Dateien mit den immer wieder geforderten IM-Namen.[293] Zusätzlich hatte eine bekanntgewordene Bargeldüberführung von 9 Millionen Mark zugunsten des Bezirksamtes zwecks Auflösung von Gehaltskonten über Barauszahlung Anfang Januar für zusätzliche Aufregung in der Öffentlichkeit gesorgt. Bis zum 12. Januar wurden nach Angaben von Regie-

rungsvertreter Neubert 180 Wohneinheiten, 14 Kreisämter, 5 von 8 Wohnobjek-
ten, 4 von 4 Mehrzweckobjekten, 6 von 19 Naherholungsobjekten, alle Waffen,
alle 94 Pkw der Kreisämter, 122 Pkw und weitere Transporttechnik des Bezirksamtes den örtlichen Organen übergeben.[294]

Beim RT des Bezirkes am 24. Januar 1990 mußte der Regierungsvertreter Neubert erneut Rechenschaft über die allgemein als zu langsam empfundene „Nordrand"-Auflösung ablegen, wobei immer wieder Widersprüche von Bürgervertretern
aufgedeckt wurden, sei es bei der Vergabe und Anzahl alter MfS-Objekte, beim wesentlichen Übergehen der Entscheidungsgewalt des RdB und des RT, bei vorsätzli-
cher Informationsvorenthaltung oder bei der Durchsetzung des Aktenvernichtung-
stops. Am gleichen Tag hatte der Rat der Stadt, wie NF-Vertreter kurze Zeit später
öffentlich beklagten, mit Duldung des RdB und der Abteilungen Inneres, Verkehr und
Nachrichtenwesen und unter Umgehung des Mitspracherechts des Rates des Kreises Cottbus-Land, des Gemeinderates von Hänchen, der Gewerbekammer, des VEB
Kraftverkehrs und der Taxigenossenschaft die Gewerbezulassung für ein Motel
einschließlich eines Taxifuhrbetriebes in Hänchen erteilt. Dabei wurde offenbar, daß
es sich hierbei um ein ehemaliges Außenobjekt und um etliche Fahrzeuge und Mitarbeiter des MfS handelte. Das NF hatte bereits seit längerem von diesen Plänen erfahren und wiederholt den RdB zur Klärung bzw. zum Stop der Aktivitäten aufgefordert. Schließlich konnte dieses Vorhaben durch seine Publikmachung verhindert
und eine genauere Kontrolle über den Verbleib des MfS-Inventars erreicht werden.
Am RT vom 24. Januar, wie auch in der Presse setzte sich das NF nicht nur für die Zerstörung der Geheimdienststrukturen, sondern auch für das Schicksal der entlassenen
Mitarbeiter ein. Dabei ging es in erster Linie nicht nur um eine angemessene Ar-
beitsplatzbeschaffung, sondern um ihre psychisch-therapeutische „Rehabilitation".
Konkrete Vorschläge aus NF-Arbeitsgruppen wurden dazu dem RT unterbreitet (z.B.
die Bildung von Selbsthilfegruppen). Am 19. Februar wurde vom Rat des Bezirkes, in
Konsequenz des Ministerratsbeschluß vom 8. Februar, eine „zeitweilige Arbeitsgruppe des RdB Cottbus zur Auflösung der Bezirksdienststelle Cottbus des ehemaligen AfNS" unter der Leitung von B. Dittrich, Stellvertreter des Bezirksvorsitzenden
für Energiefragen, gebildet. Ihr gehörten weitere elf Funktionäre an, die ausschließlich aus der alten RdB-Administration stammten. Jedoch bereits am 28. Februar wurde die Beseitigung aller MfS/AfNS-Strukturen im Bezirk Cottbus offiziell bekanntgegeben. 99,6 % der Mitarbeiter waren entlassen worden, alle 39 Objekte und 212
der 284 der Pkw übergeben worden. Neubert konnte am nächsten Tag nach Berlin
telegrafieren: „... die Einlagerung des Schriftgutes, einschließlich der Akten des Zen-
tralarchivs (ca. 1000 m) in zwei ehemalige Munitionsbunker ist mit dem heutigen
Tag abgeschlossen. Die Zubetonierung der beiden Bunker wird morgen am 2.3.1990
beendet. Das Bürgerkomitee ist seit dem vergangenen Montag, dem 26.2.1990 nicht
mehr im Objekt tätig." Auf die besagte Einmauerung zur Sicherung der Akten hatte man sich mit dem Bürgerkomitee geeinigt, nachdem von deren Seite keine weitere Zustimmung mehr zur sofortigen Vernichtung von Akten kam.[295]

12 Uhr mittags, gestern in Cottbus:

Nordrand in Bürgerhand

Die Fotos zeigen es: Gestern bis 12 Uhr hatten alle Mitarbeiter des ehemaligen Amtes für Nationale Sicherheit das Gebäude am Cottbuser Nordrand geräumt. Sie hatten zuvor ihre Dienstausweise und Schlüssel der Kriminalpolizei übergeben. Diese Entscheidung war noch am späten Montagabend vom Cottbuser Bürgerkomitee getroffen worden. Sie wurde notwendig nach der Besetzung des Berliner Amtes für Natio-

Bürgerkomitee übernahm unumschränkte Kontrolle über ehemaliges Amt für Nationale Sicherheit

nale Sicherheit in der Normannenstraße und den tumultartigen Szenen vor dem Cottbuser Gebäude am Nordrand. Um einer weiteren Eskalation der Gewalt vorzubeugen, hat das Cottbuser Bürgerkomitee seit gestern mittag die unumschränkte Kontrolle übernommen, in Sicherheitspartnerschaft mit der Regierungskommission, der Staatsanwaltschaft und der Volkspolizei.

Wie notwendig dieser Entschluß war, beweist ein Beispiel vom gestrigen Vormittag: Ein Nasi-Mitarbeiter hatte versucht, im Reißwolf Akten zu vernichten, darunter Baupläne. Dem schnellen Eingreifen des Bürgerkomitees war es zu danken, daß es nicht dazu kam.

In einer gemeinsamen Beratung hatten die Vertreter des Bürgerkomitees Sabine Bürger, Helmut Wenzel und Gunnar Pflug versichert, daß das Bürgerkomitee die weitere Auflösung des Amtes übernimmt und damit die Bereitschaft demonstriert, Verantwortung zu tragen. Der persönliche Beauftragte des Ministerpräsidenten, Dr. Erhard Neubert, unterstrich, wie sehr sich bereits die

Nur mit ihren persönlichen Sachen verließen gestern mittag die letzten Mitarbeiter des ehemaligen Amtes für Nationale Sicherheit das Gebäude am Nordrand. Zuvor hatte der Vertreter der Kriminalpolizei Dienstausweise und Schlüssel entgegengenommen. Handwerker malten sofort ein Schild. Es verkündet, wer nun Verantwortung trägt.
(Fotos: E. Schutt)

Sicherheitspartnerschaft seit dem 6. Dezember 1989 bewährt hat. „Wir gehen alle Schritte gemeinsam. Jetzt kommt es darauf an, alles zu tun, damit sich kein Bürger mehr bedroht fühlt, niemand in Angst lebt, daß alle Ängste schwinden. Notwendig ist, ein schnelleres Tempo anzuschlagen."

Eine kleine, aber notwendige Bemerkung zum Schluß: Einige Handwerker (z. B. Heizer) sind noch auf dem Gelände. Sie sorgen u. a. dafür, daß die Kinder der 17. POS in warmen Räumen unterrichtet werden können. Darum brennt im Heizhaus auch noch Licht.

Manfred Newe

Zeitungsmeldung über die endgültige personelle Räumung des MfS-Bezirksamtes „Nordrand" am 16. Januar 1990.
Quelle: „Lausitzer Rundschau" vom 17.01.1990.

Innerhalb der NF-Gruppen in den Kreisen wurde die Stasi als äußerer, institutioneller Gegner betrachtet, dessen Macht es zu brechen galt. Dieser Kampf erzeugte ein solidarisches Moment untereinander, zumal in den zahlenmäßig kleineren Gruppen ohnehin freundschaftliche Bindungen existierten. Der „Feind" wurde mit

Dienstobjekten, bestimmten Uniformträgern, „unauffälligen Männern in Zivil" und seiner repressiven Überwachungsarbeit identifiziert. Anonyme Droh-Telefonate und -Briefe an das NF bzw. einzelne Vertreter, die jene bis weit in die „Wende"-Zeit erhielten, hielt man meist ebenfalls für Produkte bestehender oder alter „Seilschaften" des MfS. Dagegen wurde in den geführten Interviews deutlich, daß die Angst vor IM's in den eigenen Reihen in den ersten „Wende"-Monaten nur in wenigen Kreisen ein Thema war und ein anfängliches gegenseitiges Mißtrauen eher selten aufkam. (In Guben wurde z.B. Anfang Dezember ein Mitglied wegen des dringenden Verdachts auf Stasi-Kontakte aus dem NF ausgeschlossen.) Erst im Rückblick sei manche Aktivität verdächtig erschienen, erklärten einige der Befragten, ohne jedoch Näheres beweisen zu können. So waren in einigen Kreisen im Januar 1990 plötzlich aktive NF-Mitglieder in führenden Positionen ohne Nachricht verschwunden bzw. unter Angabe dubioser Gründe von ihren Funktionen zurückgetreten. Oder ein NF-Vertreter organisierte eine unmittelbare Begehung einer Stasi-Kreisdienststelle im Dezember, ohne vorher die Gruppe informiert zu haben u.a.m.

Der DDR-Geheimdienst hatte IM's in vielen Basisgruppen der Bürgerbewegung, was aus heutiger Kenntnis nicht weiter verwundert. Noch am 30. November schrieb der Dresdener Leiter der MfS-Bezirksverwaltung, H. Böhm, in einer internen Lageeinschätzung: „Es ist gelungen, in den neuen Sammlungsbewegungen ca. 80 - 100 IM sowohl in Führungspositionen als auch als Mitglieder einzubauen, um über diesen Weg die Bearbeitung verfassungsfeindlicher Aktivitäten zu forcieren und vor allem rechtzeitig zu erkennen." Laut Böhm erklärten sich zu diesem Zeitpunkt noch 80 - 85 % der IM's zur weiteren Zusammenarbeit bereit.[296]

Neben den personenbezogenen Informationen lagen der Cottbuser Bezirksverwaltung des MfS nicht alle, aber sehr viele Berichte mit Insiderwissen und Zitaten über „Sammlungsbewegungen" und Treffen des NF im ganzen Bezirk im September/Oktober vor. Man war sofort über die ersten NF-Gesprächsrunden in Cottbus-Stadt informiert und konnte Schwerpunkte (BKH, Stadttheater, UGC) lokalisieren. Man wußte im „Nordrand", daß für das konspirative NF-Treffen in der Stadt Cottbus am 3. Oktober die Kinder des gastgebenden Ehepaars „ausquartiert" und für die Gäste „die Räume mit Kissen und Schaumgummimatrazen ausgelegt" waren.[297] Häufig gelangten über oppositionelle kirchliche oder andere Kreise, die schon länger intensiv observiert und infiltriert wurden, wie z.B. die Umweltgruppe Cottbus, frühzeitig Informanten in die Gruppen. Außerdem standen bereits seit Jahren einige lokale Gründer des NF wegen widerständigen Verhaltens unter personenbezogener Beobachtung. Aber nicht zuletzt ermöglichte auch der Status des NF (offen für alle Bürger unabhängig von ihrer Religion, Ideologie und Parteizugehörigkeit) einen relativ unkomplizierten Zutritt zu den Gruppen.

Die selten, meist zufällig und spät entdeckten IM's im NF, sorgten um so stärker für Fassungslosigkeit und Lähmung in den Kreisen der ins Bündnis 90 eingetretenen Bürgerbewegung, war doch die Bewältigung der Stasi-Vergangenheit „von Anfang an eines der Hauptthemen der Bürgerbewegung".[298] Es wurde deutlich, daß sich auch im Land Brandenburg das NF bzw. Bündnis 90 und seine Führung als Speerspitze im Kampf gegen die Stasi bzw. um das Stasi-Erbe selbst aus der IM-Problematik ausgeklammert und in diesem Punkt letztlich Vertrauen vor Kontrolle praktiziert hatte. Die als selbstverständlich empfundene Voraussetzung für die Mitarbeit in der Fraktion, nicht mit dem MfS zusammengearbeitet zu haben, wurde nicht über mündliche Aussagen hinaus überprüft. Die vielleicht bekanntesten Fälle in Brandenburg waren die aufeinanderfolgenden IM-Enttarnungen der Landtagsabgeordneten B. Reuter und H. Poller im September und November 1991. Während ersterer, beide hatten auch ihre vormalige SED- bzw. LDPD-Mitgliedschaft nicht im Abgeordnetenhandbuch vermerkt, bis 1995 alles abstritt und vorgab, „unwissentlich" als IM geführt worden zu sein, leugnete Poller eine solche Tätigkeit nicht und ließ seinen Gauck-Bescheid kommentiert veröffentlichen.[299] Noch im Oktober 1990 sollte auf der ersten Abgeordnetensitzung von Bündnis 90 jeder (freiwillig) ein klares Bekenntnis ablegen, niemand gab jedoch eine Zusammenarbeit mit der Stasi zu. Das Entsetzen und die Enttäuschung über den Fall Poller war bei vielen Cottbuser Bürgerbewegten sehr groß, war doch im Februar 1990 der Luckauer NF-Vertreter in den Bezirkssprecherrat, dann als Cottbuser Repräsentant in den Landessprecherrat und schließlich in den ersten Brandenburger Landtag gewählt worden. Nicht zuletzt hatte er auch am Stasi-Unterlagengesetz mitgearbeitet. In Interviews zu diesem Buch wurde oft erklärt, daß diese Enthüllungen solche Frustrationen in den übriggebliebenen Basisgruppen auslösten, daß viele Mitglieder – natürlich auch in Verbindung mit Enttäuschungen über das politische Schicksal der Bürgerbewegung – danach aus dem NF austraten bzw. sich sogar ganze Basisgruppen auflösten.

VIII. ZUSAMMENFASSUNG

Das Neue Forum war die wichtigste politische Bewegung für die unmittelbare Auslösung der „Wende" im Bezirk Cottbus 1989. Bei den ersten freien Volkskammerwahlen am 18. März 1990 stimmten im Bezirk 48,32% für den Wahlsieger „Allianz für Deutschland" (CDU, DSU, DA), dagegen 2,67% (knapp 16 000 Wähler) für das Bündnis 90. Bei den folgenden Kommunalwahlen am 6. Mai votierten 9500 Wähler für die Kandidaten des NF, was statistisch mit 0,76%, gegenüber 2,42% im Landesdurchschnitt, das schlechteste DDR-Ergebnis der Bürgerbewegung darstellte. Fügt man diesen letzten Zahlen allerdings die Stimmen derjenigen (ehemaligen) NF-Mitglieder hinzu, die für Bündnis 90, DFP und Bürgervereinigungen kandidierten, dann vervielfacht sich das Resultat in den Kommunen um mehr als das Fünffache. Zum Verständnis dieses insgesamt dennoch sehr enttäuschenden Endergebnisses soll hier nochmals auf die besondere zeitliche Dynamik und Überlagerung verschiedener politischer Entwicklungen mit ungleichen Tempi hingewiesen werden, in deren Spannungsfeld sich die Anhänger des NF auf der gesellschaftlichen Mikroebene, den Cottbuser Kreisen und Gemeinden, befanden.

Der Historiker Bernd Lindner vergleicht den Verlauf des Herbstes 1989 mit einer „Sturzgeburt". Der Rausch der Historie bzw. der Zeitdruck war einerseits in den Ereignissen selbst angelegt, andererseits von Politikern sehr verschärft worden. Der politische und ökonomische Reformstau setzte langfristig, der Betrug bei den Kommunalwahlen und die Ausreisewelle im Zusammenhang mit dem Abbau der ungarischen Westgrenzen im Mai 1989 kurzfristig einen Prozeß in Gang, der schließlich in potenzierter Beschleunigung zum Zusammenbruch (Implosion) des SED-Regimes führte. Innerhalb des „sozialistischen Lagers" sahen sich in der zweiten Hälfte der achtziger Jahre sowohl die SED, als auch Oppositionelle – natürlich unter verschiedenen Blickwinkeln – mit neuen, z.t. gegensätzlichen außenpolitischen Entwicklungen konfrontiert: Gorbatschows Politik von „Glasnost" und „Perestroika", die polnische Solidarnosc-Bewegung, die ungarische Reformbewegung, aber auch die gewaltsamen Niederschlagungen der Pekinger Studentenproteste und Oppositionsbekundungen in Prag im Sommer 1989.

Ab dem Frühsommer 1989 verstärkten sich, angeregt durch die genannten internen und externen Faktoren, die Aktivität und Politisierung von oppositionellen und kirchlichen Gruppen, die in illegalen Gründungen von Parteien und politischen Bewegungen (SDP, NF, DJ, DA u.a.) Anfang September und Oktober mündeten. Am 4. September fand die erste Montagsdemonstration in Leipzig mit rund 800 Teilnehmern statt. Drei Wochen später hatte sich die Zahl schon verzehnfacht. Das endgültige Fanal des „Aufbegehrens" (Bärbel Bohley) für die Republik wurde durch die Demonstration mit 70 000 Menschen am 9. Oktober gesetzt, bei der zusammengezogene Sicherheitskräfte nicht mehr einschritten. Das Aufbringen von Zivilcourage bzw. die Überwindung der Angst gerade nach den gewaltsamen Polizei- und Stasi-Einsätzen im Umfeld des 40. Jahrestages der DDR (siehe z.b. auch die Vorkommnisse in Guben), die „Bewußtwerdung der eigenen Kraft" und „Politisierung der Unpolitischen", wie Lindner die „Wende"-Etappe bis zum Mauerfall bezeichnet,[300] und der friedliche Ausgang entwickelten in der „Telerevolution" eine unmittelbare Modellwirkung. Eine Welle von Demonstrationen und Dialogveranstaltungen breitete sich in den folgenden Tagen über das Land aus - jedoch ohne vorerst den Bezirk Cottbus zu erreichen.

Hier gärte es zwar an manchen Orten, sei es durch oppositionelle Aktivitäten kirchlicher Kreise, sei es durch einzelne Personen, aber den massenhaften Schritt auf die Straße wagten die Menschen im Bezirk Cottbus erst zwischen dem 25. Oktober und 3. November, als die landesweiten Manifestationen mit z.t. hunderttausenden Teilnehmern schon einen bestimmten Grad von Normalität erreicht hatten. Eine Ursache dafür liegt in einer gewissen Absorbierung des Protestpotentials von den Demonstrationen in den anliegenden, anonymisierenden Metropolen Dresden und Leipzig, was zwar zahlenmäßig kaum ins Gewicht fiel, jedoch für die Protestinitiierung in den Kreisen von Bedeutung war. Die dominierende Rolle der – meist evangelischen – Kirche bzw. Kirchenkreise als Ausgangspunkt oder Austragungsort, Veranstalter oder Moderator der ersten Kundgebungen war ein weiterer Grund. Ihr wichtigstes Anliegen war und blieb die Gewaltlosigkeit der „Wende" (fast jeder ersten Demonstration ging ein Friedensgebet voraus), die in ihren Augen erst spät gesichert erschien.

Der überwiegende Großteil der Cottbuser Bevölkerung war, obwohl es – laut Geheimdienst – auch in ihr „rumorte", in Zufriedenheit, Opportunismus oder Angst vor der präsenten Stasi und Polizei erstarrt und scheute sich lange, aus der sicheren Anonymität in die Öffentlichkeit der mittleren und Kleinstädte zu treten. Dazu trug auch die ideologische Folgsamkeit und das konforme Schweigen der vielen mit materiellen Privilegien ausgestatteten Werktätigen aus dem Brennstoff- und Energiesektor bei – in einer quasi monokulturell strukturierten Region ein kaum zu unterschätzender Aspekt. Von einem frühen, zahlreichen Zulauf zu oppositionellen Kirchenkreisen oder bereits gebildeten Kleinstgruppen des NF konnte also in der Regel nicht die Rede sein. Solidarität und Willen zur Mitarbeit gegenüber den wenigen, die früh widerständiges Verhalten wagten, wurden erst im Verlauf bzw. nach den ersten Veranstaltungen gezeigt. Das geringe, organisierte Oppositionspotential war unter dem Dach der Kirche versammelt (Forst, Cottbus-Stadt, Hoyerswerda, Finsterwalde, Spremberg, Lübben) und nicht oder nur punktuell vernetzt. Gleichwohl bildeten jene Gruppen die Vorhut, d.h. geographische und personifizierte Anlaufpunkte für die „Wende"-Bewegung in ihren Kreisen.

Obwohl Kirchengruppen und -gemeinden Geburtsstätten des NF waren, traten aus diesen Personenkreisen letztlich nur wenige Mitglieder der Bürgerbewegung bei. Das NF galt in solchen Konstellationen, bei bleibender Zusammenarbeit, eher als stark politisierter, mehr oder weniger großer Flügel innerhalb einer bestimmten kirchlichen Interessengruppe. In den Cottbuser Basisgruppen des NF gab es nur wenige Oppositionelle im Sinne langjährigen Engagements bzw. oppositionelle Intellektuellen-, Künstler- oder Studentenkreise, wie sie in den Großstädten zu finden waren. Man verfügte nicht oder nur begrenzt über entsprechende Praxis, ein eigenes intellektuelles Fundament von kritischem Gedankengut und/oder Kenntnisse über Öffentlichkeitsarbeit. Es mußte auf Erfahrungen aus Berlin oder Leipzig bzw. aus der Kirchenarbeit zurückgegriffen werden. Diese Lücken wurde anfänglich von manchen im NF engagierten Pfarrern gefüllt, wobei ihnen ihr besonderer gesellschaftlicher Status und berufsbedingte, rhetorische Qualitäten bestimmte Sicherheiten verliehen bzw. die Übernahme einer solchen Rolle leichter ermöglichte. In einigen Gruppen standen folglich Pfarrer als Gründer und Sprecher an der Spitze der Bewegung. Die soziale Zusammensetzung der Gruppen war vor allem durch technische Intelligenz (Ingenieure, medizinisches Personal etc.), Lehrer, Handwerker und proportional wenige Arbeiter geprägt. Der überwiegende Teil der aktiven Mitglieder war 1989 zwischen 30-50 Jahre alt. In den meisten Kreisen des Bezirkes waren die NF-Gruppen, gemessen an der republikweiten Gründung und den ersten Cottbuser Demonstrationen, sehr junge Vereinigungen. Die Basisgruppengründungen und Strukturverfestigungen fanden meist erst im unmittelbaren vor- oder nachgelagerten Umfeld der ersten Straßenproteste statt, obwohl manche lokale Gründer in Einzelarbeit schon ab Anfang Oktober erste Sammlungsaktivitäten versuchten.

Viele Anhänger des NF waren in den großen regionalen Betrieben beschäftigt, aber es entwickelten sich keine nennenswerten Betriebsgruppen der Bürgerbewegung. NF-Vertreter und einzelne Kollektive waren zwar an „Wende"-Umstrukturierungen in den VEB's beteiligt, ohne jedoch eine dezidierte Herausstellung der politischen Herkunft zu betreiben. Viele Arbeiter aus den Kohle- und Energiebetrieben standen der Bürgerbewegung auch skeptisch bis ablehnend gegenüber, da sich deren stark ökologisch orientierte Forderungen letztlich gegen den bisherigen Bergbau bzw. gegen ihre eigene Berufsexistenz richteten. Das NF bewegte und positionierte sich in erster Linie als (Klein-)Stadtbewegung für die unmittelbare Kommunalpolitik.

Ihre Vertreter agierten als Organisatoren, Veranstalter, kritisches Sprachrohr (vox populi) und politischer Gegenpart zur alten Staatsmacht bei den ersten Manifestationen, die zugleich immer den Beginn der „Wende" im jeweiligen Kreis einläuteten. Für die Etablierung der lokalen „Wende"-Prozesse spielte meist die Kirche als örtliche Schutzzone und offiziell „unpolitischer" Vermittler in den verspäteten, kontroversen Dialogversuchen zwischen der SED und dem noch verbotenen NF bzw. der stark emotionalisierten Bevölkerung eine zentrale Rolle. Bemerkenswert ist, daß es weder eine nennenswerte Vernetzung der Initiatoren von lokalen Umbrüchen, noch einen spürbaren Transport revolutionärer Impulse gab und damit auch keine wechselseitige Beschleunigung der Ereignisse sowohl auf den Ebenen Provinz (Bezirk Cottbus) - Metropole (Berlin, Leipzig, Dresden), Bezirkshauptstadt - Kreisstädte, als auch der Kreise untereinander. Jede Stadt in Cottbus machte, was den temporären, organisatorischen und sozio-psychologischen Rahmen betraf, letztendlich seine eigenen, wenn auch ähnlichen „Wende"-Metamorphosen durch. Eine weitgehend gewollte oder ungewollte Autonomie der NF-Basisgruppen voneinander sollte sich auch in den folgenden Monaten, trotz koordinierender Gespräche im Bezirkssprecherrat, fortsetzen. Das lag einerseits an der arbeitsbedingten und zeitlichen Überforderung der wenigen Mitglieder, andererseits auch an dem lokalorientiertem Selbstverständnis ihres Engagements.

Bis zur „Wende in der Wende" (nach der Öffnung der Grenzen zur BRD) fand in den Kreisen explosionsartig eine Vielzahl von Demonstrationen und Dialogveranstaltungen statt, die von den Bürgerinitiativen und der Kirche, später auch den Parteien der Nationalen Front organisiert wurden. Diese ersten zwei Wochen der „Wende" in Cottbus stellten den Höhepunkt der uneingeschränkten Sympathie der Bevölkerung für das NF und ihre lokalen Vertreter dar. Der größte Identifikationspunkt der Menschen mit der Bürgerbewegung war die schonungslose Lageanalyse des NF-Aufrufs „Aufbruch 89" mit der darin implizierten Kritik an der SED. Der Name „Neues Forum" galt als Synonym für Opposition und Stimme des Volkes, die Forderung „Neues Forum zulassen" bedeutete in erster Linie „Meinungsfreiheit zulassen" und „Reformen beginnen". Das Stadium des „symbolischen Trägers der Umgestaltung" (Helmut Fehr) für die Massen konnte die Bürgerbewegung im Bezirk allerdings nicht überschreiten.[301]

Der Fall der Mauer, dessen Erlebnis und Folgen durch die geographische Distanz etwas verzögert nach Cottbus getragen wurden, bewirkte ein jähes Ende der großen Zahl der Protestveranstaltungen und der massenweisen Anteilnahme der Bevölkerung an ihnen und am NF, das offiziell erst am 8. November zugelassen wurde. Nach hunderten und tausenden Unterschriften auf den Listen zur Unterstützung der Bürgerbewegung reduzierte sich fast überall die Zahl der Mitglieder innerhalb weniger Wochen, manchmal sogar Tage, auf durchschnittlich 10-25 Aktive pro Basisgruppe. Gleichzeitig war der 9. November ein republikweites Ereignis, das den Umbruch in der DDR mit seinem bisher unterschiedlichen räumlichen Entwicklungstempi auf einen gemeinsamen, neuen Erfahrungs- und Ausgangspunkt rückte. Das betraf natürlich auch das NF sowohl auf der Landesebene, als auch die einzelnen Basisgruppen in den Cottbuser Kreisen untereinander. Ihre Vertreter waren wie fast alle DDR-Bürger weder mental, noch inhaltlich auf die unerwartete Grenzöffnung und die dadurch hereingetragene Richtung der öffentlichen Diskussion über gesellschaftliche Alternativen vorbereitet. Im Bezirk Cottbus begrüßte das NF im Gleichklang mit der Bevölkerung stürmisch den Wegfall der Grenzen und forderte energisch die Schaffung eines Reisegesetzes, das freien Zugang zu Reisezielen und kompatibler Währung garantiere. Programmatisch geriet die Bürgerbewegung aber plötzlich ins Hintertreffen, da sich vor dem 9. November ihre Begründer überall für eine – zwar nur sehr vage formulierte – Reformierung des bestehenden Realsozialismus ausgesprochen hatten, dagegen auf der Leipziger Montagsdemonstration am 13. November schon erste Transparente und Sprechchöre die Wiedervereinigung forderten. Man blickte von Cottbus nach Berlin, doch dort äußerte man sich vorerst zurückhaltend und reserviert oder sogar, wie Bohley, sehr distanziert zum Mauerfall, worüber man sich in den Lausitzer Basisgruppen ziemlich empörte.

Zu diesem Zeitpunkt und beginnend mit dem Wechsel von „Wir sind das Volk" zu „Wir sind ein Volk" begannen sich bei den Cottbuser NF-Mitgliedern gewisse, in der Bevölkerung sogar sehr starke Entfremdungserscheinungen gegenüber der fernen „Berliner Zentrale" bzw. den „links"-intellektuellen Gründern der Bewegung einzustellen, was im November/Dezember zu dem bereits erwähnten lokalautonomen Selbstverständnis der Gruppen führte. Man kann sogar sagen, daß viele Aktive, bei fortgesetzter lokaler Mitgliedschaft, in der Landespolitik völlig andere Auffassungen vertraten, sich also zwischen einer kommunalen Zustimmung und landesweiten Ablehnung des NF gespalten sahen. In den Gruppen und der lokalen Öffentlichkeit distanzierte man sich, auch mit dem Hinweis auf basisdemokratische Rechte, von bestimmten Äußerungen und Vorschlägen (gerade aus der „links"-orientierten Fraktion des NF) oder zentralen Beschlüssen (wie der Ablehnung von Parteistrukturen oder der Bildung des Wahlbündnisses Bündnis 90). In manchen Kreisen ging die „Meinungsfreiheit" letztlich so weit, daß man nur noch den kreiseigenen Standpunkt vertrat und damit die basisdemokratische Verbindung nach oben abbrach. Von den Kreisgruppen hielt sich vielleicht in Cottbus-Stadt der Glaube an originäre Ideale von Basisdemokratie und bestimmte reformsozialistische Vorstellungen am längsten. Das hing mit der sozio-mentalen Zusammensetzung der Mitglieder zusammen, die in der politischen Auseinandersetzung stärker ethisch-humanistisches und intellektuelles Gedankengut einbrachten. Aber nicht die inhaltlichen Differenzen auf der Bezirks-, sondern auf der Landesebene führten zu Trennungen oder Abspaltungen im NF, da im Bezirkssprecherrat jeder Basisgruppe Meinungsfreiheit zugebilligt wurde.

Mitglieder der Bürgerbewegung fühlten sich gerade in den Kreisstädten mehr als lokale „Volksvertreter" der Kleinstadtbevölkerung, denn als programmatische Meinungsbildner. So differierten auch inhaltliche Aussagen des NF in Reden oder Presseartikeln von Kreis zu Kreis oder je nach Verfasser. Das Problem der Konsensfindung ging auch bis in die Cottbuser Gruppen selbst hinein. In einigen versuchte man, jedes Vorgehen und Auftreten genau und gemeinsam abzusprechen, in anderen dominierten bestimmte Personen und Persönlichkeiten den „Kurs". Mancher Vertreter handelte nur das aus, was er für sich selbst akzeptieren konnte, ohne Rücksicht auf die Gruppenmeinung. Dadurch bekamen einige Entscheidungen oder Abstimmungen, sei es im Bezirkssprecherrat oder am RT, einen subjektiv gefärbten Charakter bzw. keine wirkliche Relevanz. Die große Anzahl der teilweise parallel ablaufenden Aktivitäten im Gegensatz zu der kleinen Zahl der Mitglieder verhinderte eine ständige Koordinierung der AG's, so daß man letztlich in der Arbeit einander vertrauen mußte. Zusätzlich erschwerten manche Profilierungsversuche Einzelner die interne Einigkeit bzw. verärgerten Mitglieder.

Eine gewisse anhaltende Breitenwirksamkeit bewahrte das NF in Cottbus durch die allgemein anerkannte, konsensstiftende Funktion als ausführendes und kontrollierendes Organ zur Verringerung der Machtposition der SED und Fortsetzung der „Wende" im Kreis. Peter Hilger verweist darauf, daß die Masse der DDR-Bürger die Opposition eigentlich nur als Bündnis gegen die SED unterstützte.[302] Das NF setzte sich schnell und erfolgreich bei der Thematisierung und Lösung dringender kommunaler Probleme in Bereichen wie Umweltschutz, Braunkohledevastation, Versorgung, Innenstadtbebauung u.a. ein. In der wichtigsten Frage, der Entmachtung des alten Staatsapparates, gelangen allen Cottbuser Basisgruppen partielle Erfolge: Rücktritte von SED-Sekretären, FDGB-Vorsitzenden, Bürgermeistern, Schulräten (bis Ende Februar traten bezirksweit 50 Bürgermeister und 42 Funktionäre in Ratsfunktionen zurück), Besetzungen und Versiegelungen von Stasi-Objekten, Herstellung von Öffentlichkeit durch Veranstaltungen und in der Presse, politische Partizipation in Ausschüssen, Stadtverordnetenversammlungen, Kreistagen und am Runden Tisch. Diese betriebene Entmachtung erstreckte sich vorerst nur auf die (SED-)Spitze des Eisbergs, die Administration und Blockparteien blieben davon weitgehend unberührt und erwiesen sich oft als unerwartet resistente „Bremser" bei lokalen Initiativen des NF. Der politische Machtkampf zwischen der SED und dem NF, nach den Demonstrationen vor allem am RT (Sitzverteilung, Stimmrecht u.a.m.) ausgetragen, zog sich im Cottbuser Raum bis in die zweite Januarhälfte 1990 hinein, dann herrschten stärker Sachthemen und das Management der Übergangsverwaltung bis zu den ersten Wahlen vor.

In vielen Kreisen war das NF bereit, von der Position des Kontrollorgans zur konkreten Übernahme von kommunalpolitischer Verantwortung zu wechseln, so daß in der Regel von einer Selbstbegrenzung der Opposition in Cottbus nicht gesprochen werden kann. Der überwiegende Teil der pragmatisch orientierten NF-Mitglieder hatte kein mentales Problem mit Machtübernahme und -ausübung (Ausnahme: Cottbus-Stadt), wie landesweit vorrangig einige intellektuelle Kreise der Bewegung. In etlichen Kreisen forcierten NF-Vertreter, zuweilen auch mit Hilfe von Vorabsprachen, die Tätigkeit und Machtbefugnisse des RT derart, daß seine Empfehlungs- und Kontrollfunktion zwingend wurde und so eine partiell verdeckte Machtübernahme durch den RT bzw. das NF stattfand.

Die Wochen im November und Dezember war für die Cottbuser NF-Gruppen eine Zeit der organisatorischen Formierung (Bildung von Sprecherräten und Arbeitsgemeinschaften), der Eroberung von Öffentlichkeit (Präsenz auf unzähligen allgemeinen und thematischen Dialogveranstaltungen, Kampf gegen das alte Medienmonopol), der Erarbeitung kommunalpolitischer Alternativkonzepte sowie der

Austragung des Machtkampfes mit der SED und dem Sicherheitsapparat (Arbeit am RT, in Kreiskommissionen und Betrieben, Auflösung der Stasi und Kampftruppen etc.). Gleichzeitig wurde versucht, die Bevölkerung weiterhin für politisches Engagement in AG's, Kommissionen oder fortgesetzte wöchentliche Demonstrationen zu mobilisieren, was aber nur noch punktuell (z.b. anläßlich der landesweiten Korruptionsenthüllungen und Stasi/Nasi-Besetzungen) gelang. Einen überregionalen Höhepunkt stellte sicherlich die im Bezirk Cottbus vom NF organisierte DDR-weite Menschenkette am 3. Dezember zur Bekundung des Reformwillens dar. Unbedingt erwähnt werden müssen auch die vielen Solidaritätsaktionen der Basisgruppen zur Unterstützung des rumänischen Volkes im Kampf gegen die Ceausescu-Diktatur und das dezidierte öffentliche Auftreten gegen neonazistische Erscheinungen, die sich wiederholt im Cottbuser Raum gerade unter Jugendlichen gezeigt hatten.

Aufgrund dieses praktischen Engagements wurden in zwölf Kreisen ehemalige oder dabeigebliebene Aktivisten des NF, sei es, daß sie für die Bürgerbewegung, Bündnis 90, die DFP oder sogar als Vertreter anderer Parteien kandidierten, am 6. Mai 1990 in 26 Gemeinden und Städten in die Vertretungen bzw. Kreistage gewählt. Ihr gezeigter Mut, ihre Glaubwürdigkeit und geleistete Arbeit waren dabei entscheidende Faktoren für das Votum, daß sich auf kommunaler Ebene bekannterweise stärker an Persönlichkeiten, denn an Programmen orientiert.

Für die Bewältigung der umfangreichen bürgerbewegten Arbeit haben die zahlenmäßig wenigen NF-Aktiven eine unwahrscheinliche Energie aufgewendet, mußte sie doch innerhalb kürzester Zeit bzw. ohne Vorlauf und Vorkenntnisse bewältigt werden. Mancher Terminkalender von Bürgerbewegten aus dieser Phase weist kaum eine Lücke auf, wobei bis auf Ausnahmen die Mitglieder voll berufstätig und die meisten familiär eingebunden waren. Das Verständnis und die praktische Unterstützung vieler Frauen für die meist von Männern dominierte ehrenamtliche Arbeit in der Bürgerbewegung ist dabei ausdrücklich hervorzuheben. Die anfänglichen materiellen Bedingungen waren schlecht bis gar nicht vorhanden. Weder Büro, noch Kopierer oder Geld standen zur Verfügung, selten ein Auto, ein Telefon oder eine Schreibmaschine. Um dennoch die nötige Öffentlichkeitsarbeit und Kommunikationsvernetzung zu leisten (der Post wurde wegen der Überwachung nicht vertraut), mußte in Eigeninitiative improvisiert werden, wobei gerade anfangs ein hohes Risiko bestand, von den Sicherheitsorganen entdeckt und kriminalisiert zu werden. Manche Funktion in Sprecherräten wurde allein aufgrund des Vorhandenseins eines Autos oder Telefons vergeben. Juristische, fachliche, rhetorische o.ä. Kenntnisse mußten, wenn sie nicht beruflich gegeben waren, zur Kompetenzprofilierung neu erworben werden. NF-Mitglieder waren oft auch in Veränderungen in Betrieben und Kollektiven involviert, dort jedoch weniger als erklärte Vertreter der Bürgerbewegung, sondern als engagierte Arbeitskollegen. Der private Zeitaufwand und -druck, die „Wende" in der eigenen Stadt und schließlich im ganzen Kreis zu beginnen, sie gegen den Widerstand der „alten Kader" aus der SED und den Blockparteien fortzusetzen und das dabei entstehende politische Vakuum alternativ zu füllen, war bei den wenigen Aktiven immens. Allein die kommunalen Ereignisse und Tätigkeiten reihten sich wie ein immer schneller laufender Film aneinander. Dazu kamen dann externe Prozesse, die in katalytischer Weise die Richtungen der gesellschaftlichen Entwicklung neu bestimmten und die Stimmung der Bevölkerung wesentlich beeinflußten.

Bereits am 28. November, eine Zeit, die thematisch noch vom allmählichen Rückzug der SED aus ihren Machtpositionen und von Diskussionen neuer Gesellschaftskonzepte für die DDR bestimmt war, ergriff Bundeskanzler H. Kohl mit seinem 10-Punkte-Plan zur Wiedervereinigung die gesamtdeutsche Initiative. Spätestens hier wurde die künftige politische Richtung Ostdeutschlands vorbestimmt. Kohl, am 10. November in Berlin ausgebuht, doch schon am 19. Dezember in Dresden nach seiner Rede frenetisch von Hunderttausenden gefeiert, avancierte innerhalb kürzester Zeit für die DDR-Massen zum personifizierten Endziel und Symbol für „Wohlstand und D-Mark" in schnellstmöglicher Zeit. Dem Entwurf Kohls folgten weitere Einheitskonzeptionen anderer Parteien und Bürgerbewegungen, denen die DDR-Bürger letztlich aber nicht die politische und vor allem finanzielle Kraft in der Umsetzung zutrauten. Nach diesem Plan von außen „wandte sich die schweigende Mehrheit der Ostdeutschen von der Erneuerung der DDR ab, forderte die Vereinigung mit den wohlhabenden Vettern im Westen und wählte die heterogene 'Allianz für Deutschland', um den Beitritt zu organisieren", so Konrad H. Jarausch „aus transatlantischer Distanz".[303] Der in den USA lehrende Historiker betont, daß die „echte ostdeutsche Ungeduld", gepaart mit der medial forcierten Darstellung einer unmittelbar bevorstehenden Staatsauflösung, sich in der Folgezeit in die erfolgreiche Taktik zur Erreichung der gewünschten Konzessionen verwandelte bzw. die Initiative endgültig dem Bonner Kabinett übergab, sowohl bei den innerdeutschen, als auch internationalen Verhandlungen. Dabei ist aber nicht zu vergessen, daß der endgültige Durchbruch in den Wahloptionen für die ehemalige Blockpartei CDU bzw. die „Allianz" erst ab Mitte Februar erfolgte. Der Einfluß psychologischer Faktoren für die beschleunigte Geschwindigkeit des DDR-Zusammenbruchs und das Ergebnis der Volkskammerwahl ist dabei gar nicht zu unterschätzen.

Mit der neuen Richtung ging auch das kurze „Erlebnis Pluralität" vorüber, der Ton auf den Demonstrationen, in den öffentlichen und privaten Diskussionen wurde schärfer. Wer sich nun nicht gleich oder bedenkenlos der sofortigen Wiedervereinigung und Einführung der Marktwirtschaft als dem einzigen Königsweg zum Ziel anschloß, fand sich plötzlich als Störenfried in einer lauthals ausgegrenzten Minderheitenecke wieder oder mußte sich z.B. „Rote raus"-Rufe gefallen lassen. In der Cottbuser Region betraf das aber seltener die NF-Mitglieder, da die große Mehrheit in der Bürgerbewegung den Einheitsgedanken vertrat, sowohl persönlich, als auch im Bewußtsein bzw. in der Verpflichtung, Vertreter der allgemeinen Bürgermeinung zu sein.

Das NF im Bezirk Cottbus verlor ab Mitte Januar, neben öffentlichen Sympathien, immer mehr ihrer Mitglieder, was aber vor allem an den inhaltlichen Entwicklungen auf der Landesebene lag. Man wollte klare Aussagen für sich selbst, aber auch als Orientierung für die fragende Bevölkerung hinsichtlich der staatlichen und ökonomischen Zukunft der DDR und organisatorischer Strukturen innerhalb der Bewegung. Die Formeln von vorläufiger Zweistaatlichkeit und basisdemokratischer Erneuerung der Gesellschaft erschienen den meisten zu unkonkret, unzureichend, unrealistisch in dieser scheinbar schnelle und praktische Antworten erfordernden Zeit. Man praktizierte zwar in den NF-Gruppen Basisdemokratie in Form von gemeinsamer Diskussion und Abstimmung, aber für die „große" Politik empfanden die meisten Anhänger den Weg von unten nach oben als zu langwierig und unproduktiv. Als besonderes Manko für die Industrie- und Bergbauregion wurde das Fehlen eines sofortigen konkreten Wirtschaftskonzepts im NF empfunden, zumal nach den plötzlichen Staatsbankrott-Meldungen der Medien in der Bevölkerung und in den Basisgruppen z.t. panische Zukunftsdiskussionen ausbrachen. Schuld an der ungenügenden Ausarbeitung einer Konzeption war hierbei auch die immer wieder angeforderte, jedoch ausbleibende langfristige Bergbau-Strategie seitens des Staates, auf deren Basis Vorschläge für die nähere Zukunft gemacht hätten werden können. Auf den hohen Anteil von NF-Mitgliedern aus dem industriellen und handwerklichen Sektor ist es zurückzuführen, daß diese meistens aus der Kenntnis der Situation in ihren Betrieben in ökonomischen Belangen einen sehr pragmatischen Sinn an den Tag legten und die schnelle Einführung der Marktwirtschaft plus deutsche Einheit als die einzig mögliche Rettung aus der Krise ansahen. Die notwendigen Investitionen in die heimischen Kombinate und VEB's erwarteten die meisten nur von der CDU oder SPD, wohin sich dann auch ab Dezember/Januar der größte Austrittsstrom aus dem NF ergoß.

Die Strukturdebatte innerhalb des NF zum Status Bewegung oder Partei wurde in allen Basisgruppen z.t. frühzeitig und heftig geführt. Sie wurde von vielen, angesichts für wichtiger befundener Probleme „vor Ort", in ihrer landesweiten Länge und Konsequenz (Spaltung) als überflüssig und schädlich für Ansehen und Seriosität betrachtet, obwohl sie andererseits im Bezirk Cottbus letztlich erst spät geklärt werden konnte. In den Entscheidungen für die Bewegung spielten, neben bestimmten Aversionen („Nie wieder Partei!"), auch stärker pragmatisch-lokale Gründe („Jede Spaltung verringert die Schlagkraft", „Bewegung für alle Bürger"), denn inhaltliche Vorbehalte eine Rolle. Der Wechsel von Mitgliedern in die DFP (Calau, Welzow, Finsterwalde) hing mit den frühen Wahlbestimmungen, die vorerst nur Parteien zur Wahl zuließen, und dem größeren Vertrauen in die Effektivität von Parteistrukturen auf der Landesebene zusammen. Außerdem verhieß das liberale Programm den goldenen Mittelweg: sowohl schnelle Einheit und Marktwirtschaft, als auch Umweltschutz und soziale Sicherheit. Programmatische Differenzen zwischen NF und DFP wurden in erster Linie in Auffassungen zur Landespolitik deutlich. In der Kommunalpolitik agierten die Cottbuser DFP-Gruppen in enger Zusammenarbeit mit dem NF bzw. setzten in ihren Orten, nun mit Parteistrukturen, die Arbeit und den politischen Anspruch der einstmaligen Bürgerbewegung mit der gleichen Energie fort.

Das NF war angetreten, um in erster Linie für die Wiederherstellung einer Zivilgesellschaft, für mehr direkte Demokratie bzw. neue Formen der öffentlichen Beteiligung (Basisdemokratie und Bürgerbewegung) zu kämpfen. Sie war eine politisch-ethische Bewegung, die, wie die DDR-Opposition generell, mit hohem moralischen Anspruch universelle Menschenrechte in den Mittelpunkt ihres Selbstverständnisses bzw. ihres Engagements stellte. „Demokratie braucht freie Wahlen, doch ist sie vor allem tägliches Verhalten. Wir wollen eine solidarische Gesellschaft, die von Selbstbestimmung und Toleranz ihrer Bürgerinnen und Bürger lebt, die soziale Gerechtigkeit und Pluralismus gewährleistet. Das Neue Forum will diese Lebensform praktizieren und durch seine politische Arbeit in der Gesellschaft fördern", hieß es in der Programmerklärung vom 28. Januar 1990.[304] Das NF interessierte sich für die in der Praxis anstehenden Probleme von Demokratie, Bürokratie und sozialen Beziehungen, nicht erstrangig für eine schnelle Umstrukturierung der Wirtschaft und die Gewinnung von Machtpotenzen. Der junge, idealistisch geprägte Ansatz des NF war aber weder zeitlich noch inhaltlich auf die Wucht der ökonomischen Probleme und materiellen Wünsche der DDR-Bewohner nach dem Fall der Mauer vorbereitet. Mit dem langfristigen Angebot einer neuen Lebensform, die in erster Linie auf gesellschaftliches Bewußt-Werden und Bewußt-Sein der Menschen abzielte, hatte man sich an die eingeschlossene DDR-Gesellschaft gewandt. Einige Bürgergruppen haben, bald von der breiten Masse unterstützt, kurzfristig das Angebot angenommen, um in der Praxis die alten post-stalinistischen Strukturen unwiederbringlich zu beseitigen. In der couragierten Initiierung und partiellen Durchsetzung der Entmachtung des SED-Partei- und Staatsapparats auf Bezirks- und Kreisebene liegt der große Verdienst der Cottbuser NF-Gruppen. Was die zweite, langfristig angelegte Aufgabe betraf, der Aufbau einer neuen Demokratie, folgten die breite Masse und große Teile der anfänglichen Anhänger der Bürgerbewegung nicht mehr diesem Angebot, sondern orientierten letztlich noch an der Vorlage des westdeutschen Nachbarn.

IX. ABKÜRZUNGSVERZEICHNIS

ABI	Arbeiter- und Bauerninspektion	IM	Inoffizieller Mitarbeiter (des MfS)
AfNS	Amt für Nationale Sicherheit	LDPD	Liberaldemokratische Partei
AG	Arbeitsgruppe		Deutschlands (später LDP)
BFD	Bund Freier Demokraten	LR	„Lausitzer Rundschau"
BGL	Betriebsgewerkschaftsleitung	MfS	Ministerium für Staatsicherheit
BPO	Betriebsparteiorganisation (der SED)	Nasi	s. AfNS
CDU	Christlich-demokratische Partei	NDPD	Nationaldemokratische Partei
DBD	Demokratische Bauernpartei		Deutschlands
	Deutschlands	NF	Neues Forum
DA	Demokratischer Aufbruch	NVA	Nationale Volksarmee
DFD	Demokratischer Frauenbund	PDS	Partei des Demokratischen Sozialismus
	Deutschlands	POS	Politechnische Oberschule
DFP	Deutsche Forumpartei	RT	Runder Tisch
DJ	Demokratie Jetzt	SED	Sozialistische Einheitspartei
DSF	Gesellschaft für		Deutschlands
	Deutsch-Sowjetische Freundschaft	SDP	Sozialdemokratische Partei
DSU	Deutsche Soziale Union	Stasi	s. MfS
EKB	Evangelische Kirche Berlin-Brandenburg	UFV	Unabhängiger Frauenverband
EOS	Erweiterte Oberschule	VEB	Volkseigener Betrieb
FDGB	Freier Deutscher Gewerkschaftsbund	VL	Vereinigte Linke
FDJ	Freie Deutsche Jugend	VP	Volkspolizei
GST	Gesellschaft für Sport und Technik	VPKA	Volkspolizeikreisamt
HO	Handelsorganisation	ZK	Zentralkomitee (der SED)
IFM	Initiative für Frieden und	ZRT	Zentraler Runder Tisch
	Menschenrechte		

X. ANMERKUNGEN ZUM TEXT

Folgende Abkürzungen werden nachstehend verwendet:

A.d.V.   Archiv der Verfasser
BArch   Bundesarchiv Berlin
BLHA   Brandenburgisches Landeshauptarchiv Potsdam
BStU   Der Bundesbeauftragte für die Unterlagen des Staatssicherheitsdienstes der ehemaligen DDR, Außenstelle Frankfurt/O.

LR   „Lausitzer Rundschau"
RHA   Robert-Havemann-Archiv Berlin
SAPMO   Stiftung Archiv der Parteien- und Massenorganisationen der DDR Berlin

(Alle mit der Seitenzahl 8 angegebenen Zitate und Anmerkungen aus der „Lausitzer Rundschau" beziehen sich auf die Lokalseite des jeweils besprochenen Kreises.)

1 M. Schulz, Neues Forum, in: H. Müller-Enbergs, M. Schulz, J. Wiegohls (Hg.), Von der Illegalität ins Parlament. Werdegang und Konzepte der neuen Bürgerbewegungen, Berlin 1992, S. 11.

2 Gründungsaufruf: Eine politische Plattform für die ganze DDR, in: G. Rein (Hg.), Die Opposition in der DDR. Entwürfe für einen anderen Sozialismus, Berlin 1989, S. 13f.

3 Mielke entwarf einen Sechs-Punkte-Plan für eine auch im Wortlaut einheitlichen Reaktion der Bezirks- und Kreisdienststellen des MfS. BStU, F DdL Nr. 2613.

4 Zur Erklärung des Politbüros der SED. Stellungnahme des Neuen Forum vom 12. Oktober, in: Die ersten Texte des Neuen Forum, Berlin 1990, S. 9.

5 Aufruf des Neuen Forum zur Volkskammersitzung am 24. Oktober 1989 und Erklärung des Neuen Forum vom 23. Oktober 1989, beides in: ebd., S. 11.

6 Argumente für den Dialog. Erklärung des Neuen Forum vom 28. Oktober 1989, in: ebd., S. 15.

7 Stellungnahme der Initiativgruppe des Neuen Forum zur Bestätigung der Anmeldung vom 8. November 1989, in: ebd., S. 19.

8 Vgl. dazu: U. Thaysen, Der Runde Tisch. Oder: Wo blieb das Volk?, Opladen 1990.

9 Vgl.: Neues Forum, in: LR v. 22.2.1990, S. 3.- Bündnis 90: Gesetze, die Haus und Boden schützen, in: LR v. 7.3.1990, S. 3.- Wahlkampf '90. Meinungen-Tendenzen-Ziele, in: LR-Beilage v. 20.2.1990.- Zum Neuen Forum insgesamt: M. Schulz, Neues Forum [Anm. 1], S. 11-104.- Deutschland-Report 8. Parteien im Aufbruch, hrsg. von P.R. Weilemann u.a., Melle 1990, S. 51-59.- H. Müller-Enbergs (Hg.), Was will die Bürgerbewegung?, Augsburg 1992, S. 120-129, 156-163.- Das Neue Forum. Selbstportrait einer Bürgerbewegung. Demokratiebewegung in der DDR. Materialien zur gewerkschaftlichen Bildungsarbeit, hrsg. vom DGB-Bundesvorstand Abt. Gewerkschaftliche Bildung, Düsseldorf 1990.- Eine gute Chronologie bietet: T. Krone (Hg.), „Sie haben solange das Sagen, wie wir es dulden". Briefe an das Neue Forum September 1989-März 1990, Berlin 1999.- Folgende Kandidaten vertraten das Bündnis 90 in der Volkskammer: M. Birthler, G. Poppe (IFM), G. Nooke, W. Ullmann, K. Weiß (DJ), J. Gauck, H.-U. Meisel, I. Nierade, R. Pietsch, J. Reich, W. Schulz und H.J. Tschiche (NF).

10 Vgl.: L. Probst, Ostdeutsche Bürgerbewegungen. Entstehung, Bedeutung und Perspektiven der Demokratie und Zukunft, Köln 1993, S. 116.

11 Vgl. dazu: M. Schulz, Neues Forum [Anm. 1], S. 36-43.

12 Das Neue Forum bleibt in Bewegung, in: taz v. 8.1.1990.- „Eine Spaltung ist nicht mehr zu verhindern", in: ebd.

13 Neues Forum ruft zur Gründung einer Partei auf, in: LR v. 16.12.1989, S. 2.- Deutsche Forumpartei, in: LR v. 30.12.1989, S. 2.

14 Im Februar 1990 existierten ständige Büros der DFP in Berlin, Dresden (2x), Leipzig, Karl-Marx-Stadt, Frankfurt/O., Lutherstadt-Wittenberg, Nordhausen, Wernigerode, Calau und Brieskow-Finkenheerd. Zum Bundesvorstand der DFP gehörten weiterhin: G. Bartsch, D. Hofmann, H. Kauffmann, H. Krause, K.-G. Lack-

ner, H.-J. Müller, B. Opitz, Ch. Pätzold, L. Ramin, A. Schintlmeier und J. Wildoer. Zum Parteitag vgl.: Protokoll zum Gründungsparteitag der DFP am 27.1.1990, A.d.V.- Programm und Satzung der DFP zur Diskussion gestellt, in: LR v. 29.1.1990, S. 2.

15 Dazu: H. Müller-Enbergs, Was will die Bürgerbewegung? [Anm. 9], S. 84-95.- Deutschlandreport 8 [Anm. 9], S. 45-47.

16 Zu den Beziehungen im liberalen Lager: C. Tessmer, Innerdeutsche Parteienbeziehungen vor und nach dem Umbruch in der DDR, Erlangen 1991, S. 172-182.- Zu den Auseinandersetzungen bis zur Fusion der F.D.P.-West, F.D.P.-Ost, LDP und DFP: Deutschlandreport 8 [Anm. 9], S. 39ff.- R. Linnemann, Die Parteien in den neuen Bundesländern. Konstituierung, Mitgliederentwicklung und Organisationsstrukturen, Münster 1994, S. 88-90.

17 Vgl. R. Linnemann [Anm. 16], S. 90-91.

18 D. Kotsch, Die Bezirke Potsdam, Frankfurt/O. und Cottbus in der DDR (1952-1990), in: I. Materna, W. Ribbe (Hg.), Brandenburgische Geschichte, Berlin 1995, S. 781.

19 SAPMO, DY 6/Vorl./Nr. 2114.

20 SAPMO, DA/1/19606.

21 Vgl.: E. Neubert, Geschichte der Opposition in der DDR 1949-1989, Bonn 1998, S. 846.

22 Dem Fortschritt den Weg bahnen, in: Der Morgen v. 13.10.1989, S. 3.

23 BStU, CAKG 1733, S. 1-7.- BStU, CAKG 1700, S. 1-7.

24 BLHA, Rep. 933, Nr. 116, BLHA, Rep. 933, Nr. 117.- Hier einige Auszüge aus den KB-Monatsberichten vom Oktober 1989, die trotz Schönfärberei ihrer Verfasser ein gewisses Klima unter den Mitgliedern widerspiegeln. Herzberg: „[...] Unsere Bdfrd. [Bundesfreunde, Anm.d.V.] sehen in der Öffnung der Grenze zu Österreich/BRD über Ungarn eine Erpressung Ungarns durch westliche Kräfte, da sich gerade dieses Land in große finanzielle und materielle Abhängigkeit begeben hat. [...] Gleichzeitig sind die Bdfrd. der Meinung, daß Bürgern, die unser Land verlassen wollen, nach Prüfung und Gesprächen diese Möglichkeit eingeräumt werden sollte. Verbesserte Möglichkeiten der Reisetätigkeit unserer Bürger auch ins kapt. [kapitalistische, A.d.V.] stehen ebenfalls zur Debatte (dabei sollte jedoch nicht nur die Jugend berücksichtigt werden). Eine klare Meinung gibt es auch zu Versuchen, neue Gruppierungen mit opportunistischen Charakter in der DDR strikt abzulehnen. Es gibt ausreichende Möglichkeiten in der DDR, um Meinungen auszutauschen und zu diskutieren und noch mehr Gelegenheit, um selbst mit Hand anzulegen, Veränderungen zum Wohle unserer Menschen mit zu schaffen. [...]". Cottbus-Land: „[...] Fragen nach den „Warum" und nach Wegen der Lösung der anstehenden Probleme stehen dabei im Mittelpunkt. Es wird begrüßt, daß jetzt - wenn auch viel zu spät - der öffentliche Dialog dazu geführt wird bzw. damit begonnen wurde. [...] Nur der Dialog mit der ganzen Bevölkerung, auch mit vielleicht Andersdenkenden, bringt uns voran. [...]". Calau: „[...] Man erwartet jetzt, daß wir nicht länger so tun, als wäre gar nicht zu Schlimmes geschehen. Unsere Bürger sind in der Mehrheit bereit, zu ihrem Staat zu stehen, doch muß man ihnen sagen, was sie in so beängstigender Situation zu tun haben, und sie wollen das Empfinden haben, daß sie in die Überlegungen einbezogen werden, und sie sollen spüren, daß sich etwas bewegt, von uns in Gang gebracht. [...] Presseüberschriften voller Freude und Siegesgewißheit werden zum Teil als Phrase betrachtet. [...]". Luckau: „[...] Demonstrationen werden vom Großteil der Bdfrd. abgelehnt, von allen Bdfrd. die mit ihnen verbundenen Gewalttätigkeiten und staatsfeindlichen Aktionen. Das Eingreifen der Sicherheitsorgane wird als legitim angesehen. Es gibt auch Meinungen, daß die Demonstrationen dazu beigetragen haben, die Vielzahl und das Ausmaß der Probleme in unserem Land öffentlich deutlich zu machen. [...] Zu den Medien: Große Zustimmung zu den Veröffentlichungen in der „Jungen Welt" und der schnellen und kritischen Berichterstattung von „DT 64". Nach wie vor ist man mit der Medienpolitik nicht einverstanden, wenn auch positive Veränderungen anerkannt und aufmerksam verfolgt werden (Beispiel ND 10.10.). [...] Eine weitere Frage: Wieso erfahren wir nicht, welche Ziele solche Gruppen wie „neues Forum" haben, warum wird nicht offensiv dazu argumentiert? [...]".

25 E. Neubert, Geschichte der Opposition [Anm. 21], S. 709.

26 Am 1. September 1989 trat der ÖFK bei der offiziellen Demonstration anläßlich des Weltfriedenstages in der Stadt mit eigenen Spruchbändern („Friedensbrücken, statt Friedensgrenzen", „Für zivilen Wehrersatzdienst") in Erscheinung, was mit gewaltsamen Attacken durch die VP und Stasi begann und gleichzeitig endete. Am 13. September fand ein ökumenischer Abend statt, an dem Konrad Weiß über neofaschistische Tendenzen in der DDR referierte. Im Anschluß verläß er als Mitbegründer der Gruppe Demokratie Jetzt einen Aufruf mit der Aufforderung, sich der Bewegung anzuschließen. Am 20. September wurde im Anschluß an die Fürbitte für die Verhafteten der Leipziger Demonstration eine Eingabe an den Rat des Bezirkes, Abteilung Inneres, formuliert. Von den ca. 100 Teilnehmern gaben immerhin 87 ihre Unterschrift und voll-

ständige Adresse an. Zwei Tage später begannen die Sicherheitsorgane, aus Angst vor geplanten Aktionen zum 7. Oktober, durch „Zuführungen" und tagelange Verhöre Einzelner ihren Druck gegen den ÖFK und seine Aktivitäten zu erhöhen. Dieser verzichtete jedoch bewußt auf die staatlicherseits erwarteten „Zwischenfälle" beim Republikgeburtstag, an dem die Sicherheitskräfte die Stadt in eine belagerte Festung verwandelt hatten. Vgl.: ÖFK - Tagebuch einer Einmischung (1988-1989), in: B. Lindner (Hg.), Für ein offenes Land mit freien Menschen, Leipzig 1994, S. 104-110.- R. Sensel, Herr, halte deine Hand über dieses Land!, in: J. Swoboda, Die Revolution der Kerzen, Opladen 1990, S. 74-102.- E. Neubert, Geschichte der Opposition, [Anm. 21], S. 708-709.

27 BLHA, Rep. 801, Nr. 22515.- Basiserklärung der Umweltgruppe Cottbus, o.D., 1 Bl, A.d.V.- Aufruf der UGC „Anders leben - Umwelt schützen", Mai 1988, 2 S., A.d.V.- Folgende thematische Projektgruppen (ihre Leiter) gründete die UCG: Projektgruppe SERO (S. Kühne) - Abfallreduzierung durch Aufklärung, Erhöhung des SERO-Aufkommens, durch differenzierte Erfassung Verbesserung der Recyclingmöglichkeiten, Kontrolle der Mülldeponien; Projektgruppe Erziehung zum Frieden (C. Zach) - Feindbilder im Erziehungsbereich, Entstehung, Funktion und Vermeidung von Vorurteilen und Feindbildern; Projektgruppe Sachsendorfer Wiese (F. Hildebrand) - Schaffung eines Naturdenkmals, Müllberäumung, Artenauflistung und -pflege; Projektgruppe Kohle/Energie (R. Stark) - Braunkohletagebau/Natur/Gesellschaft, rationelle Energieanwendung, alternative Energiequellen; Projektgruppe Radwege (P. Model) - alternatives Radwegenetz für Cottbus, Einflußnahme auf den Generalverkehrsplan; Projektgruppe Gerechtigkeit (M. Schwarzlose) Verfassung/Gesetz/Rechtslage, Abbau von Rechtsunsicherheit; Projektgruppe Öffentlichkeitsarbeit (M. Grunwald) - Information/Dokumentation/Konzeption, Unterstützung der Projektgruppen.

28 Chronik - Aufbruch im Herbst, hrsg. v. Finsterwalder Kreismuseum, Finsterwalde 1991.- E. Neubert, Geschichte der Opposition [Anm. 21], S. 747, 751.

29 MfS-Informationen zu den genannten Cottbuser Gruppen: BStU, MfS BdL Nr. 008935, S, 48-61.

30 Ein erster Überblick über die „Wende" in der Kreisstadt findet sich bei: M. Ziehlke, Wie sich die Wende in Bad Liebenwerda vollzog, Teil I-IV, in: Ortschronik Bad Liebenwerda 1999.

31 Aktuelle Fragen auf den Tisch gelegt, in: LR v. 3.11.1989, S. 8.- Forderung nach ganz konkreten Veränderungen, in: LR v. 4.11.1989, S. 8.

32 Interview mit G. Brochwitz am 8.12.1999, A.d.V.

33 BStU, CAKG 1796, S. 15-16.

34 Interview mit Ch. Jende am 8.12.1999, A.d.V.

35 Zum engeren Kreis gehörten u.a.: J. Fischer, L. und E. Weidner, J. Spilleke, Do. Voigt, G. Brochwitz, A. und A. Claus, R. Möbius, R. Lehmann, Ch. Jende, M. Zapke, E. und P. Böckelmann, C. Schlasah.

36 Angaben nach: Interviews mit Ch. Jende und G. Brochwitz am 8.12.1999, A.d.V.

37 Thematische Arbeitsgruppen - Neues Forum, in: LR v. 1.12.1989, S. 8.

38 Der SDP-Ortsverband wurde am 5.12. 1989 durch M . Ziehlke, B. Weber und G. Brochwitz gegründet.

39 Vgl. auch: Was bringt die Wirtschaft voran?, in: LR v. 21.11.1989, S. 8.

40 Konstruktiver Gedankenaustausch, in: LR v. 14.11.1989, S. 8.

41 Aufruf vom Neuen Forum, in: LR v. 31.11.1989, S. 8.

42 Siehe: Was bringt die Wirtschaft voran?, in: LR v. 21.11.1989, S. 8.

43 Im geistigen Wettlauf um die Gunst der Wähler, in: LR v. 23.1.1990, S. 8.

44 Dazu: Arbeitsausschuß zur Aufdeckung von Machtmißbrauch gebildet, in: LR v. 8.12.1989.- Untersuchungsausschuß des Kreistages teilt mit, in: LR v. 10.1.1990, S. 8.

45 Vgl. z.B.: Wohnbezirk I ist keine Nummer 1 im Aussehen, in: LR v. 10.11.1989, S. 8.- Umweltsünden des VEB Kraftverkehr Lauchhammer, Betriebsteil Bad Liebenwerda, in: LR v. 17.11.1989, S. 8.- Wie geht's weiter in der Kommunalpolitik?, in: LR v. 16.12.1989, S. 8.

46 Im Alltag nun sichtbare Veränderungen erreichen, in: LR v. 2.12.1989, S. 8.- Rede von S. Baumert vor dem Kreistag am 30.11.1989, A.-Nr. 6163/A1/Blw., Kreisarchiv Herzberg.

47 Runder Tisch des Kreises, in: LR v. 12.1.1990, S. 8.- Friedliche Revolution friedlich weiterführen, in: LR v. 27.1.1990, S. 8.- Fairer Wahlkampf muß oberstes Gebot sein, in: LR v. 24.2.1990, S. 8.- Protokolle der Sitzungen des Runden Tisches in Bad Liebenwerda vom 10.1., 25.1. und 22.2.1990, Kreisarchiv Herzberg, ohne A.-Nummer.

48 Interview mit Ch. Jende am 8.12.1999, A.d.V.

49 Interview mit A. und J. Nevoigt/ Altdöbern am 23.10.2000, A.d.V.- BStU, CAKG 1743, S. 1-4.- BStU, CAKG 1792, S. 89-99.

50 Der öffentliche Dialog wurde von den Petricks auf ein Tonband mitgeschnitten, das sich in Familienbesitz befindet. Dazu allgemein: Im Feierabendheim beginnt im nächsten Jahr Rekonstruktion, in: LR v. 7.11.1989,

S. 8.- In der Stadt Calau erlebt und erfahren, in: LR v. 11.11.1989, S. 8.- Es war friedfertig, fast wie in Leipzig, in: LR v. 3.11.1999, S. 9.

51 Zum aktiven Kern der AG's gehörten u.a. auch: U. Günther, V. Görs, D. Wagner-Boysen, S. Ziersch, M. Arndt, Ch. Zesla, M. Michling, C. Petrick.

52 Die Gestaltung unserer Republik durch gesicherte Demokratie, in: LR v. 18.11.1989, S. 8.

53 Aufruf vom Neuen Forum vom 14.11.1989, A.d.V.- Neues Forum - Was wollen wir?, in: LR v. 30.11.1989, S. 8.

54 Fünf Arbeitsgruppen machten Vorschläge für die Erneuerung, in: LR v. 9.12.1989, S. 8.

55 Brief vom 13.12.1989 an das Neue Forum Calau, A.d.V.

56 Angaben nach: Tagebuch 1989/90 von Heinz Petrick, A.d.V.

57 Dazu: Notiert im Kreistag am Donnerstag, in: LR v. 4.11.1989, S. 8.- Ein voller Saal im HdG, in: LR v. 16.11.1989, S. 8.

58 Eine Kommission überprüft Amtsmißbrauch, Korruption ..., in: LR v. 12.12.1989, S. 8.

59 Angaben nach: Tagebuch 1989/90 von Heinz Petrick, A.d.V.

60 Der Rat des Kreises, nun aus Fraktionen zusammengesetzt, vollzog damit seine programmatische „Wende". Vgl.: Trotz der Probleme stabile Lage im Kreis, in: LR v. 23.12.1989, S. 8.- Kommunales Leben soll aufrechterhalten bleiben, in: LR v. 29.12.1989, S. 8.

61 Gewalt als Mittel im Meinungsstreit abgelehnt, in: LR v. 23.12.1989, S. 8.

62 Interview von P.U. Weiß mit Heinz Petrick am 13.10.1999, A.d.V.

63 Redemanuskript von Heinz Petrick vom 15.1.1990, A.d.V.

64 Rund 2000 demonstrierten durch Lübbenau-Neustadt, in: LR v. 5.12.1989, S. 8.- Zum Programm: Ein Neubeginn für unsere Heimat mit der Partei der Mitte, der DFP, in: LR v. 6.2.1990, S. 8.

65 BStU MfS-Arbeitsbereich Neiber, Nr. 195, S. 70.

66 BStU, MfS-HA XX/9, Nr. 1532, 5 S.

67 Brief an E. Krenz vom 23.10.1989, Ad.V.- Die Unterzeichner waren B. und E. Wagner, K. Seeliger, P. Model, J. Ortmann und P. Hofmann.

68 Folgende Leute hatten sich als Kontaktpersonen angeboten: P. Hofmann, N. Ständicke, K. Seeliger, U. von Grünhagen, D. Franke, S. Bürger, B. Wagner, H. Tews, P. Model, H. Grünewald, Ch. Polster, E. Undisz, U. Markulla, C. Jahr, R. Dulitz und H.J.- Kersten. Rundbrief vom Neuen Forum, Berlin 1.10.1989, A.d.V.- Angaben nach Interviews mit J. Seibt und C. Jahr am 12.4. und 15.4.2000, A.d.V.

69 BStU, CAKG 1703, S. 1-5.- Dieses Treffen fand in der Wohnung des Ehepaares Markulla statt, wo privat, neben der Wohnung des Ehepaares Bürger, die meisten Gesprächsrunden im September und Oktober stattfanden.

70 So auch M. Derling in einem Interview am 21.5.2000, A.d.V.

71 BStU, CAKG 1682, S. 1-4.- BStU, CAKG 1679, S. 1-4.- BStU, CAKG 1714, S. 1-4.

72 Mit Besonnenheit gemeinsam Dinge nach vorn verändern, in: LR v. 26.10.1989, S. 8.

73 Im produktiven Widerstreit Auswege finden, in: LR v. 30.10.1989, S. 8.

74 Willen zur Erneuerung bekundet, in: LR v. 31.10.1989, S. 8.- Das Volk nahm das Wort, Der Morgen v. 1.11.1989, S. 8.- Ein Gefühl der Enge, in: Der Tagesspiegel v. 26.10.1994, S. 3.- „Hier in Cottbus passiert das nicht!", in: LR v. 29.10.1994.- „Die Macht lag auf der Straße ...", in: LR v. 30.10.1999, S. 13.- Die Cottbuser waren die Letzten, in: ebd.

75 Die großen Fragen blieben offen, in: LR v. 1.11.1989, S. 4.

76 Dazu: Heiße Debatten vor der Cottbuser Stadthalle, in: LR v. 7.11.1989, S. 1, 2.- Offene Worte auf der Kundgebung vor der Cottbuser Stadthalle, in: LR v. 14.11.1989, S. 2.

77 Protokoll über die außerordentliche Sitzung des Rat des Bezirkes Cottbus am Montag den 6.11.1989, BLHA, Rep. 801 BT und RdBC, Nr. 22861, Bl. 08075.

78 BStU, CAKG 1755, S. 1-4.

79 Offene Kirche, in: Der Morgen v. 15.11.1989.

80 Diskussionspapier zur Arbeitsweise und Struktur des NF von M. Derling, 1 S., o.D., A.d.V.- Ein Neues Forum - jetzt und hier, in: Der Morgen v. 1.11.1989.

81 Interview mit J. Seibt am 12.4.2000, A.d.V.

82 Fachkontaktliste gültig ab 7.11.1989, 1 S., o.D., A.d.V.

83 Positionen des NF zu Bildungs- und Erziehungsfragen vom 2.12.1989, 4 S., A.d.V.

84 Das Neue Forum - der kritische Geist und die Verantwortung, in: LR v. 1.12.1989, S. 4.

85 Für eine neue Familien- und Bildungspolitik, in: LR v. 5.12.1989, S. 8.- Emotionsgeladene Kundgebung, in: LR v. 12.12.1989, S. 8.- Demonstration in Cottbus, in: LR v. 9.1.1990, S. 1.- Sprüche reichen nicht - Au-

genmäß ist gefragt, in: LR v. 30.1.1990, S. 8.

86   Siehe dazu: Die großen Fragen blieben offen, in: LR v. 1.11.1989, S. 8.- Das Neue Forum - der kritische Geist und die Verantwortung, in: LR v. 1.12.1989, S. 8.

87   Vgl.: Kurzcharakteristik Neues Forum Cottbus, in: Neues Forum - Info Nr. 3 vom 7.2.1990, S. 2 und Anm. 84.

88   Protokoll der Sitzung der Koordinierungsgruppe des NF Cottbus vom 19.12.1989, 3 S., A.d.V.

89   Neues Forum, in: LR v. 22.2.1990, S. 3.

90   Erklärung vom Neuen Forum Cottbus, in: Neues Forum - Info Nr. 1 vom 31.12.1989, S. 1.

91   Interview mit M. Derling am 21.5.2000, A.d.V.

92   Protokolle des Runden Tisches der Stadt Cottbus vom 17.1. - 14.3.1990, A.d.V.- Erstes Gespräch am Runden Tisch, in: LR v. 13.12.1989, S. 8.- „Runder Tisch" in Cottbus eher eckig?, in: Neues Forum - Info Nr. 1 vom 31.12.1989, S. 2.- Merkwürdige Kapriolen, in: LR v. 6.1.1990, S. 8.- Nicht fernab der Realität, in: LR v. 19.1.1990, S. 8.- Vom Runden Tisch ins Stadtparlament, in: LR v. 2.2.1990, S. 8.- Zu viele suchen Arbeit, in: LR v. 16.2.1990, S. 8.- Wer zieht ins Rathaus, in: LR v. 2.3.1990, S. 8.- Denken übern Tag hinaus, in: LR v. 16.3.1990, S. 8.

93   Runder Tisch im Bezirk, in: LR v. 6.12.1989, S. 2.- Erklärung des DA - Zum ersten Runden Tisch in Cottbus, in: LR v. 13.12.1989, S. 4.

94   Protokolle der Beratungen des Runden Tisches des Bezirkes Cottbus vom 19.12.1989-21.3.1990, A.d.V.- Erster Runder Tisch im Bezirk, in: LR v. 21.12.1989, S. 2.- Medien im Mittelpunkt am zweiten Runden Tisch, in: LR v. 11.1.1990, S. 1.- Runder Tisch behandelte Vorbereitung der Wahlen, in: LR v. 22.2.1990, S. 1.

95   Dazu: Bündnis für Cottbus - Info Nr. 1 vom April 1990, 10 S., A.d.V.- Bündnis für Cottbus - Programm zu den Kommunalwahlen vom April 1990, A.d.V.

96   Einen chronologischen Überblick über „Wende"-Ereignisse in Finsterwalde bietet folgende Broschüre: R. Ernst, O. Weber (Hg.), Finsterwalde - Ein Lesebuch zur Geschichte der Stadt, Finsterwalde 1991, S. 145-166.

97   BStU, CAKG 1729, S. 1-6.

98   Friedensgebet in der Finsterwalder Kirche, in: LR v. 27.10.1989, S. 8.- BStU, CAKG 1740, S. 1-4.

99   Rathausgespräch mit Vertretern der Kirchengemeinde, in: LR v. 26.10.1989, S. 8.– Auf ein Wort – Bekenntnis, in: LR v. 25.10.1989, S. 8.

100 Erstes Rathausgespräch im Finsterwalder Schloß, in: LR v. 31.10.1989, S. 8.

101 Zum Kern gehörten u.a.: J. und B. Kling, B. Szott, Th. Wolff, U. Vetter, M. Bär, E. Knispel, St. Pohlan, P. Lambrecht, F. Seydewitz, P. Neumann, T. Hensel, A. Schulze, U. Scheibe, J. Wohmann, D. Miertzsch, P. Hirsemann. Im Bewußtsein, an den Voraussetzungen zur Gründung des NF und damit zur Einleitung der „Wende" in Finsterwalde entscheidend mitgewirkt zu haben zogen sich später F. Müller und bald darauf M. Mittmann (ehemals Mitglied der NDPD) allmählich aus der politischen Vorreiterrolle zurück und wandten sich wieder verstärkt der kirchlichen Arbeit zu.

102 Angaben nach: Interviews mit T. Hensel und J. Wohmann am 6.1.2000, A.d.V.- Mitgliederliste des NF Finsterwalde vom November 1989 (mit Namen und Beruf), 2 S., A.d.V.

103 Siehe auch: Rathausgespräch Nr. 2, in: LR v. 8.11. und 9.11.1989, S. 8.

104 Der Wahrheit und Ehrlichkeit Ehre geben, in: LR v. 4.11.1989, S. 8.

105 Fünftausend: Verfassung ändern!, in: LR v. 22.11.1989, S. 8.

106 Interview mit J. Wohmann am 6.1.2000, A.d.V.

107 Interviews mit T. Hensel und J. Wohmann am 6.1.2000, A.d.V.

108 Bleibt hier! Verlaßt nicht eure Heimat!, in: LR v. 15.11.1989, S. 8.- Aufgrund persönlicher Vorbehalte kam es nicht zu einer Zusammenarbeit zwischen dem Finsterwalder NF und Wagner, der nach seinen Angaben bereits seit dem 30.9.1989 Mitglied des NF war.

109 Auf zur Demo und Kundgebung, in: LR v. 30.11.1989, S. 8.

110 „Neues Forum" in Finsterwalde - Was wollen wir?, in: LR v. 28.12.1989, S. 8.- Am Sonnabend auf die Straße!, in: LR v. 1.2.1990, S. 8.

111 Dazu: Sonntag ist Wahlfrühschoppen, in: LR v. 6.3.1990, S. 8.- Neue Partei gegründet, in: LR v. 15.3.1990, S. 8.- Interview mit T. Hensel und J. Wohmann am 6.1.2000, A.d.V.- Hensel blieb im NF und vertrat die Bürgerbewegung weiter am Runden Tisch.

112 Protokoll der Beratung zum Vorhaben Finsterwalder Altstadt am 17.11.1989 beim Rat des Kreises, 5 S., A.d.V.- Arbeitspapier der AG Stadtentwicklung und Ökologie, Mitte November 1989, 4 S., A.d.V.

113 Wohnungen als Meterware, in: LR v. 8.2.1990, S. 8.- Neues Baukonzept muß schnell her, in: LR v. 1.3.1990, S. 8.- Was wird aus unseren Wäldern?, in: LR v. 28.2.1990, S. 8.

114 1999 faßte Haferland seine Erinnerungen zum Runden Tisch in folgendem Beitrag zusammen: Ders., 10 Jahre danach. Erinnerungen an den „Runden Tisch" des Kreises Finsterwalde in der Wendezeit 1989/90, in: Der Speicher/Heft 3, Finsterwalde 1999, S. 79-87.

115 Zum RT: Protokolle der 11 Beratungen des Runden Tisches Finsterwalde vom 16.12.1989 - 11.5.1990, Privatarchiv von G. Haferland/Finsterwalde.- Zur Gesprächsrunde in das Lutherhaus, in: LR v. 8.12.1989, S. 8.- 5-Stunden Marathon am „Runden Tisch", in: LR v. 3.1.1990, S. 8.- Der „Runde Tisch" und das Gebäude des MfS, in: LR v. 4.1.1990, S. 8.- Kippt der „Runde Tisch"?, in: LR v. 16.1.1990, S. 8.- Der „Runde Tisch" darf nicht kippen, in: LR v. 20.1.1990, S. 8.- Bitte jetzt keine Warnstreiks, in: LR v. 30.1.1990, S. 8.- Wie weiter mit der Volksbildung?, in: LR v. 13.2.1990, S. 8.- Runder Tisch zum MfS in einer Sondersitzung, in: LR v. 16.2.1990, S. 8.- Nun wird es Wahl-praktisch, in: LR v. 27.2.1990, S. 8.- Wieder reden über die Altstadt - „Jetzt endlich an die Arbeit gehen!", in: LR v. 7.3.1990, S. 8.- „Im aufrechten Gang in ein Wahllokal gehen zu dürfen ...", in: LR v. 17.3.1990, S. 8.- Zum Ausschuß gegen Amtsmißbrauch und Korruption: Untersuchungsausschuß gebildet, in: LR v. 9.12.1989, S. 8.- Untersuchungsausschuß ging 25 Hinweisen nach, in: LR v. 30.12.1989, S. 8.- FDGB-Hauptamtliche und ihr Kur-Kalender, in: LR v. 17.1.1990, S. 8.

116 Interview mit J. Wohmann am 6.1.2000, A.d.V.

117 Dazu: Reden und reden lassen, in: LR v. 5.12.1989, S. 8.- „Für Demokratie - Gegen Diktatur!", in: LR v. 23.1.1990, S. 8.- Wunder dauern etwas länger, in: LR v. 6.2.1990, S. 8.

118 Hitzig geführte Debatte und was sich verändert, in: LR v. 28.10.1989, S. 8.

119 Forderungen des NF Guben vom 30.10.1989, 1 S., A.d.V.- Zu den Unterzeichnern des Aufrufs gehörten weiterhin: M. Scharkowski, Ch. Graf, G. Nobis und M. Skiba.

120 BStU, CAKG 1702, S. 1-2.

121 Dazu: Ruhe und Ordnung wiederhergestellt, in: LR v. 10.10.1989, S. 8.- Richtiggestellt: die Information vom 10. Oktober 1989, S. 8.- Öffentliche Anhörung, in: LR v. 7.11.1989, S. 8.- Berichte des Unabhängigen Untersuchungsausschusses, in: LR v. 9.12., 16.12. und 29.12.1989, S. 8- Briefe von R. Wuttke an S. Werner vom 12.10.1989 und W. Walde vom 28.10.1989, SAPMO, DA/1, Nr. 19606.

122 So M. Köppen im Interview am 15.11.1999, A.d.V.

123 Mit der Wende muß es allen sehr ernst sein, in: LR v. 4.11.1989, S. 8.

124 Zum Kern gehörten mindestens bis zum Jahreswechsel 1989/90 u.a.: O. Baranowski, L. Bogosch, K. Geilich, G. Geissler, P. Gellner, J. Goy, M. Köppen, B. Meusel, D. Müller, M. Scharkowski, Ch. Stasch, G. Hain und H. Truschzinski.

125 Fragebogen des Neuen Forums vom Frühjahr 1990, RHA, Bestand Neues Forum, 3.1.1.2.3.

126 Protokoll der Sitzung des NF Guben vom 6.11.1989, 2 S., A.d.V.

127 Angaben nach: Interview mit M. Köppen am 15.11.1999, A.d.V.- Namens- und Adressenliste der Gubener NF-Mitglieder vom Dezember 1989, 1 S., A.d.V.- Baranowski, Goy und Köppen arbeiten im CFG und kannten sich vom Angesicht her, ohne jedoch von den Aktivitäten des jeweils anderen zu wissen.

128 Protokolle der Sitzungen des NF Guben vom 20.11. und 27.11.1989, je 2 S., A.d.V.- Drei Parteien nominierten ihre Kandidaten, in: LR v. 19.2.1990, S. 1, 2.

129 Zeigen wir, daß wir nicht nur reden, sondern auch handeln wollen, in: Stimme der Freundschaft, 3. Novemberausgabe 1989, S. 2.

130 Arbeitspapier des Sprecherrates des NF Guben vom 4.12.1989, A.d.V.- Interview mit M. Köppen am 15.11.1999, A.d.V.

131 Neues Forum Guben, in: LR v. 18.1.1990, S. 8.- Gewerkschaft oder Betriebsräte?, in: LR v. 14.2.1990, S. 8.

132 Bürgergespräche in der Klosterkirche, in: LR v. 14.11.1989, S. 8.

133 Unsere Tagesordnung braucht viele Hände, in: LR v. 15.11.1989, S. 8.

134 Die AG-Verantwortlichen waren in Reihenfolge: D. Müller, P. Gellner, O. Baranowski, G. Hain, H. Truschzinski und B. Meusel. Dazu: Mitarbeit in sechs Arbeitsgruppen, in: LR v. 22.11.1989, S. 8.

135 Angaben aus: Protokolle der Sitzungen des NF Guben vom 27.11. und 4.12.1989, je 2 S., A.d.V.

136 Interview mit M. Köppen am 15.11.1999, A.d.V.

137 Schon mehr Sachfragen im Mittelpunkt des Gesprächs, in: LR v. 23.12.1989, S. 8.

138 Mit dem Rat der Stadt nächster Runder Tisch, in: LR v. 9.1.1990, S. 8.- Die Revolution soll gewaltfrei bleiben, in: LR v. 23.1.1990, S. 8.- Wahlwerbung, Bauen und Städtepartnerschaften - Themen beim 5. „Runden", in: LR v. 2.2.1990, S. 8.- Neues Schulfach: Gesellschaftskunde, in: LR v. 17.2.1990, S. 8.- Fairer Wahlkampf - dazu kulturvoll und menschlich, in: LR v. 3.3.1990, S. 8.- Haus der Jugend, aber wo?, in: LR v. 20.1.1990, S. 8.- Grüner Tisch, in: LR v. 6.2.1990, S. 8.

139 Nach den Protokollen der ab 30. Januar tätigen Kommission gegen Amtsmißbrauch zu urteilen, konnten oder wollten nur sehr wenige Fälle nachgewiesen werden. Überdies erklärte die Kommission die Gubener Ergebnisse der DDR-Kommunalwahlen im Mai 1989 für ungefälscht. Dazu: Wahlfälschung?, in: LR v. 8.3.1990, S. 8.- Zum NF als Stadtverordnetenfraktion: Protokolle der Sitzungen des Rates der Stadt Guben vom 13.12. und 27.12.1989, Stadtarchiv Guben Reg.-Nr. 2692.

140 Interview mit M. Köppen am 15.11.1989, A.d.V.

141 BStU, KD Herzberg 463, S. 142-144.

142 Dialog vor dem Kreiskulturhaus, in: LR v. 3.11.1989, S. 8.- Einen sehr kurzen Bericht über die „Wende"-Zeit in Herzberg findet man im Herzberger Heimatkalender 1991: Ch. und R. Timm, Die Wende in Herzberg im Herbst 1989.

143 Wer seiner Stadt helfen möchte ist angesprochen, mitzuwirken, in: LR v. 8.12.1989, S. 8.

144 Im Falkenberger Kulturhaus waren die Plätze knapp, in: LR v. 4.11.1989, S. 8.

145 Angaben nach: Interview mit W. Möbius am 16.12.1999, A.d.V.- Zum späteren aktiven Kern der Gruppe gehörten u.a.: die Ehepaare Jentzsch, Edlich und Schöllner, P. Pohle, T. Koch, H. Mittendorf, W. Möbius, Kl.-D. Britze.

146 Viele Fragen aus Verantwortung, in: LR v. 9.12.1989, S. 8.

147 „Programm 'Neues Forum' " vom November 1989, A.d.V.

148 Interview mit W. Möbius am 16.12.1999, A.d.V.

149 Briefe des Neuen Forums Falkenberg an den Bezirkssprecherrat Cottbus vom 14.2. und 26.2.1990, A.d.V.

150 Einladung des NF Falkenberg zur Veranstaltung „Wie krank ist die Falkenberger Umwelt?" im Falkenberger Jugendklub am 24.11.1989, A.d.V.- Protokoll über die am 27.12.1989 stattgefundene Aussprache zwischen den Vertretern des Rates der Stadt, des Naturschutz- und Umweltaktivs sowie dem NF Falkenberg zur bebauung des LSG/NEZ Kiebitzer Baggerteich mit Bungalows, A.d.V.- Unterschriftensammlung gegen die weitere Bebauung im LSG/NREZ Kiebitzer Baggerteich, Falkenberg 26.12.1989, A.d.V.- Öffentlicher Appell an alle staatlichen und gesellschaftlichen Organe und Kräfte für einen ökologisch orientierten Umbau unserer Gesellschaft, Falkenberg 23.11.1989, A.d.V.- Falkenberger Naturschutzkollektiv für den „ökologischen Umbau", in: LR v. 19.12.1989, S. 8.

151 Vor über 3000 Bürgern die Nationalhymne verlesen, in: LR v. 18.1.1990, S. 8.- Demonstrationsaufruf des NF zum 15.1.1990 unter dem Thema „Gegen die Restaurationspolitik der SED und ihres Sicherheitsapparates", 1 S., A.d.V.- Redemanuskripte für die Demonstrationen am 15.1. und 5.2.1990 von W. Möbius, A.d.V.

152 Protokolle des 3. - 10. Runden Tisches des Kreises Herzberg vom 11.1. - 19.4.1990, A.d.V.- R. Timm, der Runde Tisch in Herzberg - Dezember 1989 bis Mai 1990, in: Heimatkalender für den Kreis Herzberg 1992, S. 11-15.- Vorgespräch am Runden Tisch, in: LR v. 2.12.1989, S. 8.- Reelle Plattform im Prozeß der Erneuerung, in: LR v. 6.1.1990, S. 8.- Übereinstimmend das Mühen, im Erneuerungsprozeß voranzukommen, in: LR v. 17.1.1990, S. 8.- Welches Gebäude wird zukünftig von wem genutzt?, in: LR v. 24.1.1990, S. 8.- Vorbereitung für den 18. März, in: LR v. 3.3.1990, S. 8.- Heiß diskutiert über Schulbau, in: LR v. 7.3.1990, S. 8.- Runder Tisch arbeitet bis zur Kommunalwahl, in: LR v. 21.3.1990, S. 8.- Für Falkenberg: Großes Bemühen um Sachlichkeit, in: LR v. 21.1.1990, S. 8.- Notizbuch von W. Möbius vom Dezember 1990 September 1990, Privatbesitz W. Möbius.

153 Interview mit W. Möbius am 16.12.1999, A.d.V.

154 Vom Versuch, die Kirche einzuspannen, in: Sächsische Zeitung v. 25.10.1999, S. 11.

155 BStU, ZAKG 1999, S. 15-25.

156 Im Dialog mit allen Bürgern, in: LR v. 20.10.1989, S. 8.-Stellen Sie sich den Problemen, in: LR v. 26.10.1989, S. 8.- „Dialog" - aber kein Zauberwort, in: LR v. 28.10.1989,   S. 8.

157 „Wir waren Revolutionäre nach Feierabend", in: Sächsische Zeitung v. 15.10.1999, S. 11.

158 Gestern Demonstration, in: LR v. 31.10.1989, S. 8.- Montag abend vorm HBE - ein Anfang wurde gemacht, in: LR v. 1.11.1989, S. 8.- Zu Wittichenau siehe: H. Krause, Wittichenau: eine katholische Kleinstadt und das Ende der DDR, Dresden 1999.

159 Der zweite Dialog mit mehr politischer Kultur, in: LR v. 3.11.1989, S. 8.- Was das Neue Forum?, in: LR v. 4.11.1989, S. 8.

160 Hoyerswerdaer im öffentlichen Dialog, in: LR v. 7.11.1989, S. 8.- Dialog mit Sachprogrammen, in: LR v. 8.11.1989, S. 8.

161 Angaben nach: Interviews mit K. Naumann und B. Anders am 1.2.2000, A.d.V.- Arbeitsgruppen gebildet, in: LR v. 19.12.1989, S. 8.

162 Diskussionspapier der AG Wirtschaft, in: LR v. 28.12. und 29.12.1989, S. 8.- Im Gespräch zur Demokra-

tie, in: LR v. 22.11.1989, S. 8.

163 Dazu: Für Wende und Erneuerung in unserer Partei eintreten, in: LR v. 10.11.1989, S. 8.- Laßt uns mit der Arbeit beginnen!, in: LR v. 11.11.1989, S. 8.- Fünf-Uhr-Tee im Rathaus, in: LR v. 14.11.1989, S. 8.- Interviews mit K. Naumann und B. Anders am 1.2.2000, A.d.V.

164 Schuldige bestrafen! Das Volk verlangt ungebeugte Wahrheit!, in: LR v. 6.12.1989, S. 8.- Scharfe Rufe gegen SED und Staatsicherheit, in: LR v. 17.1.1990, S. 8.- Ein Licht für unser Land, in: LR v. 16.12.1989, S. 8.- Protest gegen Waffeneinsatz, in: LR v. 22.12.1989, S. 8.

165 Das Neue Forum in Hoyerswerda, in: Welzower Betriebszeitung des Braunkohlewerkes Welzow v. 12.12.1989, S. 2.

166 Untersuchungsausschuß des Kreises gebildet, in: LR v. 5.1.1990, S. 8.- Untersuchungsbericht zur Überprüfung der Baufinanzierung der SED-Kreisleitung Hoyerswerda vom 26.1.1990, A.d.V.- Interview mit B. Anders am 1.2.2000, A.d.V.

167 Erster Runder Tisch beriet, in: LR v. 23.12.1989, S. 8.- Der zweite Runde Tisch, in: LR v. 13.1.1990, S. 8.- Runder Tisch künftig alle vierzehn Tage, in: LR v. 31.1.1990, S. 8.- Perspektive der Versorgung, in: LR v. 6.2.1990, S. 8.- Gesundheitswesen im Mittelpunkt, in: LR v. 20.2.1990, S. 8.- Altstadt mit einem gediegenen Gesicht, in: LR v. 8.3.1990, S. 8.- Vom Versuch, die Kirche einzuspannen, in: Sächsische Zeitung v. 25.10.1999, S. 8.

168 Siehe: „Wir waren Revolutionäre nach Feierabend", in: Sächsische Zeitung v. 15.10.1999, S. 11.

169 Pressemitteilung des Neuen Forums, in: LR v. 24.11.1989, S. 8.- Dialog und Demokratie, in: LR v. 13.12.1989, S. 8.

170 Protokoll der Vollversammlung des NF Hoyerswerda vom 23.1.1990, 4 S., A.d.V.- Das Neue Forum in Hoyerswerda, in: Welzower Betriebszeitung des Braunkohlewerkes Welzow v. 12.12.1989, S. 2.

171 Erklärung des Neuen Forums, in: LR v. 3.2.1990, S. 8.- Interview mit K. Naumann am 1.2.2000, A.d.V.

172 Was in unserem Kreis lösbar ist, müssen wir lösen, in: LR v. 27.10.1989, S. 8.

173 Dazu: Alle müssen sich jetzt dem offenen Dialog stellen, in: LR v. 3.11.1989, S. 8.- Bewegter Disput: Mit Fragen, auch mit Vorschlägen!, in: LR v. 4.11.1989, S. 8.- Führungsrolle ja, aber in Abstimmung mit dem Volk, in: LR v. 7.11.1989, S. 8.- BStU, CAKG 1979, S. 15-16, 21-22, 30-32, 73-75.

174 Dazu: Sehr vieles bewegt und erfordert konkrete Antwort, in: LR v. 7.11.1989, S. 8.- Demokratische Erneuerung - jetzt und für immer, in: LR v. 15.11.1989, S. 8.

175 Bei der landesweiten NF-Befragung im Frühjahr 1990 für wurden für Luckau 8 Mitglieder angegeben. Fragebogen des Neuen Forums im Frühjahr 1990, RHA, Bestand Neues Forum, 3.1.1.2.3.

176 So H. Poller im Interview am 30.11.1999, A.d.V.

177 So H. Poller und K. Müller in Interviews am 30.11.1999, Ad.V.

178 Diskussionsplattform für tatsächliche Erneuerung, in: LR v. 30.11.1989, S. 8.

179 Was kann und was will das Neue Forum, in: LR v. 9.1.1990, S. 8.

180 Darum geht es: Selbstwertgefühl und eine hohe Lebensqualität für jeden Bürger, in: LR v. 6.2.1990, S. 8.

181 Vgl.: Jeder Tag bringt neue Fragen und verlangt Antworten, in: LR v. 21.11.1989, S. 8.- Kommission zu Wahlergebnis '89, in: LR v. 9.3.1990, S. 8.- Großer Personenkreis entlastet, in: LR v. 24.3.1990, S. 8.

182 Jetzt nicht auf halber Strecke stehenbleiben, in: LR v. 13.12.1989, S. 8.

183 Gegen Restauration der alten Machtstrukturen, in: LR v. 17.1.1990, S. 8.- Das kommunale Leben muß weiter funktionieren, in: LR v. 23.12.1989, S. 8.- Die Erwartungen wurden bei weitem nicht erfüllt, in: LR v. 4.1.1990, S. 8

184 Protokolle des Rundes Tisches Luckau vom 3.1.-9.5.1990, Kreisarchiv Dahme-Spreewald.- Weitere Runde am Runden Tisch, in: LR v. 15.12.1989, S. 8.- Pro und kontra prallten aufeinander, in: LR v. 19.12.1989, S. 8.- Runder Tisch einigte sich über seine Teilnehmer, in: LR v. 10.1.1990, S. 8.- EOS wieder nach Luckau - Lösungen dazu diskutiert, in: LR v. 2.2.1990, S. 8.- Bereits in der Vorbereitung ist Kontrolle gefragt, in: LR v. 16.2.1990, S. 8.- Informationen zu Fragen, die Bürger interessieren, in: LR v. 2.3.2990, S. 8.- Die Palette reichte von Natur und Umwelt bis zu Fragen des Zivildienstes, in: LR v. 17.3.1990, S. 8.

185 Interviews mit H. Poller und K. Müller am 30.11.1999 und mit H. Lange am 10.7.2000, A.d.V.

186 Einen ersten chronologischen Überblick über die „Wende" in Lübben vom Sommer 1989 - Oktober 1990 hat R. Ebert erstellt. In: Lübbener Heimatkalender 1992, S. 17-30.- Lübbener Heimatkalender 1994, S. 18-27.

187 Leserforum, in: LR v. 19.10.1989, S. 8.- Initiative „Bürgerfreundliches durch eine Gemeinschaftsaktion vom Rat des Kreises, Nationaler Front und LR", in: LR v. 1.11.1989, S. 8.

188 Kulturarbeit nach Schablone - das geht nicht!. in: LR v. 25.10.1989, S. 8.- Im vertrauensvollen Gespräch finden wir Problemlösungen, in: ebd.

189 Feuertaufe - es ging heiß her, in: LR v. 31.10.1989, S. 8.

190 Ins Horn stoßen - ja, aber der Ton macht die Musik, in: LR v. 2.11.1989, S. 8.- BStU, CAKG 1753, S. 4.

191 Demokratie braucht Kritik mit Niveau, in: LR v. 10.11.1989, S. 8.

192 Es geht um unser Land - und um den neuen Kurs, in: LR v. 14.11.1989, S. 8.

193 So E. Freybe vom ÖAK im Interview am 2.11.1999, A.d.V.

194 BStU, CAKG 1736, S. 2.

195 BStU, KD Lübben 181, S. 28-30.

196 Ebd., S. 2, 7.

197 Angaben nach: Interview mit H. Sander am 2.11.1999, A.d.V.

198 Ebd.

199 Ebd.- Neues Forum - neue Hoffnung, in: LR v. 6.2.1990 und 15.3.1990, jeweils S. 8.

200 Wir sind noch nicht am Ziel, in: LR v. 13.12.1989, S. 8.

201 Siehe: Rolf Friedrich nun am „Ruder", in: LR v. 22.12.1989, S. 8- Beschlüsse des Kreistages, in: LR v. 23.12.1989, S. 8. Weitere Abberufungen bis zum 21. Dezember: Rat der Stadt - H. Pietzner, B. Bussler (beide SED), E. Günther, K. Franzka (beide DFD), M. Ettel (FDGB), J. Schulz (CDU); Rat des Kreises - W. Plötz, E. Krahl (beide SED), D. Meißner, G. Barner (Konsum), R. Grimm (FDGB), K. Norenz (NDPD).

202 Protokolle des Rundes Tisches Lübben v. 21.12.1989 - 15.3.1990, Kreisarchiv Dahme-Spreewald, Reg.- Nr. 39.- Bildungswesen hatte Vorrang, in: LR v. 7.2.1990, S. 8.- BLHA, Rep. 801, Nr. 23110, Bericht über die „Kontrolle zur Inanspruchnahme von Sonderrechten bei der Jagdausübung" des ABI-Bezirkskomitees, Cottbus 11.12.1989.

203 Interview mit H. Sander am 2.11.1999, A.d.V.

204 An dieser Stelle sei Herrn W. Forkert aus Senftenberg gedankt, der den Verfassern bereitwillig die Ergebnisse seiner bisherigen Nachforschungen zu den Jahren 1989-90 für eine Stadtchronik - dieses Projekt harrt aufgrund fehlender finanzieller Mittel noch seiner Durchführung - zur Verfügung stellte.

205 Eigenes in den Dialog über Erneuerung einbringen, in: LR v. 25.10.1989, S. 8.- Wir suchen den Dialog, in: LR v. 26.10.1989, S. 8.

206 Interviews mit F. Linke und M. Nitschke am 25.1.2000, A.d.V.- Leidenschaftlich wurde diskutiert, in: LR v. 27.10.1989, S. 8.

207 Aufruf „Erklärung von Angehörigen der Gruppe Neues Forum auf der Kundgebung am 28.10.1989 in Senftenberg", 3 S., A.d.V.

208 3500 fanden sich auf dem Neumarkt zum Dialog ein, in: LR v. 31.10.1989, S. 8.

209 Kundgebung und Demonstration, in: LR v. 28.10.1989, S. 8- „Wir wollen den Dialog mit praktischer Konsequenz", in: LR v. 2.11.1989, S. 8.- BStU, CAKG 1736, S. 4.- BStU, CAKG 1753, S. 7.- BStU, CAKG 1710, S. 7-8

210 BStU, CAKG 1753, S. 2-3.

211 Diskussion zu aktuellen Fragen, in: LR v. 3.11.1989, S. 8.- Tausende Bürger demonstrierten, in: ebd.- BStU, CAKG 1753, S. 8-9.

212 Lohn stimuliert nicht überall Leistung, in: LR v. 14.11.1989, S. 8.

213 Interview mit F. Linke am 25.1.2000, A.d.V.

214 „Die Angst vergesse ich nie!", in: LR v. 18.9.1999.

215 Umschulungsprojekte und Mitbestimmung notwendig, in: LR v. 17.2.1989, S. 8.- Fragebogen des Neuen Forums vom Frühjahr 1990, RHA, Bestand Neues Forum 3.1.1.2.3.

216 Bürger zur Mitarbeit in Arbeitsgruppen aufgerufen, in: LR v. 21.11.1989, S. 8.

217 Uneingeschränkten Zugang, in: LR v. 10.1.1990, S. 8.- Gleiche Chancen für alle?, in: ebd.

218 Da bin ich aber anderer Meinung, in: LR v. 16.11.1989, S. 8.

219 Dazu die Artikel über C. Rosanski, M. Thürmann, Ch. Liebig und F. Schiefer: „Die Idee, die war nicht schlecht, aber die Praxis ...", in: LR v. 4.9.1999.- Viel gewonnen, den kritischen Blick nicht verloren, in: LR v. 24.7.1999.- „Es mußte sich was ändern", in: LR v. 26.6.1999.- „Die Angst vergesse ich nie1", in: LR v. 18.9.1999.- Zu Programmatik und Selbstverständnis: Eine Zwischenbilanz, in: LR v. 13.3.1990, S. 8.- Umschulungsprojekte und Mitbestimmung notwendig, in: LR v. 17.2.1989, S. 8.- Da bin ich aber anderer Meinung, in: LR v. 16.11.1989, S. 8.- Interview mit F. Linke am 25.1.2000, A.d.V.

220 Pflegekräfte leisten aufopferungsvolle Arbeit, in: LR v. 25.1.1990, S. 8.- Interessenten können mitarbeiten, in: LR v. 27.1.1990, S. 8.- Eine Zwischenbilanz, in: LR v. 13.3.1990, S. 8.

221 Türen zum Archiv vom Staatsanwalt versiegelt, in: LR v. 8.12.1989, S. 8.

222 Wer wird Kreisschulrat?, in: LR v. 15.12.1990, S. 8.- Vor allem Inhalte sind gefragt, in: LR v. 9.1.1990, S. 8.- Chancengleichheit - gleiche Chancen, in: LR v. 16.1.1990, S. 8.

223 Kontrolle, aber auch Mitarbeit, in: LR v. 3.1.1990, S. 8.

224 Daraufhin sagte das NF und DJ eine für den 11. Dezember geplante Kundgebung ab. Dazu: Aufruf zur Demo zurückgezogen, in: LR v. 9.12.1989, S. 8.

225 Protokolle der Sitzungen des Runden Tisches Senftenberg vom 19.12.1989 - 19.4.1990, Privatarchiv W. Forkert/ Senftenberg.- Runder Tisch will echte Entscheidungshilfe geben, in: LR v. 13.12.1989, S. 8.- Bereit zur Teilnahme an den Beratungen des Runden Tisches, in: LR v. 6.1.1990, S. 8.- Wieder Marathon am Runden Tisch, in: LR v. 24.1.1990, S. 8.- Weg mit dieser Einbahnstraße, in: LR v. 7.2.1990, S. 8.- Keine „Langohren" unter den Postmitarbeitern, in: LR v. 17.2.1990, S. 8.- Akrobatischer Akt und ein Riesenberg Arbeit, in: LR v. 21.2.1990, S. 8.- Brisantes Thema: Wahlen sichern, in: LR v. 8.3.1990, S. 8.

226 Interviews mit F. Linke und M. Nitschke am 25.1.2000, A.d.V.

227 Demonstration durch Spremberg, in: LR v. 31.10.1989, S. 8.- Kerzen gegen die Macht, in: LR v. 28.10.1999, S. 15.

228 Bürger im Dialog auf der Straße bei Regenwetter, in: LR v. 3.11.1989, S. 8.- Stenogramm vom Einwohnerforum am 1.11.1989 vor dem „Deutschen Theater" in Spremberg, 6 S., A.d.V.

229 Regierung prüft Bergbaustrategie, in: LR v. 7.11.1989, S. 8.- Komm, wir spielen eine Demo ..., in: LR v. 20.11.1999, S. 16-17.

230 Brief an die Freundinnen und Freunde des Neuen Forums, Berlin 1.10.1989, 2 S., A.d.V.

231 Laut interner NF-Befragung gab es im Frühjahr 18 Mitglieder in Spremberg. Fragebogen des Neuen Forums vom Frühjahr 1990, RHA, Bestand Neues Forum, 3.1.1.2.3.

232 Interview mit J. Paschke am 16.3.2000, A.d.V.

233 Protokoll der 1. Sitzung des Neuen Forums Spremberg vom 16.11.1989, A.d.V.- Neues Forum war im Kreuzverhör, in: LR v. 12.1.1990, S. 8.

234 Ein Disput, der Welzowern nutzt, in: LR v. 4.11.1989, S. 8.- Welzower gingen auf die Straße, in: LR v. 8.11.1989, S. 8.- Interview mit H. Hömberg am 20.1.2000, A.d.V.

235 Einwohnerforum auf dem Marktplatz in Welzow, in: LR v. 11.11.1989, S. 8.

236 Sprecherrat des Neuen Forums gewählt, in: LR v. 15.12.1989, S. 8.

237 Welzower Notizen, in: LR v. 21.2.1990, S. 8.- In der Einflugschneise weiter über den Grenzwerten, in: LR v. 16.3.1990, S. 8.

238 Machtvolle Demo am Montagabend in Spremberg, in: LR v. 17.1.1990, S. 8.

239 Interviews mit H. Hömberg am 20.1.2000 und J. Paschke am 16.3.2000, A.d.V.

240 Kopie des Briefes an die Regierung der DDR vom 20.12.1989, A.d.V.- Arbeitspapier „Gedanken zur Reduzierung der Umweltbelastungen durch den GSP-Stammbetrieb" vom 18.2.1990, 3 S., A.d.V.

241 Vorgeschichte und Ideen zur Innenstadt Spremberg, in: LR v. 11.11.1989, S. 8.- Innenstadt hat echte Zukunft, in: LR v. 15.12.1989, S. 8.- J. Kantor, Innenstadt und Marktplatz im Bürgergespräch, in: Heimatkalender 1990 Kreis Spremberg, S. 29-31.

242 Wie stehen wir zu den Schwächsten?, in: LR v. 6.3.1990, S. 8.

243 Unter die Lupe genommen, in: LR v. 8.12.1989, S. 8.- „Stasi" ist raus, in: LR v. 14.12.1989, S. 8.- Alles „durchkämmt" - nicht ohne Beklommenheit, in: LR v. 24.1.1990, S. 8.

244 Erklärung vom 4.12.1989, Schwarze Pumpe, 1 S., A.d.V.- Aufruf „Demokratie wird von unten durchgesetzt, wenn von oben nichts kommt" vom 6.12.1989, Schwarze Pumpe, 1 S., A.d.V.- Interview mit M. Stroyny am 20.1.2000, A.d.V.

245 Protokolle des Runden Tisches des Kreises Spremberg vom 25.1. - 7.3.1990, A.d.V.- Der Runde Tisch im Kreis - was soll er, was kann er?, in: LR v. 12.1.1990, S. 8.- Wohin geht's im Kreis Spremberg?, in: LR v. 9.2.1990, S. 8.- Becker-Oberschule als Kompromiß akzeptiert, in: LR v. 23.2.1990, S. 8.- Engagement für Umwelt - Fairnis im Wahlkampf!, in: LR v. 9.3.1990, S. 8.

246 Dazu allgemein: „Widerstand" begann nicht erst im Herbst 1989, in: LR v. 11.11.1994.- R. Brauckmann, Ch. Bunzel, Rückblick. Die evangelische Kirche des Görlitzer Kirchengebietes, die Einflußnahme des MfS und der DDR-Staat 1970-1994, Viadukt-Verlag 1995.

247 Interview mit H. Havenstein am 8.2.2000, A.d.V.

248 BStU, CAKG 1721, S. 1-7.- BStU, CAKG 1701, S. 1-5.

249 Über die Bildung des „Neuen Forums" in Rietschen, Bericht vom 30.10.1989, 3 S., A.d.V.

250 Klartext im Rathaus von Bad Muskau, in: LR v. 31.10.1989, S. 8.- Das nächste Forum besser vorbereiten, in: LR v. 3.11.1989, S. 8.- BStU, CAKG 1753, S. 6.

251 Meinungsaustausch mit Initiativgruppe „Neues Forum", in: LR v. 4.11.1989, S. 8.

252 Demonstration in Weißwasser, in: LR v. 8.11.1989, S. 8.- Den Fall der Mauer glatt verschlafen, in: LR v. 12.11.1994.- Harter Meinungsstreit um brennende Fragen, in: LR v. 9.11.1989, S. 8.

253 Offene Worte auf der Kundgebung vor dem Rathaus, in: LR v. 15.11.1989, S. 8.- Vom Vorfilm jetzt zum Hauptfilm, in: LR v. 16.11.1989, S. 8.- Antwortsuche auf konkrete Fragen, in: LR v. 21.11.1989, S. 8.

254 Fragebogen des Neuen Forums vom Frühjahr 1990, RHA, Bestand Neues Forum, 3.1.1.2.3.- Neues Forum distanziert sich, in: LR v. 20.2.1990, S. 8.

255 Protokoll über die Beratung der Kreisinitiative des Neuen Forums vom 12.11.1989, 3 S., A.d.V.

256 Das Neue Forum informiert, in: LR v. 18.11.1989, S. 8.- Strukturen grundlegend ändern, in: LR v. 2.12.1989, S. 8.- Aufruf „Kerngedanken am 27.11.1989 - Was ist in den nächsten Tagen wichtig?", A.d.V.- Protokolle über die Zusammenkünfte des NF Rietschen vom 24.11. und 15.12.1989, A.d.V.- Interview mit M. Kotrc und U. Wollstadt am 8.2.2000, A.d.V.

257 Protokolle über die Sitzungen des NF Rietschen vom 24.11., 1.12. und 15.12.1989, A.d.V.- Rundbrief des NF Rietschen an seine Mitglieder vom 13.12.1989, A.d.V.

258 Protokoll der 1. Sitzung des Runden Tisches des Kreises Weißwasser vom 4.12.1989, A.d.V.- Zusammenkunft am Runden Tisch, in: LR v. 6.12.1989, S. 8.- Meinungsstreit am Runden Tisch, in: LR v. 9.12.1989, S. 8.- Gleichberechtigt für Ruhe sorgen, in: LR v. 16.12.1989, S. 8.- Gespräch am Runden Tisch, in: LR v. 23.12.1989, S. 8.- Der Runde Tisch und das Demokratieverständnis, in: LR v. 3.1.1990, S. 8.- Vom 5. Gespräch am Runden Tisch, in: LR v. 5.1.1990, S. 8.- Runde sechs am Runden Tisch, in: LR v. 11.1.1990, S. 8.- Unabhängige Kommission ins Leben gerufen, in: LR v. 26.1.1990, S. 8.- Breite Gespräche zu vielen Themen, in: LR v. 9.2.1990, S. 8.- Wechselt die Kinderkrippe „Drushba" ihren Besitzer?, in: LR v. 3.3.1990, S. 8.- Wahlkampf? Ja, aber nur auf faire Art und Weise!, in: LR v. 9.3.1990, S. 8.

259 Den Fall der Mauer glatt verschlafen, in: LR v. 12.11.1994.- Interview mit H. Havenstein am 8.2.2000, A.d.V.

260 Die Informationen über Demokratie Jetzt entstammen von E. Opitz, Brief v. 21.7.2000, A.d.V.- Für eine Demokratie der Mitte, in: LR v. 14.2.1990, S. 8.- Neues Forum distanziert sich, in: LR v. 20.2.1990, S.- Wir bleiben Bewegung der Mitte, in: LR v. 27.2.1990, S. 8.

261 Angaben nach: Kurzprotokolle der Bezirkssprecherratssitzungen des Neuen Forum Cottbus vom 28.11.1989 - 14.2.1990, A.d.V.- Tagebuch 1989/90 von H. Petrick, A.d.V.- Drei Parteien nominierten ihre Kandidaten zur Wahl, in: LR v. 19.2.1990, S. 1, 2.

262 Dazu generell die NF-Briefdokumentation des RHA: T. Krone (Hg.), Briefe an das Neue Forum, [Anm. 9].

263 Brief aus Lübbenau vom 19.11.1989, A.d.V.

264 Brief aus Calau vom 11.12.1989, A.d.V.

265 Brief aus Valau vom 9.1.1990, A.d.V.

266 Brief aus Calau vom 17.12.1989, A.d.V.

267 Brief aus Calau vom 17.2.1990, A.d.V.

268 Brief aus Calau vom 17.2.1990, A.d.V.

269 Brief aus Calau vom 23.12.1989 und Weihnachtskarte abgestempelt in Calau am 20.12.1990, A.d.V.

270 Brief aus Calau vom 9.2.1990, A.d.V.

271 Brief aus Lübbenau vom 21.12.1989, A.d.V.

272 Zahlen nach: U. Mählert, Kleine Geschichte der DDR, München 1998, S. 172.

273 Diese Vorgänge sind u.a. kurz und knapp zusammengefaßt in: T. Krone (Hg.), Briefe an das Neue Forum, [Anm. 9], S. 23-38.

274 Die Lage im Land hat sich weiter zugespitzt, in: LR v. 8.12.1989, S. 1.

275 Zitiert nach: BArch Berlin, DC 20 11948, Standpunkt des Kollektivs des Kreisamtes für Nationale Sicherheit Spremberg vom 9.12.1989, und W. Süß, Staatssicherheit am Ende. Warum es den Mächtigen nicht gelang, 1989 eine Revolution zu verhindern, Berlin 1999, S. 665.

276 BStU, MfS-Arbeitsbereich Mittig Nr. 26, S. 168.

277 K.H. Jarausch, Die unverhoffte Einheit 1989-1990, Frankfurt/M. 1995, S. 149.

278 Vgl. insgesamt: Aus der BStU-Reihe „Anatomie der Staatssicherheit, Geschichte, Struktur, Methoden", hrsg. K.-D. Henke, S. Suckut, C. Vollnhals, W. Süß, R. Engelmann: Die Organisationsstruktur des Ministeriums für Staatssicherheit 1989, Teil V/1, Berlin 1995.- D. Gill, U. Schröter, Das Ministerium für Staatssicherheit. Anatomie des Mielke-Imperiums, Berlin 1991.- K.-W- Fricke, MfS intern. Macht, Strukturen, Auslösung des DDR-Staatssicherheit, Köln ,1991.- W. Süß, Staatssicherheit, [Anm. 275].- H. Bahrmann, Ch. Links, Chronik der Wende. 22. Stationen der Einheit: Die letzten Monate der DDR, Berlin 1995.- U. Thaysen, Runde Tisch, [Anm. 8], S. 56-70.

279 Die Angaben gelten für 1986. 1985 betrug das Zahlenverhältnis sogar 1/117 bzw. 1/79. Aus: BStU Abt. Forschung und Bildung (Hg.), BF informiert: IM-Statistik 1985-1989, 3/1993, S. 26.

280 Würdevoller Umgang mit schwieriger Geschichte, in: LR v. 13.4.1997.

281 Das erste Zitat ist den persönlichen Aufzeichnungen von M. Ziehlke/Bad Liebenwerda entnommen, die er freundlicherweise den Verfassern zur Verfügung stellte. Zweites Zitat: M. Ziehlke, Wende in Bad Liebenwerda, [Anm. 32], Teil III.

282 Protokoll und Gedächtnisprotokoll von H. Petrick zur Besichtigung des AfNS-Kreisamtes Calau vom 7.12.1989, A.d.V.

283 Gedächtnisprotokoll von J. Paschke/Spremberg vom 13.12.1989, A.d.V.

284 Angaben nach: Th. Auerbach, Vorbereitung auf den Tag X. Die geplanten Isolierungslager des MfS, in: Reihe B - Analysen und Berichte Nr. 1/95, hrsg. vom BStU Abt. Bildung und Forschung, Berlin 1994, S. 24, 26, 45-46.

285 BStU, Cbs AKG 1875, S. 1-7.

286 BStU, F BdL 2666, S. 12.

287 BArch, DC 20 11351, Meldung vom 15.2.1990 aus Cottbus von Herrn Göhler, MA des RB, an den Operativstab Berlin .

288 Bürgerkontrolle am Nordrand, in: LR v. 6.12.1989, S. 1.- Interview mit Ch. Polster am 13.6.2000, A.d.V.

289 BArch Berlin, DC 20 11948, Tagesbericht von E. Neubert an Operativstab Berlin vom 6.12.1989.- Klarstellung des Cottbuser Bezirkssicherheitsamtes, in: LR v. 8.12.1989, S. 2.- Sicherheitspartnerschaft, in: LR v. 9.12.1989, S. 2

290 Alle Akten des MfS sind sichergestellt, in: LR v. 15.12.1989, S. 1.- Interview mit H. Petrick am 1.3.2000, A.d.V.- BArch Berlin, DC 20 11950, Tagesberichte von E. Neubert an den Operativstab Berlin vom 13. und 14.12.1989.

291 BStU, ZA, ZAIK 14 274, S. 13f., BArch Berlin, DC 20 11349, S. 692.- BArch Berlin, DC 20 11349, Tagesbericht von E. Neubert an den Operativstab Berlin vom 21.12.1989.

292 Demonstration in Cottbus, in: LR v. 9.1.1990, S. 2.- Tausende demonstrierten gestern abend in Cottbus, in: LR v. 16.1.1990, S. 1.

293 Zwischenbericht, in: LR v. 13.11.1990, S. 5.

294 BArch Berlin, DC 20 11350, Tagesbericht von E. Neubert an den Operativstab Berlin vom 12.1.1990.

295 Protokoll des Runden Tisches des Bezirkes Cottbus vom 24.1.1990, A.d.V.- „Stasi-Nasi und kein Ende!" - Flugblatt zur Zulassung des (MfS-)Taxiunternehmens in Hänchen vom Februar 1990, unterzeichnet von dem CDU-Bezirksverband und der Taxigenossenschaft Cottbus, 1 S., A.d.V.- „Stasi raus!" - Und wie weiter?, in: LR v. 5.2.1990, S. 4.- Ehemaligen AfNS-Mitarbeitern Arbeitsmöglichkeiten geben, in: LR v. 31.1.1990, S. 2.- MfS/AfNS-Strukturen beseitigt, in: LR v. 28.2.1990, S. 3.- Unser Ziel ist Recht, wem hilft schon Rache?, in: ebd.- Beschluß des Rates des Bezirkes Cottbus 0022/90 vom 19.2.1990, BLHA, Rep. 801, Nr. 22853.- BArch Berlin, DC 20 11956, Tagesbericht E. Neubert an den Operativstab Berlin vom 1.3.1990.

296 Vgl. G. Besier, St. Wolf (Hg.), „Pfarrer, Christen, Katholiken". Das Ministerium für Staatssicherheit der ehemaligen DDR und die Kirchen, Neukirchen/Vluyn 1991, S. 629.

297 BStU, CAKG 1703, S. 2.- Relevant für Potsdam: R. Meinel, T. Wernicke (Hg.), Mit tschekistischem Gruß ... Berichte der Bezirksverwaltung für Staatssicherheit/Potsdam 1989, Potsdam 1990.

298 R. Weißhuhn, Die Bürgerbewegungen der ehemaligen DDR im Jahr 1991, in: G. Haufe, K. Bruckmeier (Hg.), Die Bürgerbewegungen in der DDR und in den ostdeutschen Ländern, Opladen 1993, S. 172.

299 Klartext. Die Bescheide der Gauckbehörde, hrsg. vom Landessprecherrat Bündnis 90 Brandenburg, Potsdam 1991, S. 12-26.- Vgl. dazu: H. Müller-Enbergs, Die Vergangenheit holt die Zukunft ein. Die Brandenburger Bürgerbewegung und ihre Auseinandersetzung mit dem Erbe der Staatssicherheit, in: U. Poppe, R. Eckert, S.-I. Kowalczuk, Zwischen Selbstbehauptung und Anpassung. Formen des Widerstandes und der Opposition in der DDR, Berlin 1995, S. 377-402.

300 B. Lindner, Die demokratische Revolution in der DDR 1989/90, Bonn 1998, S. 66.

301 H. Fehr, Unabhängige Öffentlichkeit und Soziale Bewegungen. Fallstudien über Bürgerbewegungen in Polen und der DDR, Opladen 1996, S. 250.

302 P. Hilger, Aufbruch in die Bedeutungslosigkeit? Zur Marginalisierung der Oppositionsgruppen in der DDR im Jahr der „Wende", Hannover 1995, S. 79.

303 K.H. Jarausch, Einheit, [Anm. 277], S. 315.

304 Programmerklärung. In: Das Neue Forum - Selbstportrait einer Bürgerbewegung, [Anm. 9], S. 96.

XI. CHRONOLOGIE AUSGEWÄHLTER EREIGNISSE

1980 – **September:** Gründung der polnischen Gewerkschaftsbewegung „Solidarnosc"

1981 – **Dezember:** Ausrufung des Kriegsrechts in Polen, Verbot der „Solidarnosc"

1985 – **März:** Wahl M. Gorbatschows zum Generalsekretär der KPdSU, Beginn von „Perestroika" (Umgestaltung) und „Glasnost" (Offenheit)

1986 *Gründung des „Ökumenischen Friedenskreis Forst" und des Finsterwalder „Umwelt- und Friedenskreis"*

1987 *Gründung der Umweltgruppe Cottbus*

1988 Ausbruch einer Streikwelle in Polen, schrittweise Zulassung der „Solidarnosc"; *Gründung des Hoyerswerdaer „Arbeitskreis Umwelt und Frieden" und des Friedenskreises „Frieden, Gerechtigkeit und Bewahrung der Schöpfung" Spremberg;*

– **17. Januar:** „Nicht genehmigte" K. Liebknecht/R. Luxemburg-Demonstration in Berlin

– **Mai:** Ablösung des 1. Sekretärs der USAP, J. Kadar, und Beginn von Reformen in Ungarn

– **19. November:** Verbot der deutschsprachigen sowjetischen Zeitschrift „Sputnik" in der DDR

1989 – **15. Januar:** „Nicht genehmigte" Liebknecht/Luxemburg-Demonstration in Leipzig mit mehreren hundert Teilnehmern

– **Februar:** Einführung des Mehr-Parteien-Systems in Ungarn

– **17. April:** Legalisierung der „Solidarnosc"; chinesische Studenten beginnen die Besetzung des Tiananmen-Platzes in der Hauptstadt Peking

– **2. Mai:** Beginn des Abbaus der ungarisch-österreichischen Grenzanlagen

– **7. Mai:** gefälschte Kommunalwahlen in der DDR (98,85% für die Nationale Front)

– **4. Juni:** blutige Niederschlagung der Studentenproteste in Peking

– **4. und 18. Juni:** „Solidarnosc" gewinnt bei den Wahlen in Polen alle der Opposition zugestandenen „freien" Mandate im Sejm und 99 von 100 Senatorensitze

1989 – **7. Juli**: auf dem Ostblock-Gipfel in Bukarest gesteht die UdSSR jedem sozialistischen Land seine eigene Entwicklung zu; damit Ende der Breschnew-Doktrin

– **15. Juli**: erste DDR-Flüchtlinge in den Prager und Budapester BRD-Botschaften

– **Juli**: *Gründung des Lübbener Ökumenischen Arbeitskreises für „Frieden, Gerechtigkeit und Bewahrung der Schöpfung"*

– **1. September**: *Polizei- und Stasi-Einsatz gegen eine Gruppe des Ökumenischen Friedenskreises Forst wegen Teilnahme an einem SED-Meeting anläßlich des Weltfriedenstages in Forst/Lausitz mit eigenen Plakaten*

– **4. September**: erste Montagsdemonstration vor der Leipziger Nikolai-Kirche mit 800 Teilnehmern

– **9./10. September**: Gründungstreffen des Neuen Forums in Berlin/Grünheide

– **11. September**: vollständige Öffnung der ungarischen Grenzen zu Österreich

– **12. September**: Gründung von Demokratie Jetzt in Berlin

– **19. September**: in 11 Bezirken (*darunter Cottbus*) werden Anträge zur Zulassung des NF gestellt; bisher haben 1500 Personen den NF-Gründungsaufruf „Aufbruch 89" unterzeichnet

– **20. September**: *Andacht und Unterschriftensammlung für die Leipziger Verhafteten in der Euloer Kirche in Forst*

– **21. September**: offizielle Ablehnung aller Zulassungsanträge des NF („staatsfeindliche Plattform")

– **22.-27. September**: *wiederholte „Zuführungen" von Mitgliedern und Sympathisanten des Forster „Ökumenischen Friedenskreises"*

– **25. September**: ca. 8000 Teilnehmer auf der Leipziger Montagsdemonstration; 5000 Menschen haben bisher den „Aufbruch 89" unterzeichnet

– **29. September**: *als Bezirkskontaktpersonen für das Neue Forum in Cottbus sind in Berlin bisher S. Bürger und H.-J. Havenstein eingetragen*

– **2. Oktober**: Gründungsversammlung des Demokratischen Aufbruchs; erstes Koordinierungstreffen der „Vereinigten Linken" in Berlin; ca. 20 000 Teilnehmer bei der Leipziger Montagsdemontration

– **2.-7. Oktober**: *mehrere spontane Diskussionstreffen der Mitglieder des Umwelt- und Friedenskreises Finsterwalde zu den Ereignissen im Umfeld des 40. Jahrestages der DDR*

1989 – **4. Oktober**: DDR-Regierung hebt den paß- und visafreien Reiseverkehr in die CSSR auf, um einen weiteren Flüchtlingszustrom auf die Prager BRD-Botschaft zu verhindern; gewaltsame Ausschreitungen rund um den Dresdener Hauptbahnhof; Vertreter aller Bürgerbewegungen beraten in Berlin über Möglichkeiten der Zusammenarbeit und des politischen Handelns

– **7. Oktober**: Sicherheitskräfte greifen in Berlin brutal in Gegendemonstration einiger tausend Personen am Rande der offiziellen Feierlichkeiten anläßlich des 40. Jahrestages der DDR ein; laut internen MfS-Angaben wurden in elf Städten 1400, landesweit 3500 Verhaftungen vorgenommen; Gründungsversammlung der SDP in Schwante; bisher 10 000 Unterschriften für „Aufbruch 89"; *Polizei geht in der Nacht gewaltsam gegen eine Gruppe Jugendlicher vor, die sich in der Nacht vor dem Wilhelm-Pieck-Monument in Guben angeblich „zusammengerottet" hat*

– **9. Oktober**: Leipziger Montagsdemonstration mit 70 000 Teilnehmern ohne polizeiliche Eingriffe;

– **11. Oktober**: *erstes Friedensgebet in der Finsterwalder Trinitatiskirche, dabei Aufruf zur Gründung des Neuen Forums Finsterwalde*

– **14. Oktober**: erstes überregionales Koordinierungstreffen des Neuen Forums in Berlin *(Teilnahme von Vertretern aus Altdöbern/Kreis Calau, Cottbus-Stadt, Spremberg und Daubitz/Kreis Weißwasser)*

– **18. Oktober**: Rücktritt E. Honeckers, Wahl von E. Krenz zum neuen SED-Generalsekretär (offizielle Ausrufung der „Wende")

– **20. Oktober**: *der Lübbener Friedenskreis organisiert ein Treffen mit Vertretern des Neuen Forums (Berlin), das sich spontan in ein kritisches öffentliches „Wende"-Forum verwandelt*

– **23. Oktober**: Leipziger Montagsdemonstration mit 250 000 Teilnehmern *(Friedensgebet in der Leipziger Nikolaikirche von Pfarrer Polster und der UGC aus Cottbus-Stadt organisiert)*

– **23.-29. Oktober**: das MfS zählt in diesem Zeitraum landesweit 130 Demonstrationen mit 500 000 Teilnehmern und 200 Dialogveranstaltungen mit 200 000 Teilnehmern

– **24. Oktober**: *Gedankenaustausch des Lübbener Ökumenischen Friedenskreises mit Vertretern der SDP, CDU und LDPD; Veranstaltung in der Kirche Steinkirchen (Kreis Lübben) mit auswärtigen NF-Vertretern; erstes Rathausgespräch in Doberlug-Kirchhain zwischen dem Rat der Stadt und der Kirchengemeinde (Kreis Finsterwalde)*

– **25. Oktober**: *drittes Friedensgebet in Finsterwalde und erstes in Sallgast (Kreis Finsterwalde); erste Demonstration in Senftenberg*

– **26. Oktober**: Politbüromitglied G. Schabowski diskutiert unter Ausschluß der Öffentlichkeit mit den NF-Gründern J. Reich und S. Pflugbeil

1989 – **27. Oktober**: *erste offizielle Dialogveranstaltung in Lübben; erstes öffentliches Rathausgespräch in Finsterwalde; erste Demonstration in Lauchhammer (Kreis Senftenberg)*

– **28. Oktober**: *nach Friedensgebet erste Demonstration in Spremberg*

– **30. Oktober**: *Friedensgebet und erste Demonstration in Daubitz (Kreis Weißwasser); erster offizieller „Montagsdialog" in Weißwasser; erste Demonstration und Dialogveranstaltung in Cottbus-Stadt und Hoyerswerda*

– **31. Oktober**: *Friedensgottesdienst und erste öffentliche Diskussion in der Sonnenwalde Kirche (Kreis Finsterwalde)*

– **1. November**: Treffen Krenz-Gorbatschow in Moskau; *erste offizielle Dialogveranstaltung in Bad Liebenwerda; erste offizielle Dialogveranstaltung in Spremberg; erste Demonstration und öffentliche Diskussion in Herzberg; erste Dialogveranstaltung in Dahme (Kreis Luckau)*

– **2. November**: *erster öffentlicher Dialog in Falkenberg (Kreis Herzberg), Golßen (Kreis Luckau) und Luckau; Demonstration und erste öffentliche Dialogveranstaltung in Guben*

– **3. November**: *Podiumsdiskussion in der Kirche in Bad Liebenwerda und anschließende erste Demonstration; erste öffentliche Demonstration in und vor der Stadtkirche in Calau; erste Demonstration in Welzow (Kreis Spremberg)*

– **4. November**: *Demonstration und erster öffentlicher Dialog in Bad Muskau (Kreis Weißwasser); erste Demonstration in Dahme (Kreis Luckau)*

– **6. November**: *erste Demonstration in Weißwasser*

– **7. November**: der Ministerrat unter Führung von W. Stoph tritt zurück; *die SED-Bezirksleitung Cottbus verlangt in einem Offenen Brief an die 10. Tagung des ZK der SED den Rücktritt der bisherigen Regierung*

– **8. November**: das Politbüro des ZK der SED tritt zurück; offizielle Zulassung des NF; *erste Demonstration in Finsterwalde*

– **9. November**: Öffnung der Berliner Mauer bzw. der Grenzen zur BRD; das Bundesinnenministerium gibt bekannt, daß 1989 bisher 225 000 DDR-Übersiedler in die BRD gekommen sind, davon 46 000 bis zum 30. Juni und allein 48 000 seit der Öffnung der Grenze zur CSSR am 3. November; *Rücktritt des 1. Sekretärs der SED-Bezirksleitung Cottbus W. Walde (Nachfolger: W. Thiel)*

– **11. November**: zweites NF-Koordinierungstreffen in Berlin, Wahl eines vorläufigen Landessprecherrates und Bildung von Programm- und Statutenkommission

1989 – **13. November**: Volkskammer wählt H. Modrow (SED) zum Ministerpräsidenten und G. Maleuda (DBD) zum Volkskammerpräsidenten (MfS-Chef E. Mielke während der Volkskammersitzung: „Aber ich liebe doch alle!"); laut ADN haben 200 000 Menschen den „Aufbruch 89" unterschrieben; auf der Montagsdemonstration in Leipzig erstmals Sprechchöre und Transparente mit „Deutschland einig Vaterland"; *Rücktritt mehrerer führender Funktionäre der SED-Bezirks- und Kreisleitung Cottbus bzw. Cottbus-Stadt und des Rat des Bezirkes; erste Demonstration in Luckau*

– **16. November**: das DDR-Innenministerium teilt mit, seit dem 9. November 8 626 047 Visa für Privatreisen ausgestellt zu haben

– **17. November**: Modrow lehnt in seiner Regierungserklärung eine deutsche Wiedervereinigung ab, schlägt aber eine Vertragsgemeinschaft vor, außerdem kündigt er die Ersetzung des MfS durch das verkleinerte AfNS an; 16 von 28 Minister gehören der SED an

– **20. November**: nach Stichprobenbefragungen vom BRD-Meinungsforschungsinstitut FORSA würde bei sofortigen Wahlen das NF mit 22% als stärkste politische Kraft in die Volkskammer einziehen (LDPD: 15%, SED: 14%, CDU: 12%, SDP: 10%)

– **23. November**: Visapflicht für DDR-Bürger aufgehoben

– **28. November**: Zehn-Punkte-Plan von Bundeskanzler H. Kohl zur Überwindung der Teilung Deutschlands und Europas; der Appell „Für unser Land" wird veröffentlicht;

– **1. Dezember**: Volkskammer streicht Führungsanspruch der SED aus der Verfassung

– **2. Dezember**: auf dem Malta-Gipfel bietet US-Präsident Bush Gorbatschow erstmals wirtschaftliche Unterstützung für dessen Reformkurs an

– **3. Dezember**: Rücktritt des ZK und Politbüros der SED einschließlich des Generalsekretärs E. Krenz; Menschenkette unter dem Motto „Ein Licht für unser Land" durch die DDR, organisiert von der „Aktion Sühnezeichen" und dem NF (ein „Zeichen der Hoffnung und Entschlossenheit für die demokratische Erneuerung unseres Landes")

– **4. Dezember**: *1. RT und Kontrolle der Stasi- Kreisdienststelle in Weißwasser*

– **5. Dezember**: *Kontrolle und/oder Besetzung der Stasi-Kreisdienststellen in Bad Liebenwerda, Cottbus-Stadt Herzberg, Hoyerswerda, Lübben und Guben*

– **6. Dezember**: E. Krenz tritt als Staatsratsvorsitzender und Vorsitzender des Nationalen Verteidigungsrates zurück, der LDPD-Vorsitzende M. Gerlach übernimmt die Amtsgeschäfte; *1. RT in Guben und Luckau; Kontrolle und/oder Besetzung der Stasi-Kreisdienststellen in Senftenberg, Luckau und Spremberg*

– **7. Dezember**: erstes Gespräch am Zentralen Runden Tisch in Berlin, 6. Mai 1990 als Termin für erste freie Volkskammerwahlen beschlossen; *Kontrolle und/oder Besetzung der Stasi-Kreisdienststellen in Calau und Finsterwalde; 1. RT in Herzberg*

1989 – **11. Dezember**: *1. RT des Kreises Cottbus-Stadt*

– **13. Dezember**: eine NF-Gruppe aus Karl-Marx-Stadt veröffentlicht einen Aufruf zur Gründung einer Forumpartei

– **14. Dezember**: Regierung beschließt Auflösung des AfNS

– **16. Dezember**: *1. RT in Finsterwalde*

– **17. Dezember**: laut einer repräsentativen Umfrage von Meinungsforschern aus der DDR und BRD würden bei sofortigen Wahlen von den 48% „Entschlossenen" (bei 86% Wahlbeteiligung) 14% SED, 9% SDP, 6% NF, 5% LDPD, CDU3 % wählen

– **18. Dezember**: 100 000 auf Jahresabschluß-Montagsdemonstration in Leipzig; *1. RT in Senftenberg*

– **19./20. Dezember**: Gespräche Kohl-Modrow über eine Vertragsgemeinschaft und gemeinsamer Kundgebungsauftritt vor 50 000 Menschen in Dresden, Kohl erklärt die Wiedervereinigung zum Ziel seiner Politik („wenn es die Geschichte zuläßt"); *1. RT in Calau und Hoyerswerda; 1. RT des Bezirkes Cottbus (nachdem der erste Versuch am 5. Dezember gescheitert war)*

– **21. Dezember**: *1. RT in Lübben*

– **22. Dezember**: Öffnung des Brandenburger Tors in Berlin

1990 – **5. Januar**: *1. RT in Falkenberg (Kreis Herzberg)*

– **6. Januar**: die BRD-Regierung gibt die Übersiedlung von insgesamt 343 845 DDR-Bürgern für 1989 bekannt

– **6./7. Januar**: auf der Landesdelegiertenkonferenz des NF in Leipzig wird mehrheitlich die Umwandlung in eine Partei abgelehnt und beschlossen, als Bürgerbewegung mit politischem Programm an den Wahlen teilzunehmen

– **10. Januar**: *1. RT des Kreises Bad Liebenwerda*

– **15. Januar**: Erstürmung der Berliner MfS-Zentrale; landesweite, vom Neuen Forum organisierte Demonstrationen „Gegen die Restaurationspolitik der SED und ihres Sicherheitsapparates"

– **19. Januar**: *Konstituierung der DFP – Bezirk Cottbus in Cottbus-Stadt*

– **25. Januar**: *1. RT in Spremberg (nachdem der erste Versuch am 11. Dezember gescheitert war)*

1990 – **27./28. Januar:** Neue Forum verabschiedet Statut und Programm in Berlin; Kongreß der Deutschen Forumpartei in Karl-Marx-Stadt; *Konstituierung der DFP-Ortsgruppe Welzow (Kreis Spremberg)*

– **28. Januar:** Vorverlegung der Volkskammerwahlen auf 18. März 1990 bei einem Treffen zwischen Modrow und allen Vertretern des Zentralen Runden Tisches festgelegt

– **1. Februar:** Modrow legt nach einer Moskau-Reise seinen Vierstufenplan „Deutschland einig Vaterland" vor

– **3. Februar:** *Bekanntgabe der Auflösung des NF Hoyerswerda zum 19. März*

– **4. Februar:** die SED, nachdem sie sich am 16. Dezember in SED-PDS umbenannt hatte, heißt ab jetzt PDS

– **5. Februar:** Bildung einer „Regierung der nationalen Verantwortung", der acht Minister ohne Geschäftsbereich aus der Opposition angehören (für das NF: S. Pflugbeil); Gründung der „Allianz für Deutschland" aus CDU, DSU und DA unter der Schirmherrschaft von H. Kohl

– **6. Februar:** nach Angaben eines Leipzigers und Hamburger Instituts für Meinungforschung würden bei Volkskammerwahlen zum jetzigen Zeitpunkt 54 % SPD, 12 % PDS, 11 % CDU, 4 % NF, 3 % LDPD wählen; *Konstituierung der DFP-Ortsgruppe Calau*

– **7. Februar:** Bildung der Wahllistenverbindung „Bündnis 90" aus NF, DJ und IFM

– **10. Februar:** im Verlauf von Gesprächen zwischen Bundeskanzler Kohl, Außenminister Genscher, US-Außenminister Baker, Gorbatschow und UdSSR-Außenminister Schewardnadse in Moskau erhalten die Deutschen das Einverständnis zur deutschen Wiedervereinigung

– **12. Februar:** Bildung der Wahllistenverbindung „Bund Freier Demokraten" aus LDP, FDP-Ost und DFP

– **13./14. Februar:** Kohl lehnt in Bonn die Bitten der DDR-Delegation unter Leitung von Modrow um einen sofortigen „Solidarbeitrag" (10-15 Mrd. DM) zur Stabilisierung der desolaten DDR-Wirtschaft ab, statt dessen Verhandlungen über eine Wirtschafts- und Währungsunion, in die Modrow unter Nichtbeachtung des Zentralen Runden Tisches eintritt

– **25. Februar:** SPD-Ost schlägt Fahrplan zur Wiedervereinigung nach Art. 146 des BRD-Grundgesetzes vor (DDR-Beitritt zieht Verfassungsänderung nach sich)

– **1. März:** „Allianz für Deutschland" (CDU, DSU, DA) tritt mit einem deutschlandpolitischen Sofortprogramm für die schnellstmögliche Einheit nach Art. 23 des BRD-Grundgesetzes (Angliederung der DDR ohne Verfassungsänderung) ein; erster Wahlauftritt von Helmut Kohl in der DDR vor 200 000 Karl-Marx-Städtern

1990 – **7. März**: *Konstituierung der DFP-Ortsgruppe Finsterwalde*

– **12. März**: letzte Montagsdemonstration in Leipzig mit einigen tausend Teilnehmern

– **16. März**: laut Bundesinnenministerium siedelten vom 1.1. - 15.3.1990
142 000 DDR-Bürger in die BRD über

– **18. März**: Volkskammerwahl: Allianz für Deutschland - 48,1 %
(davon CDU - 40,82 %), SPD - 21,88 %, PDS - 16,4 %,
Bund Freier Demokraten - 5,28 %, Bündnis 90 - 2,9 %,
Grüne-UFV - 1,97 %